**내 꿈은
전업투자자**

내 꿈은 전업투자자

발행일	2018년 1월 15일			
지은이	정 민 경			
펴낸이	손 형 국			
펴낸곳	(주)북랩			
편집인	선일영	편집	권혁신, 오경진, 최예은, 최승헌	
디자인	이현수, 김민하, 한수희, 김윤주	제작	박기성, 황동현, 구성우, 정성배	
마케팅	김회란, 박진관, 유한호			
출판등록	2004. 12. 1(제2012-000051호)			
주소	서울시 금천구 가산디지털 1로 168, 우림라이온스밸리 B동 B113, 114호			
홈페이지	www.book.co.kr			
전화번호	(02)2026-5777	팩스	(02)2026-5747	
ISBN	979-11-5987-921-0 13320 (종이책)		979-11-5987-922-7 15320 (전자책)	

잘못된 책은 구입한 곳에서 교환해드립니다.
이 책은 저작권법에 따라 보호받는 저작물이므로 무단 전재와 복제를 금합니다.

이 도서의 국립중앙도서관 출판예정도서목록(CIP)은 서지정보유통지원시스템 홈페이지(http://seoji.nl.go.kr)와
국가자료공동목록시스템(http://www.nl.go.kr/kolisnet)에서 이용하실 수 있습니다.

(주)북랩 성공출판의 파트너
북랩 홈페이지와 패밀리 사이트에서 다양한 출판 솔루션을 만나 보세요!

홈페이지 book.co.kr · **블로그** blog.naver.com/essaybook · **원고모집** book@book.co.kr

롱런하는 전업투자자를 위한 기업분석 실전 노하우

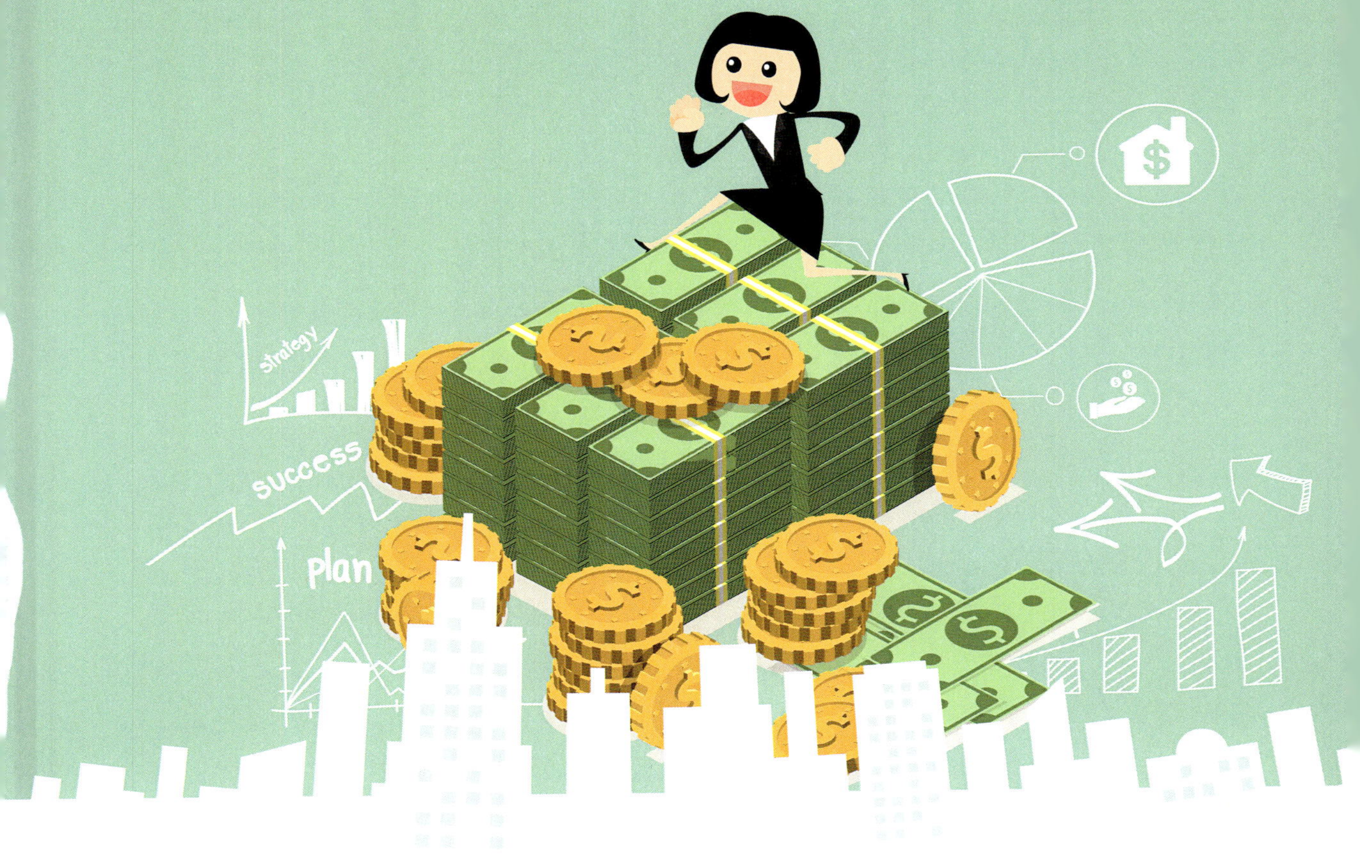

내 꿈은 전업투자자

정민경 지음

북랩book Lab

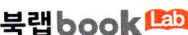

작가의 말

주식의 '주'자도 몰랐지만 글은 좀 쓸 줄 알았던 저는 대학 졸업 후 잠시 오빠 일을 도와준다는 생각으로 세종기업데이터에서 기업에 대한 글을 쓰기 시작하였습니다. 취업을 준비하면서 용돈을 벌기 위해 쓰던 글을 어느덧 3년째 쓰고 있고, 저도 모르던 새에 세종기업데이터의 주요 일원이 되어 있었습니다.

그저 시키는 대로 기업설명회만 다니며 그 내용을 잘 정리하는 것에 그쳤지만, 어깨너머로, 눈치로, 인터넷으로, 각종 책으로 기업과 주가에 대한 지식을 쌓아가다 보니 이제는 타인으로부터 '그런 건 어떻게 분석하나요?'라는 질문을 받는 정도까지 올라왔습니다.

처음 제가 시장에 발을 들여놓았을 때 받았던 가장 큰 느낌은 '전문가, 실력자들이 정말 많구나.'였습니다. 과연 이 시장에서 피라미 같은 내가 살아남을 수 있을까 두려웠습니다. 하지만 주식 시장도 다른 분야와 마찬가지로 기본기가 탄탄한 사람이 롱런하는 곳이었습니다. 저는 사실 주식과 기업분석에 대한 모든 기본을 세종기업데이터의 대표이자 주식 시장에 몸 담은 지 10년이 넘은 친오빠에게 배웠습니다. 오빠가 수년에 걸쳐 깨달은 원리, 지식을 단 몇 개월, 며칠 만에 배웠으니 굉장히 운이 좋았던 케이스였습니다. 바로 옆에서 훌륭한 스승이 처음 방향을 잘 잡아 주어 상대적으로 빠른 시간 동안 실력을 많이 키울 수 있었습니다.

같은 노력을 쏟더라도 방법을 알고 하느냐와 모르고 하느냐의 시간적 차이는 꽤 큽니다. 주식투자의 기본이라고 하는 책들 중, 실제로 기업분석의 가장 기본 원리를 알려 주는 책이 별로 없다는 것에 착안하여 '내 꿈은 전업투자자'를 기획하게 되었습니다. 주식을 막 시작한 분들이나, 주식을 시작하려는 분들, 혹은 몇 년 째 투자는 하고 있지만 아직 기업분석이 어려우신 분들께 도움이 될 것이라 생각합니다. 어려운 말은 최대한 배제하고 쉽게 풀어쓰기 위해 노력하였으며, 주식은 요행이 아니라 노력과 실력이라는 것을 알려 드리고 싶었습니다. 아무것도 몰라도 좋은 길잡이가 옆에 있다면 분명 누구나 의미 있는 수익률을 올릴 수 있습니다. 시장이 두려운 피라미 같던 제가 이제는 준전문가가 되어 책도 한 권 쓰고 있는 것처럼 말입니다.

'내 꿈은 전업투자자'에는 경제적 자유의 열망도 내포되어 있습니다. 엄밀히 말씀드리면 제 꿈은 전업투자자라기보다는 경제적 자유입니다. 회사에 얽매여 있지 않고, 눈치 보며 일하지 않고, 사랑하는 사람들에게 베풀고 싶은 소망이 담긴 책입니다. '특별한 재주가 없어도, 집안이 부유하지 않더라도 돈을 많이 벌 수 있는 방법이 있지 않을까?' 고민하고 연구한 끝에 완성한 책입니다.

100만 원씩 대략 10년을 모아야 1억이 되는데, 그렇게 10년을 모아도 아늑한 집 한 채 제대로 마련하기 힘든 세상입니다. 한 달에 100만 원을 저축하기 위해 아끼고 포기해야 할 것도 많습니다. 그렇다 보니 그 100만 원을 미래에 갖지도 못할 집을 위해 저축하기보단 현재의 행복에 아낌없이 쓰는 YOLO족도 많아지는 것 같습니다.

저는 성격상 맘 놓고 현재를 즐길 수 있는 YOLO족도 아니고, 그렇다고 미래를 위해 현재를 모두 아끼고 싶지도 않습니다. 그 안에서 나름대로 절충안을 찾은 것이 위험을 조금 감수하고 시중 금리보다 높은 투자처에서 안정적인 수익을 창출하자는 것이었습니다. 같은 돈을 10년 동안 저축했을 때 내 10년에 대한 노력을 더 크게 보상받고 싶었습니다. 주식은 분명 위험 자산이지만, 기본기만 잘 다져 놓아도 꽤 승률이 높은 투자처입니다.

『내 꿈은 전업투자자』를 읽는 분들은 분명 월급 외의 추가 수입을 원하는 분들일 것입니다. 책 한 권 읽는다고 당장에 부자가 되진 않겠지만, 성실히 돈 벌고 저축하는 분들이 10년 후 좀 더 나은 미래를 꿈꿀 수 있길 바랍니다.

2017년 12월의 어느 날
정민경 올림

목차

작가의 말　4

PART 1
주식 투자를 위한 기업분석은 왜 필요한가요?

1. 주식 시장의 원리　12

2. 가격(P) 상승의 중요성　14
   - ▶ 하이트진로(000080)
   - ▶ SK하이닉스(000660)

3. 판매량(Q)의 증가는 좋은 기업의 기본　18
   - ▶ SK머티리얼즈(036490)
   - ▶ 에코프로(086520)

4. 비용(C)에 대한 다양한 시각 필요　24
   - ① 판매 가격과 원재료 가격의 차이, Spread　24
     - ▶ KPX케미칼
   - ② 증설 후, 고정비 부담 해소가 관건　26
     - ▶ 우진플라임(049800)
   - ③ 의외의 복병, 영업 외 비용　28
     - ▶ 현대엘리베이터(017800)

5. Valuation의 형성　31

6. 좋은 종목을 발굴하는 법　34

7. 기업분석의 두 가지 기본 도구: DART & Excel　37

〈부록1〉 세종기업데이터 재무정보 및 무료 퀀트 활용하기　39

〈부록2〉 주식형 펀드 편입 종목 확인하기　56

PART 2
DART & 사업보고서 쉽게 보기

   1. DART 활용하기   66

   2. 사업보고서 쉽게 보기   71

〈부록3〉 주석 쉽게 보기   88

PART 3
엑셀을 통한 실전 기업분석

   1. 사업 부문별 손익 분석   100
      ① Web에서 Excel로   101
      ② 데이터 정리   104
      ③ 데이터 분석   120
         1) 매출액 성장률과 영업이익률 구하기   122
         2) 사업 부문별 손익 분석   130

   2. 가격(P)   132
      ① Web에서 Excel로   133
      ② 가격 변동률 구하기   135
      ③ 그래프 그리기   137
         1) 1차트 1그래프   137
         2) 1차트 2그래프   142
         3) 가로축 직접 지정   146
      ④ 데이터 분석 149

   3. 판매량(Q)   150
      ① Web에서 Excel로   150
      ② 데이터 정리   153
      ③ 데이터 분석   162

4. 비용(C)　166
　① 원재료 가격 추이　166
　② 원재료 가격 변동률 구하기　168
　③ 차트 그리기　169
　④ 비용의 성격별 분류　170
　⑤ 데이터 분석　176

5. 실적 분석　180
　① 소재 사업　180
　② 하우징 사업　188
　③ 미디어 사업　189

〈부록4〉 데이터 표 행이 다를 때　191

6. 한국무역협회·관세청 자료 활용하기　200
　① 한국무역협회　203
　② 관세청　210
　③ 관세법령정보포털 활용　216

7. 단일 판매·공급 계약 체결 공시를 통한 실적 추정　225
　▶비아트론(141000)
　▶제이스텍(090470)

PART 4
나만의 목표 주가 선정하기

1. Valuation을 보여 주는 지표들　238
　① 정률성장모형(항상성장모형, 고든(Gordon)모형)　238
　② 상대가치평가법　241
　　1) PER(Price Earning Ratio, 주가수익비율)　241
　　2) PBR(Price Book-Value, 주가순자산비율)　243
　　3) 그 밖의 주가배수 평가모형　245

2. 고평가? 저평가? 나의 선택은?   248
  ▶ NAVER(035420)
  ▶ 서울반도체(046890)
  ▶ 현대차(005380)
  ▶ 한신공영(004960)

3. 동화기업의 Valuation   262
  ① PER   262
  ② PBR   263
  ③ 정률성장모형에 의한 이론상 적정 주가   265

PART 5
실전 복습

▶ SKC코오롱PI(178920)   268
  ① 가격(P)   271
  ② 판매량(Q)   272
  ③ 비용(C)   276
  ④ 관세청 자료 검색   277
  ⑤ SKC코오롱PI 홈페이지에서 IR 자료 찾아보기   280
  ⑥ 실적 추정   281
  ⑦ 주가 및 Valuation   285

마치며   289

〈부록5〉 산업별 유용한 사이트   298

〈부록6〉 엑셀 단축키   304

PART 1

주식 투자를 위한 기업분석은 왜 필요한가요?

01.
주식 시장의 원리

주식 시장에는 이러한 대전제가 있습니다.

"주가는 기업의 가치에 수렴한다."

그 어떤 이도 반박할 수 없는 불변의 법칙과 같은 말입니다. 그렇다면 기업의 가치란 과연 무엇일까요? 저는 이 답을 기업의 존재 이유에서 찾았습니다. 기업의 존재 이유는 아주 간단합니다. '이윤 추구'입니다. 학창시절 사회 교과서에서도 우리는 기업은 이윤 추구를 목표로 한다고 배웠습니다. 따라서 기업의 가치도 이와 같다고 생각합니다. 존재 이유이자 목표인 이윤 추구를 잘 하는 기업이 가치가 높은 기업입니다. 물론 현대사회에서는 다른 여러 요인도 기업의 가치평가에 포함되지만, 그 다른 요인들도 결국에는 기업의 이윤 추구 활동을 저해할 수 있느냐 없느냐를 보기 위함입니다. 여기까지 아주 당연한 이야기임에도 책의 가장 첫 장에서 꺼낸 이유는 바로 기업분석의 중요성을 말씀드리고 싶었기 때문입니다.

우리 투자자들의 목표는 돈 잘 버는 좋은 기업을 발굴하여 싼값에 사서 비싸게 파는 것입니다. 따라서 기업이 돈을 잘 버는지 못 버는지 살펴보는 것은 아주 당연히 해야 할 의무입니다. 그러나 현재 실적, 이미 시장에 공개된 모든 정보는 주가에 반영되어 있다고 생각하여 나만 아는 비밀, 우리끼리만 아는 정보만 선호하는 분들이 많습니다. 하지만, 그런 분들치고 회사 실적에 대해 정확히 알고 계신 분은 보지 못하였습니다. 기업에 대한 정보, 수치가 시장에 공개되었다 하더라도 모든 사람이 그 정보를 다 알고 해석할 수 있는 것은 아닙니다. 주가는 때론 민감하면서 때론 둔감합니다. 기사 한 줄에 쉽게 움직이기도 하지만, 아주 중요한 기사나 공시가 나와도 혹은 몇 개 분기가 연속 호실적을 달성하고 있음에도 주가가 움직이지 않는 경우가 있습니다. 어떤 기업은 이미 너무 유명해서 투자자들이 작은 소식 하나까지 귀 기울이고 있지만, 어떤 기업은 시장의 관심을 받기까지 시간이 필요하기도 합니다. 전자든 후자든 특정 소식이 기업의 주가에 미칠 영향을 발 빠르게 파악하기 위해서는 기업분석이 반드시 되어 있어야 하고, 할 줄 알아야 합니다.

또한, HTS나 포털사이트 금융 코너에서 단순히 이 회사의 현재 실적이 어떠한지, 애널리스트가 다음 실적을 어떻게 전망하는지만 확인해서는 안 됩니다. 애널리스트들이 갖은 노력으로 기업의 실적과 주가를 전망하고 있지만 자신만의 기준이 있어야 중간에 주가 흔들림이 있어도 애널리스트의 추정치를 신뢰할 수 있으며, 애널리스트들이 잘못 전망한 부분도 잡아낼 수 있습니다.

기업분석을 통한 실적 전망의 기본은 아주 간단합니다. 특정 제품을 어떤 가격(P)에 얼마나(Q) 팔았으며, 비용(C)을 제외한 실제 이윤은 얼마나 남았는지, 현재 주가의 시장가치(V)는 어느 정도인지를 살펴보면 됩니다. P×Q가 매출액이며, 여기서 C를 제외하면 이윤이 됩니다. 그리고 그 이윤의 지속성, 가시성 등에 따라 시장에서는 일정 부분 배수를 매겨 시장 가격을 형성하고 있습니다.

여기까지 읽고 '당연한 이야기잖아!', '누가 그걸 모르나?!'라고 생각하는 분도 분명히 계실 겁니다. 기업의 P, Q, C, V를 찾을 수 있는 분이라면 책을 덮으셔도 괜찮습니다. 하지만 지금 투자하고 있는 회사나, 관심을 두고 있는 회사가 어떤 제품을 얼마에, 얼마나 팔고 있는지 모르고, 어디서 그를 찾아야 하는지도 모르는 분이라면 분명 책에서 많은 것을 얻어 가시리라 생각합니다.

02.
가격(P) 상승의 중요성

　기업은 늘 자사 제품을 비싼 가격에 팔고 싶어 하지만, 시장 경쟁 체제에서 가격을 올리기란 여간 어려운 일이 아닙니다. 그만큼 수요가 탄탄해야 하는데, 저성장 국면에 있는 한국 경제에서 어떤 분야의 수요가 갑자기 크게 증가하는 것이 쉽지 않기 때문입니다. 하지만, 어려운 만큼 판가를 올렸을 때의 실적 개선 효과가 다른 어떤 요인보다도 뚜렷합니다. 따라서 주식 시장에서도 P의 움직임을 예의 주시하고 있고, P가 오른다는 이야기는 주가에 굉장히 긍정적으로 작용합니다. 가격 인상이 주가에 미치는 대표적인 예를 찾아보겠습니다.

▶ 하이트진로(000080)
　하이트진로는 국내 대표 주류 업체로 소주 '참이슬'을 판매하고 있습니다. 소주는 서민 물가와 직접적으로 연관되어 있어 쉽게 가격을 올리지 못하는 품목 중 하나입니다. 참이슬 소주 가격은 2012년 4분기 한차례 인상된 이후 한동안 동결되다가 3년만인 2015년 4분기에 5.6% 인상되었습니다. 그에 따라 2014년부터 2015년까지 2년 동안 박스권에 있던 주가는 2015년 말 소주 가격 인상이 발표된 후, 한 달 반 만에 30% 이상 상승하였습니다. 사람들에게 소주를 많이 마시라고 영업하는 것보다 가격 인상으로 인한 실적 개선이 훨씬 쉽고 뚜렷하기에 시장에서는 이를 긍정적으로 받아들였습니다.

　다만, 여기서 한 가지 주목할 점은 소주 가격 인상 기사 발표와 하이트진로의 주가 상승 시기입니다. 소주 가격 인상 기사는 2015년 11월 27일에 최초로 보도되었으나, 하이

☞ 네이버 기사 검색

참이슬 출고가 54원 인상…소주값 오른다
한겨레 A10면1단 2015.11.27. 네이버뉴스

하이트진로는 오는 30일 자정부터 소주 출고가격을 5.62% **인상**한다고 27일 밝혔다. **참이슬** 후레쉬와 **참이슬** 클래식(360㎖)의 출고가격은 병당 961.70원에서 1015.70원으로 54원 오른다. 소주 값 **인상**은 3년 만이다....

  ↳ 소주값 줄줄이 **인상**?…하이트 **참이**… 데일리한국 2015.11.27.
  ↳ 소주 가격 또 오른다…**참이슬** 출고… 매일경제 2015.11.27. 네이버뉴스
  ↳ **참이슬** 3년만에 가격**인상**, 출고가… 아주경제 2015.11.27.
  ↳ 하이트진로, **참이슬** 출고가 54원 **인상** 이뉴스투데이 2015.11.27.
  관련뉴스 21건 전체보기 ›

하이트진로, 참이슬 소주 출고가격 5.6% 인상
한국경제 13면1단 2015.11.27. 네이버뉴스

참이슬 출고가가 **인상**되면서 대형마트와 음식점 등의 일반 소비자 구매가격도 오를 전망이다. 대형마트와 편의점 등은 기존 가격 대비 100원가량 값을 올릴 것으로 전망된다. 3000~4000원에 소주를 팔고 있는 일반...

  ↳ 하이트진로, **참이슬** 가격 5.62% **인상** 쿠키뉴스 2015.11.27.
  ↳ 소주값 **인상**, 하이트진로 출고가격 5… 전자신문 2015.11.27. 네이버뉴스
  ↳ '**참이슬**' 병당 54원↑..'서민의 술' 가… 이데일리 2015.11.27. 네이버뉴스
  관련뉴스 4건 전체보기 ›

☞ 하이트진로 일봉 차트

Part 1. 주식 투자를 위한 기업분석은 왜 필요한가요? 15

트진로의 주가는 그로부터 한 달이 훌쩍 넘은 후에야 비로소 의미 있는 상승세를 보였습니다. 시장에서 소주 가격 인상이 회사 실적에 미칠 영향을 분석하는 데 어느 정도 시간이 필요하며, 우리도 이 시기에 기업을 분석해서 매수 타이밍을 잡을 수 있다는 것을 의미하기도 합니다.

물론 소주 가격 인상에도 불구하고 맥주 부문의 부진으로 인한 실적 악화로 하이트진로의 주가는 이후 다시 밑으로 곤두박질쳤습니다. P의 중요성을 알려 주면서도 종합적인 기업분석의 필요성을 일깨워 주는 종목이라고 생각합니다.

▶SK하이닉스(000660)

다른 예로 SK하이닉스를 들어보겠습니다. 지금은 시장에서 굉장히 '핫'한 SK하이닉스도 불과 1~2년 전에는 시장의 관심을 받지 못했습니다. 주요 제품인 D램 메모리 가격의 약세로 인해 많이 팔아도 이익이 잘 나지 않았기 때문입니다. 하지만, 2016년 여름부터 D램 가격이 바닥을 찍고 연일 승승장구하면서 SK하이닉스의 주가도 일 년 만에 저점 대비 약 3배 가까이 상승하였습니다.

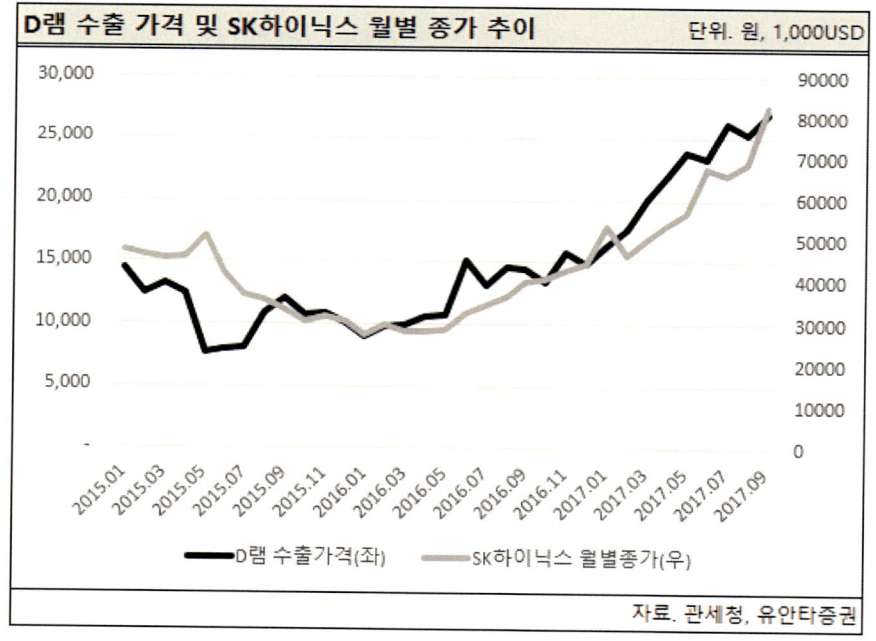

이처럼 가격은 주가에 굉장히 중요한 요인이지만, 생각보다 기업의 판가를 잘 알고 있는 투자자는 많지 않습니다. 판가를 파악하는 방법만 잘 알고 있어도 분명 좋은 수익률을 올릴 수 있을 것입니다. 여기서 주의해야 할 점은 우리가 앞으로 수개월 후의 판가를 전망하는 것을 목표로 하는 것이 아니라는 것입니다. 기업의 실적 발표 이전에도 해당 분기의 판가를 알 방법이 있고 그 정도만 잘 파악해도 분명 성공적인 투자에 한 걸음 다가갈 것입니다.

03.
판매량(Q)의 증가는 좋은 기업의 기본

대량생산체제는 초기 투자 부담만 감수하면 손익분기점을 넘는 순간 굉장히 큰 폭의 이윤을 기업에 가져다줍니다. 산업혁명 때 처음 등장한 대량생산체제는 오늘날까지도 제조업의 기본 생산방식으로 자리매김해 있습니다. 또한, 제조업을 영위하든 서비스업을 영위하든 같은 시간 내에 더 많은 양을 판매하는 것이 매출과 이익에 모두 좋습니다. 따라서 기업이 장사를 잘 하는지 알기 위한 가장 기본 방법도 바로 판매량을 체크하는 것입니다.

판매량이 증가하고 있다는 것을 보여 주는 가장 명확한 근거는 가동률 상승과 생산능력 증설입니다. 가동률은 사업보고서에서 확인할 수 있고, 증설 소식 역시 사업보고서나 투자 공시, 언론 보도 등을 통해 알 수 있습니다. 회사가 대규모 자본을 투자하여 생산능력을 키우는 것은 그만큼 증설 이후 제품 판매에 자신이 있다는 것을 의미합니다. 투자자 입장에서는 회사의 대규모 증설 투자금과 증설 이후 고정비 부담을 우려할 순 있겠으나, 투자자보다 그를 더 많이 고민하고 연구하는 사람이 바로 기업의 오너와 경영진입니다. 물론 오너와 경영진의 판단이 잘못되는 경우도 있습니다. 하지만 일반 투자자보다 훨씬 업계에 대해 잘 알고 있고 많은 정보를 가진 회사의 주인이 더 올바른 판단을 할 확률이 높습니다. 따라서 회사의 증설 소식은 웬만하면 시장에서 긍정적으로 받아들이는 편입니다. 가동률 상승과 증설로 인해 주가가 상승한 예를 찾아보겠습니다.

▶SK머티리얼즈(036490)

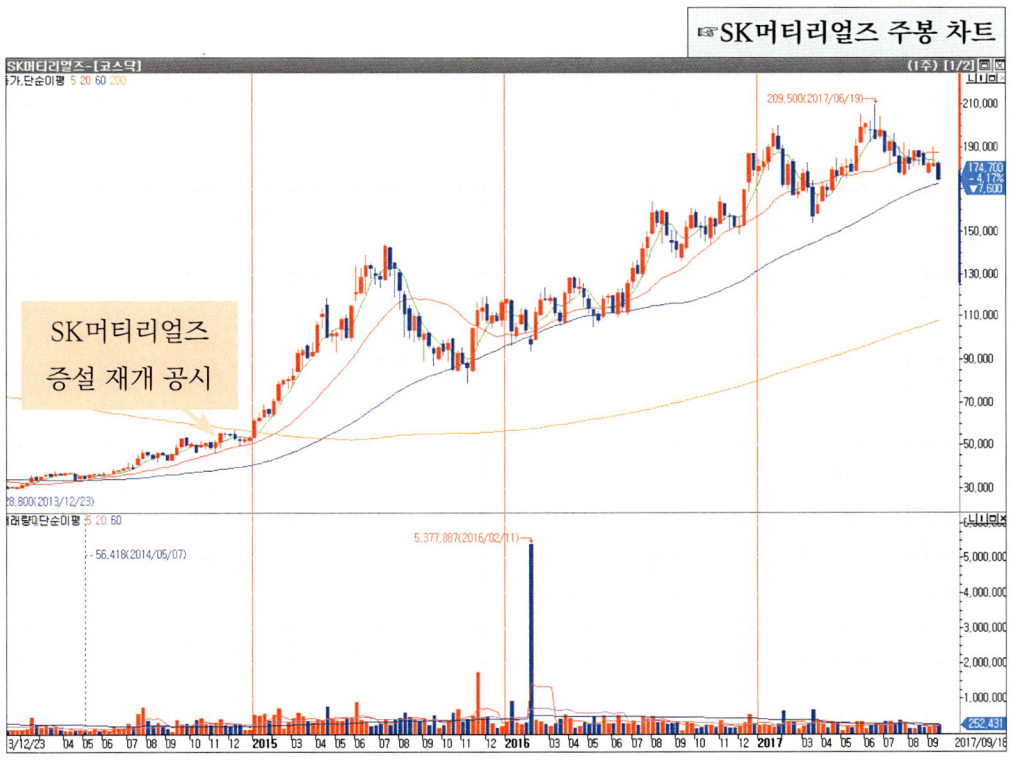

SK머티리얼즈는 반도체와 디스플레이 공정에 사용되는 화학 가스를 생산하는 기업입니다. 2010년 말 총 3차에 걸친 생산능력(CAPA) 증설을 계획하였으나, 전방 시황 악화로

인해 2011년 1차 증설을 끝으로 잠정 중단하였습니다. 그러나 2014년 하반기부터 전방 시황 개선이 전망됨에 따라 2&3차 증설을 재개하였고, 그 이후에도 추가적인 증설을 이어 갔습니다. 관련 내용은 사업보고서의 'Ⅱ. 사업의 내용'에 기재되어 있습니다.

증설 재개 이야기는 2014년 3분기 분기보고서부터 언급되어 있었고, SK머티리얼즈의 주가는 2014년에도 좋은 흐름을 보였으나 2015년 초부터 폭발적인 상승이 이어졌습니다. 전방 시황 개선에 맞춘 증설 덕분에 실적도 큰 폭으로 개선되었고, 2016년 하반기부터는 IT 업종으로 투자심리가 집중되면서 주가에 힘을 실어 주었습니다. 반도체 업황을 잘 모른다 하더라도 기업분석을 통해 증설 소식과 그로 인한 매출 증가 가능성을 알고 있었다면 성공적인 투자가 되었을 것으로 보입니다.

▶에코프로(086520)

또 다른 예로 에코프로라는 회사를 찾아보겠습니다. 에코프로의 경우 본사와 주력 자회사 모두 증설을 진행한 바 있습니다. 에코프로는 친환경 정밀화학소재 사업을 영위하고 있으며, 자회사인 에코프로비엠을 통해 리튬2차전지의 핵심소재 역시 개발·생산하고 있습니다.

먼저 본사의 경우 2016년 2월 29일 신규시설 투자 공시를 통해 자기자본 대비 15%에 해당하는 137억 원을 투자하여 주력 제품인 NCA의 생산능력을 증가시킨다고 밝혔습니다.

또한, 2016년 7월 12일에는 에코프로비엠이 무려 654억 원을 투자하여 생산능력를 확충한다 공시했습니다. 당시 에코프로의 연결 자기자본이 1,700억 원도 못 되었다는 것을 고려하면 상당히 큰 투자였습니다.

투자 공시 후 한동안 에코프로의 주가는 잠잠했습니다. 증설 공시에도 불구하고 다른 여러 불확실성과 재무 리스크가 주가의 발목을 붙잡았기 때문입니다. 하지만, 결국 2017년도에 의미 있는 주가 상승을 기록하며 그동안 회사를 믿고 기다려 준 투자자들에게 좋은 보답을 하였습니다.

☞ 에코프로 투자 공시

DART 본문 2016.02.29 신규시설투자등
코 에코프로 첨부 +첨부선택+

신 규 시 설 투 자 등

1. 투자구분		시설투자
2. 투자내역	투자금액(원)	13,702,050,000
	자기자본(원)	91,030,393,719
	자기자본대비(%)	15.06
	대규모법인여부	미해당
3. 투자목적		* 주요 고객사 하반기 요청 물량 급증에 따른 설비 부족분 해결 * 주력 아이템(NCA) 설비 규모 - 현재(16년 2월): 350톤(월) - 증설예정(16년 8월) : 120톤(월)
4. 투자기간	시작일	2016-03-02
	종료일	2016-08-31
5. 이사회결의일(결정일)		2016-02-29
-사외이사 참석여부	참석(명)	-
	불참(명)	1
6. 감사(감사위원) 참석여부		불참
7. 공시유보 관련내용	유보사유	-
	유보기한	-
8. 기타 투자판단에 참고할 사항		1. 상기 자기자본은 한국채택국제회계기준(K-IFRS)에 따라 작성된 최근사업연도(2015년 9월 30일) 재무제표 기준임. 2. 투자 금액(예상) - 소성 및 분체 : 약 78억 - 폐수처리 : 약 37억 - 기타 : 22억 * 투자 금액 등은 집행 과정에서 다소 변경될 수 있음. 3. 자금조달 계획 : 자체 자금(제품 매출 외)

☞ 에코프로비엠 투자 공시

DART 본문 2016.07.12 기타주요경영사항(종속회사의주요경영사항) ▽
에코프로 첨부 +첨부선택+ ▽

기타 주요경영사항(종속회사의 주요경영사항)

종속회사인	에코프로비엠	의 주요경영사항 신고

1. 제목	신규시설투자
2. 주요내용	1) 투자 내용 : EV 및 Non-IT 등 중대형배터리용 양극소재 생산설비 확충 2) 투자 규모 : NCA 및 CSG 소성공정(월 465톤 : 현재 보유 설비 대비 130% 이상 규모) 3) 투자 금액 : 약 654억 4) 증설 일정 - 착공(확정) : 2016년 07월 - 완료(예정) : 2017년 02월 - 시운전 및 승인 완료(예정) : 2017년 03월 5) 증설후 중대형용 양극소재 판매 계획 - 2017년 상반기 : 월평균 750톤 - 2017년 하반기 : 월평균 1,050톤
3. 결정(확인)일자	2016-07-12
4. 기타 투자판단에 참고할 사항	하기 종속회사의 자산총액은 종속회사의 분할 시점(2016년 05월 01일)기준이며 지배회사의 연결 자산총액은 직전년도말(2015년 12월 31일) 기준임.
	※ 관련공시 2016-05-02 합병등종료보고서 2016-03-24 회사분할 결정

[종속회사에 관한 사항]

종속회사명	에코프로비엠	영문	ECOPROBM
- 대표자	권우석, 김병훈 공동대표		
- 주요사업	이차전지 소재 제조 등		
- 주요종속회사 여부	해당		
종속회사의 자산총액(원)			144,268,248,195
지배회사의 연결 자산총액(원)			220,544,003,505
지배회사의 연결 자산총액 대비(%)			65.41

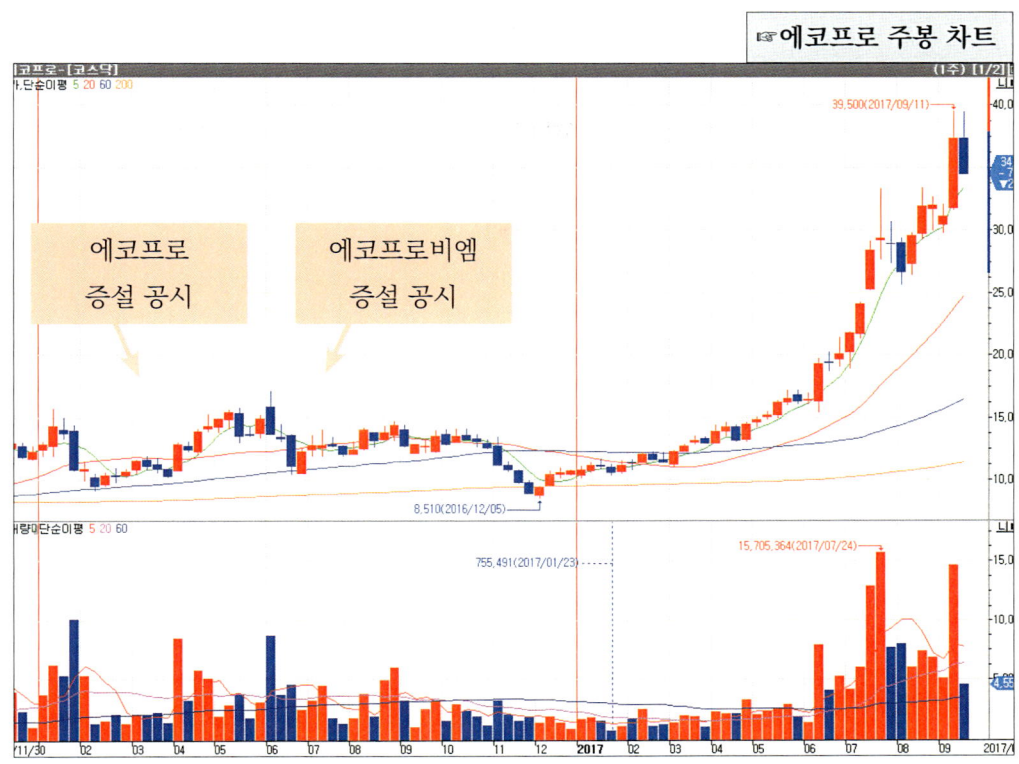

　증설 등의 신규 투자를 하더라도 초기 가동률이 높지 않아 고정비 부담으로 이어지는 경우도 물론 있습니다. 얼마나 빨리 초기 수율을 잡고 가동률을 끌어올리느냐가 기업 입장에서도 관건입니다. 증설 소식은 대부분 주가에 긍정적으로 작용하지만, 투자 판단을 잘못했거나 주요 고객사의 사업 방향이 바뀌거나 갑자기 시황이 나빠진다면 굉장히 위험한 요소가 될 수 있다는 점도 염두에 둘 필요는 있습니다.

04.
비용(C)에 대한
다양한 시각 필요

비용(C)은 다각도로 살펴보아야 합니다. 굉장히 여러 요소가 비용에 포함되고, 비용 관리를 얼마나 잘 하느냐가 회사의 이윤과 직결되기 때문입니다.

① 판매 가격과 원재료 가격의 차이, Spread

원재료 가격이 낮아진다고 무조건 좋은 것은 아닙니다. 회사의 고객들도 원재료 가격이 하락했다는 사실을 알고 있으므로 그에 맞춰 가격을 낮춰 달라고 요구하기 때문입니다. 따라서 원재료 가격이 하락하더라도 얼마나 판매 가격을 잘 지키는 지가 중요합니다. 마찬가지로 원재료 가격이 오른다고 반드시 비용 부담으로 이어지는 것도 아닙니다. 원재료 가격이 올랐으니 고객들에게 가격을 올려 받겠다고 이야기할 수 있고, 만약 원재료 가격이 오른 것 이상으로 가격을 올려 받으면 이윤은 더 커지기 때문입니다. 일반적으로 원재료 가격과 판매 가격은 연동된다고 보고, 판매 가격과 원재료 가격의 차이인 Spread를 어떻게 유지하느냐가 기업을 분석할 때 체크해야 할 포인트입니다. 시황이 좋으면 Spread가 확대되고, 시황이 나빠지면 Spread도 축소됩니다. 특히 정유/석유화학 회사들에는 이 Spread가 매우 중요합니다. 모든 제품이 원유 베이스이므로 유가에 따라 이익 변동이 크기 때문입니다. Spread에 따라 실적과 기업 가치가 달라지는 사례를 알아보겠습니다.

▶KPX케미칼(025000)

KPX케미칼은 국내 대표 중견 석유화학 회사로 우레탄의 주원료인 PPG (Polypropylene Glycol)를 단일 품목으로 생산하고 있습니다. PPG의 주원료는 PO(Propylene Oxide)이며 KPX케미칼은 PO를 국내 및 해외 업체에서 공급받고 있습니다. PPG만 생산·판매하고 있다 보니 PPG와 PO의 Spread가 회사의 영업이익에 직결되어 이익 전망이 용이한 회사 중 하나입니다.

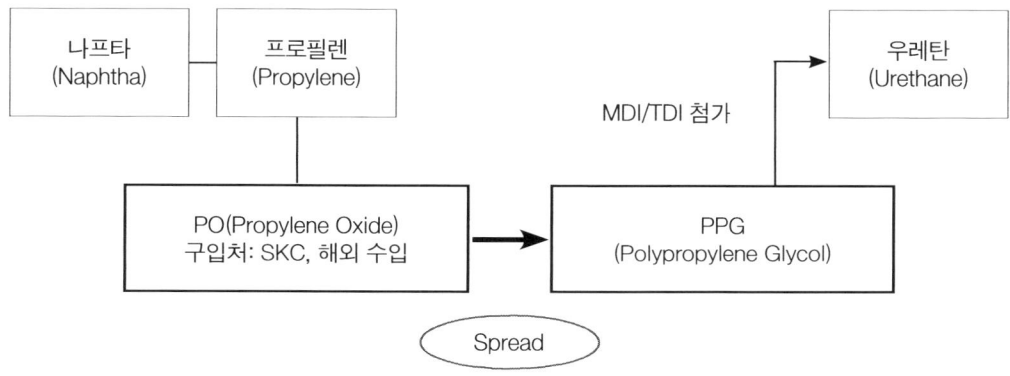

관세청 수출입 자료를 통해 PPG-PO의 Spread를 산출하여 영업이익과 하나의 차트에 그려 보면 다음 그림처럼 굉장히 유사한 추이를 보임을 알 수 있습니다. Spread가 확대되었을 때 영업이익이 증가하고, Spread가 축소되며 이익도 감소하는 모습입니다.

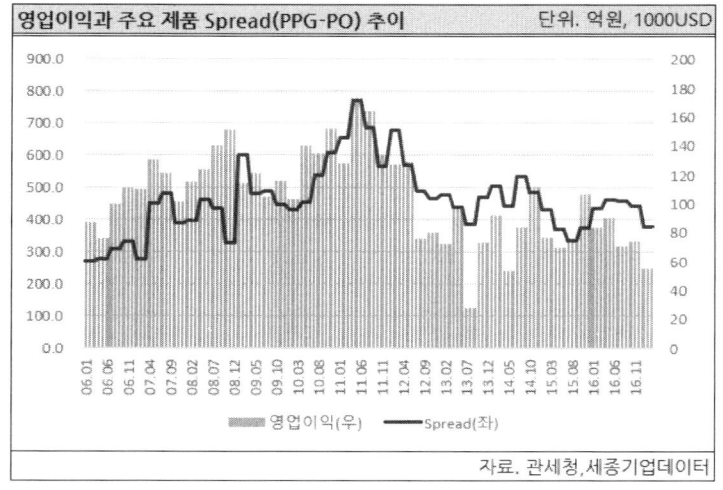

주가와 Spread 추이도 함께 보면 단기적인 이슈가 있었을 때를 제외하고 주가는 거의 Spread 흐름에 수렴하고 있음을 알 수 있습니다.

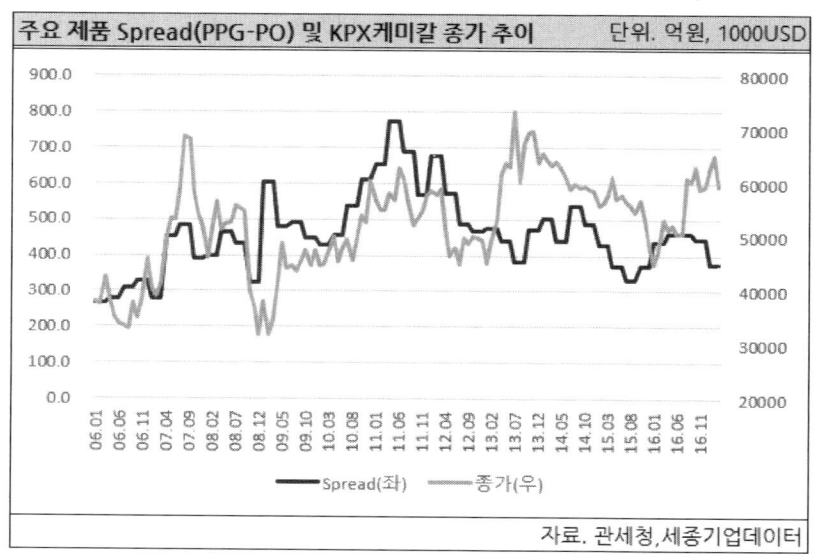

Spread는 여러 공공데이터 및 사설 유료데이터를 통해 실적 발표 이전에도 어느 정도 산출할 수 있습니다. 또한, 그를 통해 정유, 석유회사뿐만 아니라 제강사, 각종 소재 회사 등 제품과 원재료가 뚜렷한 웬만한 회사들의 실적을 추정할 수 있습니다. 처음부터 정확하게 산출하기 어렵더라도 Spread의 개념을 알고 있다면 해당 기업의 애널리스트 보고서를 읽을 때 좀 더 많은 부분을 이해하면서 넘어갈 수 있을 것입니다.

② 증설 후, 고정비 부담 해소가 관건

앞서 기업의 생산능력 증설 시, 낮은 초기 가동률과 고정비 부담이 손익에 부정적으로 작용할 수 있다는 이야기를 드렸습니다. 하지만 매출이 고정비를 커버하고 생산 수율이 최적 수준까지 도달하는 순간, 회사가 거둬들일 이윤은 큰 폭으로 증가하며 기업 가치도 한 단계 상승하게 됩니다. 최근에 이 모든 과정을 겪은 한 회사의 극명한 사례를 보여 드리겠습니다.

▶**우진플라임**(049800)

우진플라임은 국내 1위 플라스틱 사출성형기 업체로 본래 인천에 본점과 생산공장을 두고 있었습니다. 긍정적인 시황이 전망되어 그에 맞춘 공격적인 영업을 위해 약 2,000억 원을 투자하여 2014년 10월 충북 보은으로 공장 부지를 무려 10배가량 키워 이전하는 대규모 증설투자를 단행하였습니다. 하지만 이전 후, 비용 증가로 인해 원가율이 10%p나 증가하면서 2014년과 2015년 연속으로 영업적자를 기록하였습니다. 하지만, 2년 동안의 내부적인 원가 절감 노력으로 2016년부터는 꾸준히 분기 흑자를 기록하고 있고, 2016년 연간으로는 창사 이래 최대 영업이익을 달성하였습니다.

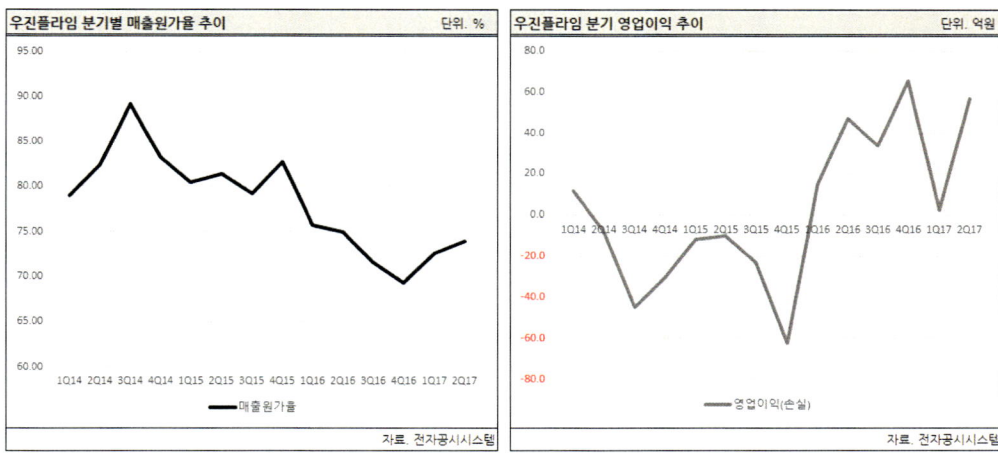

주가는 2013년 말부터 지속적으로 하락하여 시장에서 관심을 받지 못하다가 2016년부터 몇 개 분기 연속 흑자를 기록하자 다시 시장에 알려지기 시작했습니다. 2016년 하반기부터 의미 있는 주가 상승이 나타나더니 2017년에도 큰 폭의 기업 가치 상승이 있었습니다.

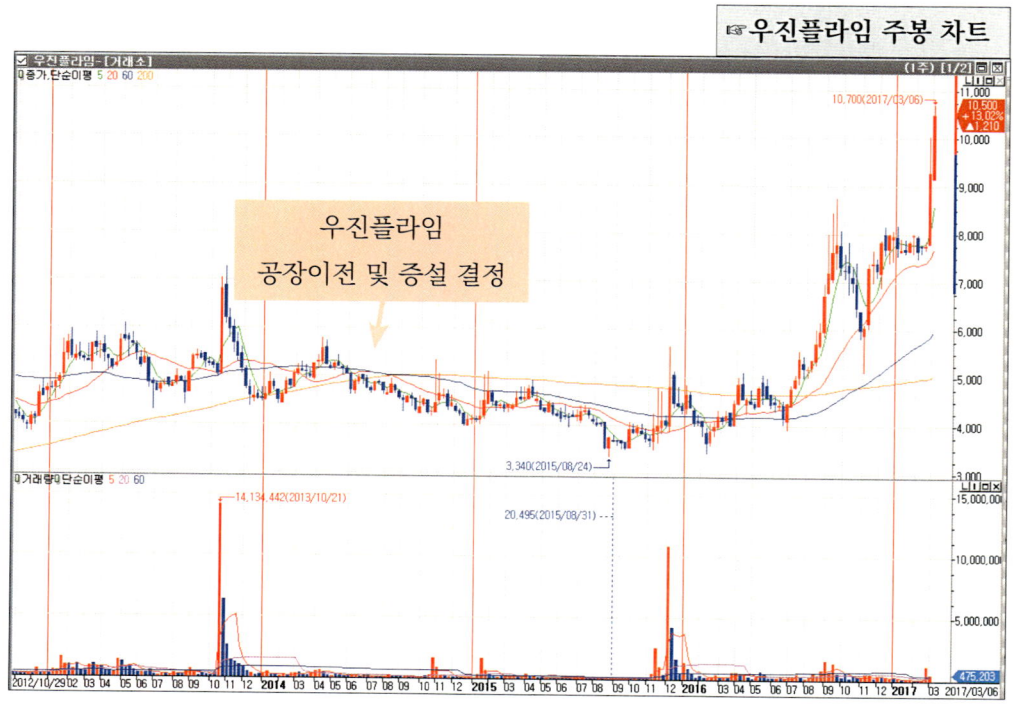

우진플라임이라는 종목을 통해 증설 후 가동률과 손익을 잘 지켜보아야 한다는 것과 이익이 개선되는 것이 확인된다면 분명 기업가치 상승이 뒤따르리라는 것을 배울 수 있었습니다.

③ 의외의 복병, 영업 외 비용

영업이익은 꾸준히 잘 나오는데, 영업 외적인 요인이 순이익을 다 깎아 먹는 회사도 있습니다. 가령 차입금이 많아서 이자 비용을 많이 낸다든지, 만년 적자로 모회사의 돈을 다 깎아 먹는 자회사가 있다든지 하면 열심히 영업해서 돈을 벌어 와도 실제 회사에 남는 게 별로 없을 수 있습니다. 이렇게 순이익에 악영향을 미치는 요인이 있다면 기업가치에 부정적으로 작용하며, 만약 이 요인이 제거된다면 기업가치가 급상승하는 계기가 되기도 합니다. 그 대표적인 예 중 하나가 현대엘리베이터입니다.

▶ **현대엘리베이터**(017800)

현대엘리베이터는 국내 엘리베이터 시장의 40% 이상을 점유하고 있는 대표 엘리베이터 업체로 과거에는 현대증권, 현대상선 등을 자회사로 둔 현대그룹의 모체격 회사였습니다.

그러나 글로벌 해운 업황의 침체로 지분법 반영 관계사였던 현대상선이 극심한 경영난에 빠졌고, 이로 인해 연결 손익에 부정적 영향을 받았습니다. 또한 현대상선으로의 자금 지원으로 인해 기업가치에 많은 할인을 받게 되었습니다. 현대엘리베이터의 매출액은 10년간 단 한 번의 역성장이 없었고, 영업이익도 2012년부터 5년간 꾸준히 증가하였으나, 순이익의 경우 대규모 적자와 흑자를 반복하였습니다.

현대엘리베이터 연간 실적										단위: 억원
	2007.12 (GAAP 연결)	2008.12 (GAAP 연결)	2009.12 (GAAP 연결)	2010.12 (GAAP 연결)	2011.12 (IFRS 별도)	2012.12 (IFRS 연결)	2013.12 (IFRS 연결)	2014.12 (IFRS 연결)	2015.12 (IFRS 연결)	2016.12 (IFRS 연결)
매출액	5,752	6,817	8,237	8,659	8,792	9,156	10,662	13,056	14,487	17,588
영업이익	409	273	364	482	286	493	986	1,338	1,565	1,816
순이익	1,500	298	-2,093	1,398	-1,376	-2,710	-3,427	504	-50	1,169
연결순이익	1,498	298	-2,091	1,396	0	-2,710	-3,423	505	-41	1,287

자료. 세종기업데이터

2016년은 해운업계의 불황이 극에 달했던 시기로 현대상선을 보유한 현대엘리베이터의 주가 역시 2015년 하반기부터 지속 하락하여 2016년 초에는 52주 신저가를 기록하기도 했습니다. 하지만 그해 4월부터 현대상선과의 결별 이야기가 나왔고, 7월 23일 공식적으로 현대상선의 최대주주가 한국산업은행으로 변경되었습니다. 현대상선이 현대그룹에서 제외될 것이라는 이야기가 돌면서 주가도 슬금슬금 올라가기 시작하더니, 최대주주 변경 소식이 알려지자 단 며칠 만에 20% 안팎까지 상승하였습니다. 현대엘리베이터와 현대상선과의 지분 정리로 인해 그동안 현대엘리베이터 주가에 반영되었던 큰 할인요인이 사라진 셈입니다.

물론 이후 건설 섹터에 대한 투자 심리 위축과 현대엘리베이터의 해외 사업 부진으로 상승 트렌드가 이어지지는 않았지만, 이처럼 영업 외적으로 영향을 줄 수 있는 요인들도 고려해야 한다는 것을 시사해 줍니다.

05. Valuation의 형성

시장에서는 현재 기업의 재무상태와 실적을 기반으로 일정 배수를 매겨 시장 가격을 형성합니다. 이를 'Valuation'이라고 합니다.

만약, A라는 기업의 지난해 매출이 200억 원이고, 영업이익 20억 원, 순이익이 10억 원이라고 했을 때, B라는 투자자가 이 회사를 산다면 과연 얼마에 살까에 대한 시장의 의견이라고 이해하면 됩니다. 단순히 연 매출이 200억 원이라고 해서 B 투자자가 이 회사를 200억 원에 산다면 과연 적정한 가격일까요? 200억 원에 사서 투자 원금을 회수하려면 현재 실적이 유지된다는 가정하에, 20년 동안 영업을 해야 합니다. 왜냐하면, 연간 순이익이 10억 원이므로, 10억 원씩 20년 동안은 벌어야 투자 원금인 200억 원이 되기 때문입니다. B 투자자는 200억 원이라는 투자 금액을 두고 고민에 빠지게 됩니다.

그러나, 만약 이 회사의 순이익이 작년에는 10억 원이었지만, 올해는 20억 원, 내년에는 40억 원으로 증가할 것으로 예상되면 B 투자자는 200억 원이라는 가격을 더 이상 비싸게 느끼지 않을 것입니다. 원금을 훨씬 빨리 회수할 수 있을 테니까요. 그런데, A기업의 실적이 매년 좋아질 것이라는 소식이 알려지자 C라는 투자자도 A 기업에 관심을 보이기 시작합니다. 그러자 B 투자자는 조바심을 느끼게 되고 A 기업 오너에게 더 비싼 가격에 사겠다고 이야기합니다. 이를 안 C 투자자도 가격을 올려주겠다고 제안합니다. A 기업 오너는 더 비싸게 팔 수 있다고 신이 납니다.

하지만 그도 잠시, D라는 투자자가 나타나 A 기업은 부채가 많아 이자율 상승에 따른 순이익 악화 가능성이 있고, 현금이 부족한데 매출채권 회수가 원활하지 않아 재무 리스크가 크다고 말합니다. 이를 들은 B와 C 투자자는 다시 가격을 낮추려고 합니다.

이와 같은 일련의 과정을 거쳐 형성되는 것이 바로 시장 가격입니다. 사람마다 회사에 매기는 가치가 다를 수 있고, 어떤 숫자를 기준으로 삼는지도 다릅니다. 싸다, 비싸다고 판단할 수 있는 지표는 있지만, 그 역시 절대적인 것은 아닙니다. 많은 투자자, 연구원, 전문가들이 이 적정 Valuation을 산출하기 위해 끊임없이 노력하고 있습니다. 교과서 같은 공식도 있고, 새로운 이론이 등장하여 반짝 관심을 받기도 합니다. 우리도 책에서 Valuation에 대한 기본적인 공식 몇 가지와 지표를 배울 것입니다. 하지만 적정 Valuation의 답은 없으며 여러 지표를 참고해서 자신만의 혹은 개별 기업마다 기준을 세우는 것이 필요합니다.

기업분석은 P, Q, C, V의 종합적 분석

앞서 기업의 P, Q, C와 주가와의 관련성을 개별 사례를 들어 설명하였지만, 사실 기업 입장에서는 P, Q, C 모두 중요하여 항상 세 가지의 균형 맞추기와 개선을 위해 힘씁니다. 세 가지 중 하나라도 밸런스를 이탈하면 이윤 추구 활동이 상당히 어려워지기 때문입니다. 투자자도 이와 같은 시선으로 기업을 바라보아야 합니다. P, Q, C를 종합적으로 고려하여 최적의 이윤을 남기는 회사 혹은 이윤을 늘려 가는 회사에 투자하는 것이 좋습니다.

우리는 앞으로 외부 투자자로서 최대한 외부 자료를 활용하여 어떻게 기업의 P, Q, C 추이를 파악하는지 공부할 것입니다. 또한, 시장에서 항상 고민하고 연구하는 Valuation을 어떻게 바라보는 것이 좋은지도 고민할 것입니다. 무조건 Valuation이 낮다고 투자에 좋은 종목도 아니고, Valuation이 높다고 거품이라고 할 수도 없습니다. 기업분석은 P, Q, C, V의 종합적인 사고가 필요하다는 점을 꼭 숙지하시길 바랍니다. 어려울 수도 있으나 나의 꿈이 전업투자자라면 이 정도의 공부와 노력은 필요하다고 생각합니다. 세상에 공짜는 없으니까요.

06.
좋은 종목을 발굴하는 법

 기업분석이 중요하다는 것을 알았어도 막상 이를 실천하려면 어떤 기업을 선택해야 할지 막막할 수 있습니다. 이미 주식투자를 하고 계신 분이라면 갖고 있는 종목부터 기업분석을 해 보아도 좋고, 주식투자를 처음 하시는 분이라면 실적이 좋아지는 기업을 분석해 보는 것이 좋습니다. 또는 주식형펀드에 가입하였다면 '금융투자협회 전자공시 서비스'에 들어가 내가 가입한 펀드에 어떤 종목이 편입되어 있는지 확인하여 가장 비중이 높은 종목부터 분석해 보는 것도 하나의 방법이 될 것입니다. 펀드에 편입된 종목을 확인하는 방법은 [부록 2]를 참고하십시오.

 ① 실적 확인하기

 처음 주식 투자를 시작하셨거나, 시작하신 지 얼마 안 된 분이라면 분명 주변 지인이나 증권사 직원으로부터 종목을 추천받으셨을 것입니다. 또는 언론기사나 포털사이트 금융 코너에 많이 언급되는 종목에 관심이 갈 수도 있습니다. 그렇다면 추천받았거나 관심 가는 종목의 실적부터 확인해 보는 것이 좋습니다. 기업의 실적을 확인할 수 있는 사이트는 많습니다.

 ▶세종기업데이터(www.sejongdata.co.kr)
 매출액, 영업이익, 순이익, 자산, 부채, 자본의 6가지 항목과 연간 및 최근 4개 분기 기준 Valuation을 직관적이고 명확하게 보여 줍니다. 분기 데이터는 4개년, 연간 데이터는

20년 치를 제공하며 분기 실적 업데이트가 상당히 빠른 편입니다. 회원 가입이 필요 없어 누구나 무료로 이용할 수 있습니다.

▶포털사이트 금융 코너

네이버나 다음 등 국내 대표 포털사이트의 금융코너에서 기업의 실적을 확인할 수 있습니다. 총 5개의 최근 분기와 5년의 연간 데이터를 제공하며 손익계산서의 세부 항목을 전부 보여 주어 상세한 재무분석이 가능합니다.

▶빅파이낸스(bigfinance.co.kr)

매출액과 영업이익, 순이익과 주요 재무데이터뿐만 아니라 각 기업의 사업 부문별 세부 실적까지 제공합니다. 또한, 주요 공공데이터도 산업별로 잘 정리하여 제공하므로 산업 분석에 많은 도움을 받을 수 있습니다. 회원가입만 하면 무료로 활용할 수 있습니다.

재무데이터 확인 결과 실적이 좋아지는 기업이 있거나, 적자가 지속되었으나 최근에 흑자로 전환한 기업이 있다면 우선으로 분석해 보는 것이 좋습니다. 누구나 High-Risk · High-Return을 꿈꾸지만, 사실 손실을 줄여가며 연간 10~20%의 수익률을 꾸준히 유지하는 사람이 진정한 Winner입니다.

② 공시 확인하기

PART2에서 전자공시시스템 및 사업보고서 열람에 대해 자세히 다루겠지만, 기업들의 공시를 자주 확인하는 것도 종목을 발굴하기 위한 좋은 습관입니다. 전자공시시스템에 접속하여 '최근 공시'에 들어가 오늘 나온 중요한 공시가 있는지 확인하다 보면 분명 주가에 긍정적인 영향을 미칠 것 같은 공시가 나왔음에도 주가가 잠잠한 경우를 발견할 것입니다. 잊지 마십시오. 공시된 모든 사항이 그날 주가에 바로 반영되는 것이 아닙니다. 바로 반영되었다고 보이는 것들도 사실은 그 이전부터 좋은 내용이 계속 공시되고 있었을 수 있습니다.

③ 무료 퀀트 사용하기

퀀트란, quantitative(계량적)와 analyst(분석가)의 합성어로 수학·통계에 기반해 투자모델을 만들거나 금융시장 변화를 예측하는 것을 뜻합니다(출처: 네이버 지식백과 〈퀀트[quant]〉, 한경 경제용어사전, 한국경제신문/한경닷컴(2017)). 기업의 실적 혹은 자산 가치와 현재 주가를 모두 데이터로 정리하여 PER이나 PBR 등의 상대가치평가지표를 계산하고 그 중 특정 조건에 부합하는 종목을 추출하는 방식입니다. 보통 저 PER, 저 PBR 종목을 찾는 방식을 사용하며, 저평가의 기준은 퀀트 툴을 만든 제작자의 판단으로 설정합니다. 퀀트 투자를 하기 위해서는 기업의 데이터와 주가 데이터를 모두 갖고 있어야 하며, 엑셀이든 다른 통계 프로그램이든 관련 소프트웨어를 다룰 줄 아는 능력도 필요합니다. 따라서 퀀트 툴을 사용하고 싶어하는 사람은 많아도 실제로 이를 활용하는 사람은 많지 않습니다. 그러나 여러 사이트에서 유/무료 퀀트 툴을 제공하고 있으므로 이를 찾아 활용법을 익힌 후 본인이 원하는 조건의 종목을 찾아낼 수 있습니다. [부록 1]에 세종기업데이터가 제공하는 재무정보와 무료 퀀트를 사용하는 방법을 첨부해 놓았으니 퀀트 툴이 필요하신 분들은 [부록 1]을 참고하시길 바랍니다.

07.
기업분석의 두 가지 기본 도구:
DART & Excel

　기업의 P, Q, C, V를 파악하고 향후 실적을 전망하기 위해서는 가장 기본적으로 금융감독원 전자공시시스템(이하 DART)과 Excel을 활용할 수 있어야 합니다. DART에서 상장사들의 정보를 가져와 이를 엑셀로 분석해야 하기 때문입니다. DART와 엑셀만 잘 활용할 줄 알아도 기업분석의 90%는 완료했다고 볼 수 있습니다. 나머지 10%가 본인만의 노하우와 경험에서 우러나오는 직관인데, 혹자는 그 10%가 중요하다고 할 수 있겠으나 사실 그 10%를 얻으려면 나머지 90%가 탄탄히 받쳐 주어야 합니다.

▶ 금융감독원 전자공시시스템(dart.fss.or.kr)

　전자공시시스템은 주권 상장 법인들이 회사의 사업상황, 재무상황 등 기업의 내용을 일반 투자자들에게 정기적으로 공개하도록 한 사이트입니다. 이를 통해 합리적인 투자 판단의 자료를 제공하고 증권 시장에 공정한 가격 형성이 이루어지도록 하여 공정거래 질서를 확립하고 투자자를 보호하도록 만들어졌습니다. 주권 상장기업 혹은 '주식의 공모' 요건에 해당하는 기업들은 분기마다 분기보고서, 반기보고서, 사업보고서를 금융위원회와 한국거래소에 전자문서로 제출해야 하며, 투자자들이 알아야 할 회사에 관한 중요한 소식이 있다면 이 역시 공시를 통해 밝혀야 합니다. 다양한 보고서들이 DART에 공시되지만, 처음부터 모든 보고서를 이해하려고 하지 않아도 됩니다. 가장 기본적인 사업보고서를 읽는 것부터 익숙해진 후 기타 보고서들의 의미를 파악해 가면 됩니다.

분기보고서: 1분기, 3분기 말 이후 45일 이내에 발간됩니다. 1분기 분기보고서는 1~3월까지, 3분기 보고서는 1~9월까지의 영업 상황을 보여 줍니다.

반기보고서: 반기(1~6개월 누적) 말 이후 45일 이내에 발간됩니다. 사실상 2분기 분기보고서라 할 수 있습니다.

사업보고서: 사업연도 말 이후 90일 이내에 발간됩니다. 분기 및 반기보고서에는 생략된 감사의견, 이사의 경영진단 및 분석의견 등도 기재되어 있습니다. 단, 상장 후 최초로 연결 기준의 분기 및 반기, 사업보고서를 제출하는 경우에는 그다음 사업연도에 한하여 그 기간 경과 후 60일 이내 제출도 가능합니다.

▶Excel

아주 기본적인 표 계산 소프트웨어로 누구나 한 번쯤은 들어보거나 접해본 적이 있을 프로그램입니다. 표 계산과 그래프 그리기, 매크로, 문서작성 등을 할 수 있도록 다양한 기능을 지니고 있는 최고의 업무용 소프트웨어이기도 합니다. 엑셀에 능숙한 분들은 가볍게 어떤 식으로 기업을 분석하는지만 체크하시면 될 것이고, 능숙하지 않은 분들은 기본 기능을 같이 익힌다는 생각으로 따라오시면 됩니다. 사실 엑셀의 몇 가지 기능만 잘 활용할 줄 알아도 기업분석을 하는 데 큰 어려움은 없습니다. 『내 꿈은 전업투자자』는 엑셀 전문 서적이 아니므로 엑셀에 대한 자세한 기능 설명은 배제하고, 순수하게 DART의 자료를 엑셀로 가져와 기업을 분석하는 방법에 집중하였습니다. 고급 엑셀 기능을 배우고 싶으신 분들은 엑셀 전문 서적을 찾아보는 것이 낫습니다. 하지만 기업분석을 하면서 자연스럽게 데이터를 복사, 붙여넣기하는 법, 표를 정리하는 법, 사칙연산의 간단한 계산법, 차트 그리기, 단위 변환 및 셀 서식 기능 정도는 익히실 수 있을 것입니다.

PART2에서는 DART에 접속하는 방법부터 사업보고서를 열람하는 법에 대해 살펴볼 것이고, PART3에서는 동화기업을 예시로 DART의 데이터를 엑셀로 가져와 직접 분석하는 법을 익힐 예정입니다. 이제 PC를 켜고 책을 따라올 준비를 하십시오. 스스로 애널리스트와 매니저가 되는 것입니다. 책을 읽는 모든 분들이 능력 있는 전업투자자가 되시길 바랍니다.

[부록 1]
세종기업데이터 재무정보 및 무료 퀀트 활용하기

포털 사이트에 '세종기업데이터' 혹은 'www.sejongdata.co.kr'을 입력하고 사이트로 이동합니다.

1. 재무정보 활용하기

세종기업데이터의 메인 화면은 아래 그림과 같으며 상단 메뉴바에서 '재무정보'를 클릭합니다.

재무정보를 클릭하면 기업을 검색하는 검색창이 나타나며, 검색하고자 하는 기업명이나 종목코드를 입력한 후 키보드 엔터 혹은 마우스로 '검색하기'를 누르면 관련 내용이 전부 검색됩니다.

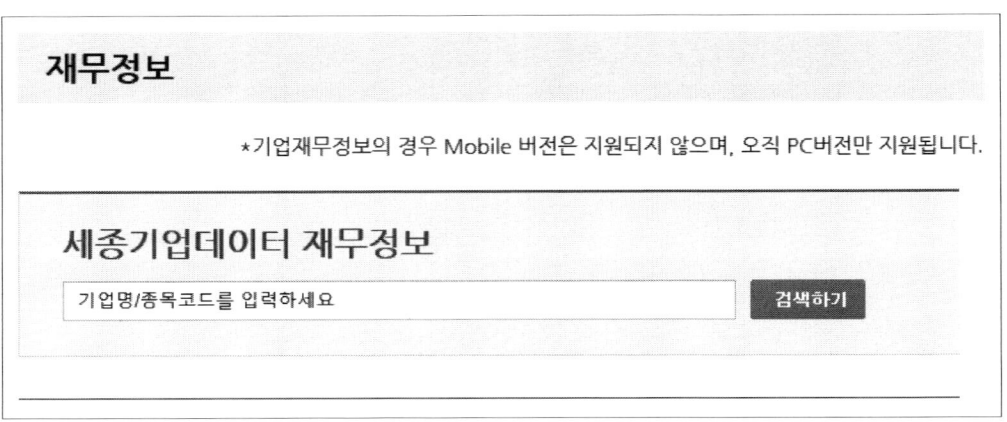

만약 검색창에 '삼성전자'를 치면 아래 그림처럼 삼성전자와 삼성전자 우선주까지 나타납니다. 일반 투자자들이 찾아보아야 할 부분은 보통주 삼성전자이므로 삼성전자(005930)를 클릭해 보겠습니다.

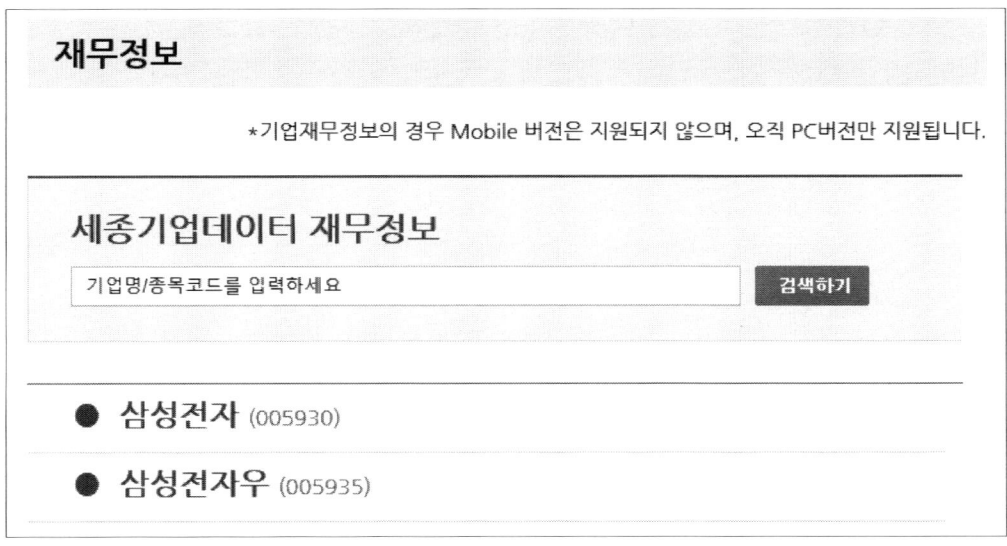

새 창으로 삼성전자의 기업정보가 나타납니다. 가장 먼저 간단한 기업정보와 최근 결산연도 및 최근 4개 분기합 기준 Valuation과 PER 및 PBR Valuation 밴드차트가 보입니다.

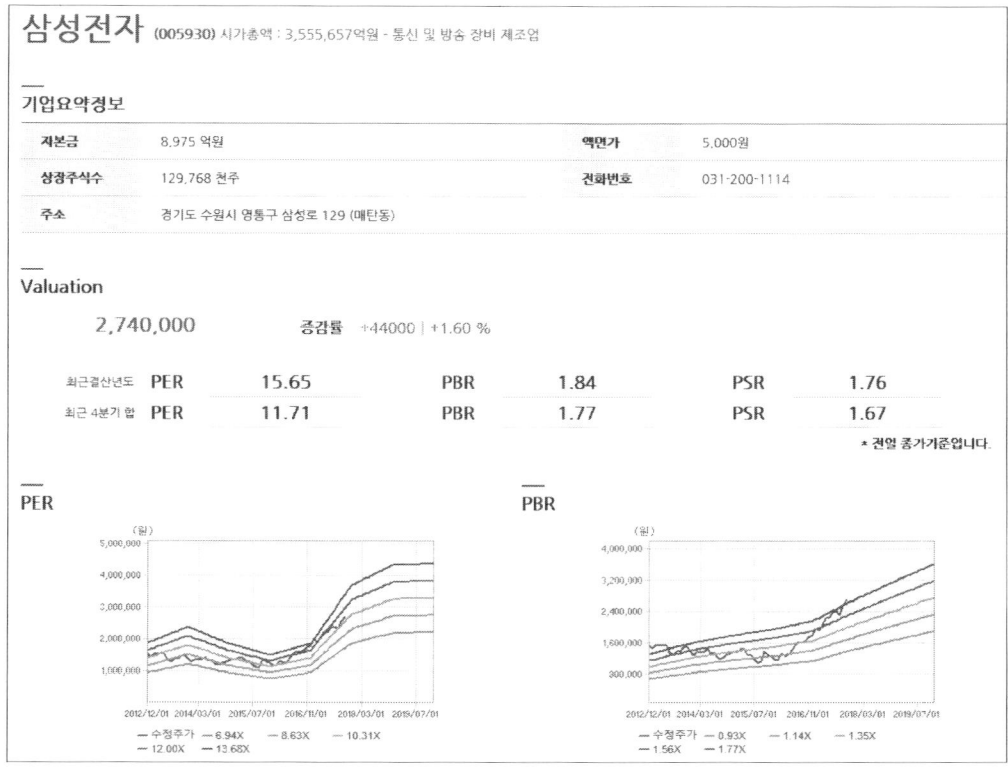

Part 1. 주식 투자를 위한 기업분석은 왜 필요한가요?

Valuation 아래에는 종합정보, 실적분석 등 총 6개의 탭이 나옵니다. 먼저 '종합정보'에서는 기업의 연간 실적과 분기 재무정보 및 차트를 확인할 수 있습니다. 요약 재무정보 혹은 분기 재무정보 제목 옆에 연도를 변경하여 최근 10년과 그 이전 10년의 연간 실적 및 자산 변동을 알 수 있고, 그 옆에 있는 구분 탭을 통해 연결 혹은 별도 재무정보를 확인할 수 있습니다.

분기 재무정보 아래에는 최근 4개 분기합 기준의 재무정보도 나옵니다. 가장 상단 Valuation에서 최근 4개 분기합 기준의 지표들은 모두 이 수치를 기준으로 산출된 것입니다. 최근 4개 분기합 수치들은 기업의 최근 시황을 반영한다는 데 의의가 있습니다.

한편, 종합정보 옆의 '실적분석'을 클릭해 보면 분기별 상세 실적과 매출액 증감률 및 영업이익률, 순이익률 추이가 상세하게 나옵니다. 분기 실적 흐름을 파악할 때 유용합니다.

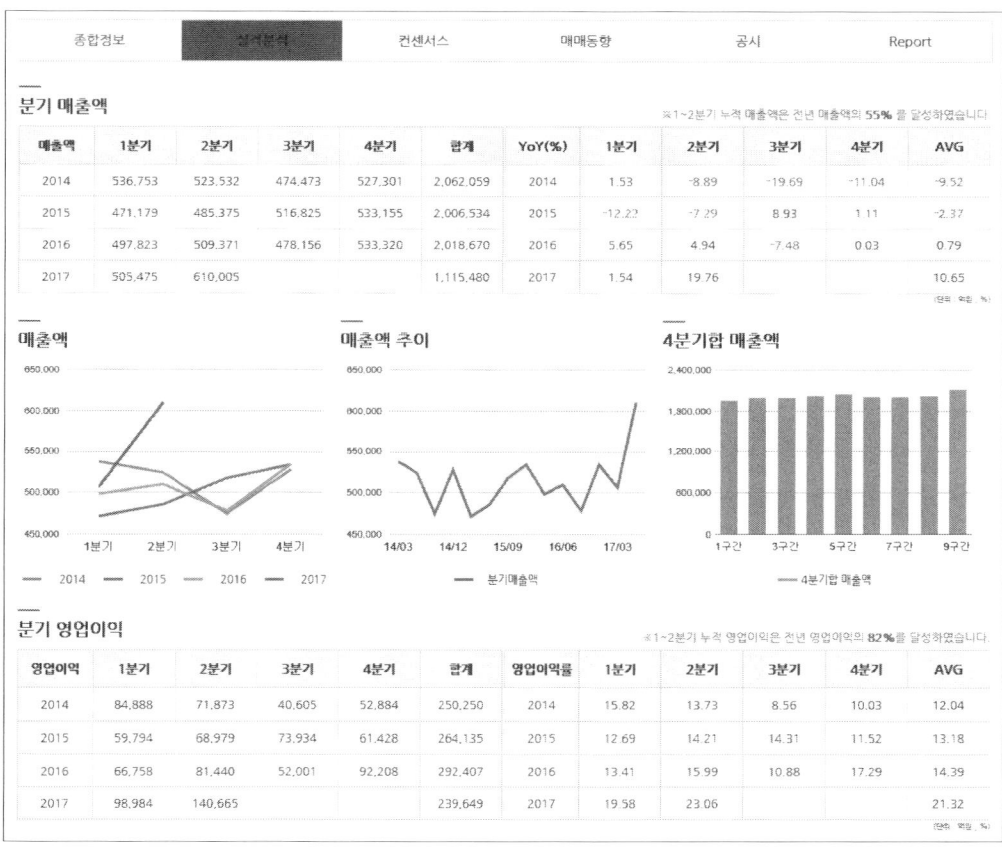

Part 1. 주식 투자를 위한 기업분석은 왜 필요한가요?   43

컨센선스와 매매동향 탭에는 네이버 금융코너의 링크가 심어져 있어 네이버 금융코너에서 볼 수 있는 자료와 동일한 정보를 열람할 수 있습니다. 이전 실적분석 탭에서 현재까지의 실적을 확인하였다면 바로 옆 컨센서스 탭을 통해서 시장에서 전망하는 미래 실적을 확인할 수 있습니다. 또한 매매동향을 통해 시장에서 해당 기업의 매매가 어떻게 이루어지고 있는지도 알아두면 좋습니다. 외국인과 기관이 함께 사는 종목만 따라 사도 손실은 면한다는 말이 있을 정도로 수급 역시 주식 투자에 있어서 중요한 요소 중 하나입니다.

| 종합정보 | 실적분석 | 컨센서스 | 매매동향 | 공시 | Report |

컨센서스/실적

결산	매출액(억)	영업이익(억)	당기순이익(억)	EPS(원)	PER(배)
2018(E)	2,664,534	621,626	468,652	316,257	8.52
2017(E)	2,411,875	544,694	412,388	270,092	9.98
2016(A)	2,018,667	292,407	224,157	136,760	13.18
2015(A)	2,006,535	264,134	186,946	109,883	11.47
2014(A)	2,062,060	250,251	230,825	135,673	9.78

추정실적 증권사선택

일자	기준	매출액(억)	영업이익(억)	순이익(억)	EPS(원)	PER(배)	증권사
17.10.17	'17/12	2,398,650	538,270	413,490	270,813	9.96	동부
17.10.16	'17/12	2,398,650	538,270	413,490	270,813	9.96	동부
17.10.16	'17/12	2,406,490	550,630	420,000	275,077	9.80	이베스트
17.10.16	'17/12	2,467,530	548,720	402,830	263,832	10.22	한국투자
17.10.16	'17/12	2,416,030	549,320	407,280	266,746	10.11	현대차
17.10.16	'17/12	2,443,850	557,780	422,870	276,957	9.73	IBK
17.10.16	'17/12	2,435,650	552,110				KB
17.10.16	'17/12	2,453,166	542,029	415,437	272,089	9.91	KTB
17.10.13	'17/12	2,436,940	553,580	406,930	266,517	10.13	대신

| 종합정보 | 실적분석 | 컨센서스 | 매매동향 | 공시 | Report |

일자	외국인		기관	종가	전일비	등락률
	보유주식수	지분율	순매수량	순매수량			
17.10.16	69,239,236	53.36%	-4,611	-12,678	2,696,000	▼4,000	-0.15%
17.10.13	69,234,388	53.35%	-13,820	+2,342	2,700,000	▼40,000	-1.46%
17.10.12	69,253,770	53.37%	+13,178	-20,406	2,740,000	▲8,000	+0.29%
17.10.11	69,243,847	53.36%	+180,953	-43,432	2,732,000	▲92,000	+3.46%
17.10.10	69,062,894	53.22%	+111,391	-62,872	2,640,000	▲76,000	+2.96%
17.09.29	68,951,503	53.13%	-127,720	-21,127	2,564,000	▲1,000	+0.04%
17.09.28	69,079,223	53.23%	-2,675	-29,406	2,563,000	▼21,000	-0.81%
17.09.27	69,081,898	53.23%	-3,299	-22,991	2,584,000	▲1,000	+0.04%
17.09.26	69,085,197	53.24%	-147,917	+33,668	2,583,000	▼98,000	-3.66%
17.09.25	69,233,114	53.35%	+13,389	-10,117	2,681,000	▲31,000	+1.17%
17.09.22	69,223,063	53.34%	+34,428	-41,160	2,650,000	▲10,000	+0.38%
17.09.21	69,219,290	53.34%	+59,593	-21,290	2,640,000	▲29,000	+1.11%
17.09.20	69,160,132	53.30%	-13,868	+7,612	2,611,000	▲5,000	+0.19%
17.09.19	69,174,000	53.31%	-13,321	-10,477	2,606,000	▼18,000	-0.69%
17.09.18	69,187,321	53.32%	+55,401	-11,624	2,624,000	▲104,000	+4.13%

그 다음 공시 탭은 DART로 연결되어 있어 따로 DART로 접속하지 않아도 바로바로 공시내용을 확인할 수 있습니다.

마지막 Report 탭을 클릭하면 그동안 세종기업데이터가 직접 발간한 해당 기업의 리포트가 검색됩니다.

2. 무료 퀀트 활용하기

세종기업데이터의 메인 화면으로 돌아와 상단 메뉴바에서 '자료실'을 클릭합니다.

자료실로 들어가 "섹터별 실적" Excel Data라는 제목의 글을 클릭합니다.

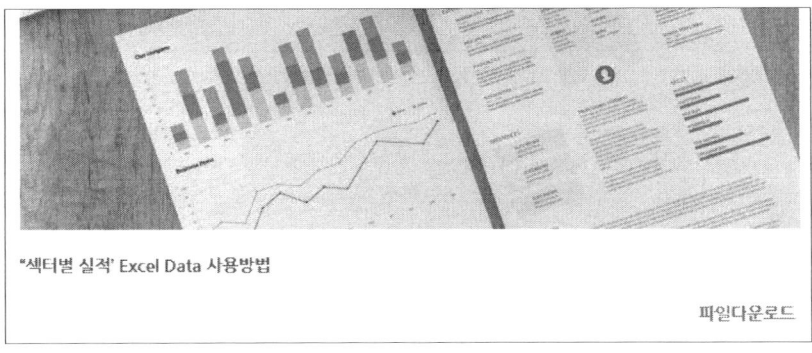

글이 열리면 그림 아래에 '파일다운로드'를 클릭하여 퀀트 엑셀 파일을 다운받습니다.

다운로드가 완료되면 파일을 열고 다음 순서를 따라 하십시오(세종기업데이터 홈페이지에도 설명이 나와 있습니다).

Step 1. 보안 경고의 콘텐츠 사용 버튼을 클릭합니다.

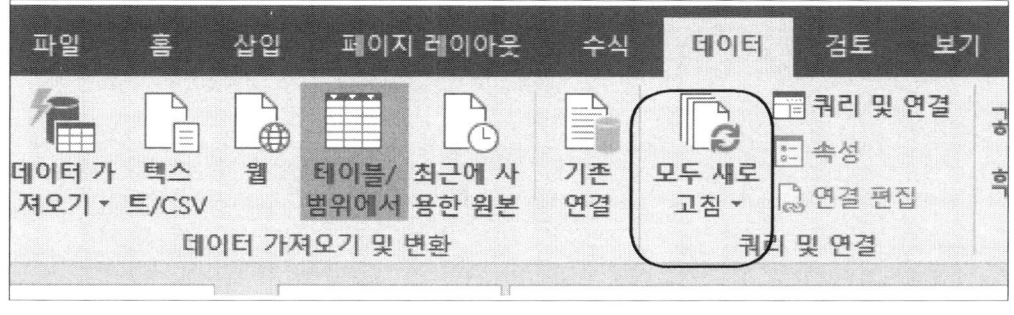

Step2. 최신 데이터로 업데이트합니다. 업데이트는 별도의 파일을 다운받을 필요 없이 상단 메뉴바에서 [데이터] → [모두 새로 고침]을 눌러 주면 됩니다.

[모두 새로 고침] 버튼을 누른 후 잠시 기다려야 합니다. 전체 상장사들의 재무정보를 한 번에 가지고 오는데 다소 시간이 걸리기 때문입니다. 종종 오류 메시지가 여러 번 나올 수 있는데, 이런 경우에는 확인 버튼을 누른 후 다시 한 번 새로 고침을 누르면 됩니다.

Part 1. 주식 투자를 위한 기업분석은 왜 필요한가요? 47

Step 3. 원하는 기준에 따라 '필터' 기능을 통해 정렬하여 종목을 찾아냅니다.

종목코드는 네이버 증권으로 링크되어 있으며, ▶ 항목은 상세 재무정보를 확인할 수 있도록 세종기업데이터 재무정보로 연동되어 있습니다. 또한 종목명을 클릭하면 세종기업데이터에서 발간한 보고서를 열람할 수 있습니다.

종목코드	재무정	※ 품목명 클릭시 관련리포트 접속가능 품목명	T+1기준 OPM	T+1기준 PER	재무정보 기준일 T	T+1	시가총액	Earning 추정의 근거 분기실적(매출액)					탐방 및 탐방업뎃 T+1	공개IR 및 컨콜 QoQ	YoY
								(T-4)	(T-3)	(T-2)	(T-1)	T?			
011790 ▶		SKC	6.4	16.6	201609	4Q16	11,767	6,317	5,996	5,664	5,644	5,865	6,152	4.9	2.6
063080 ▶		게임빌	5.4	9.5	201609	4Q16	3,385	383	410	408	432	390	450	15.4	9.8
177830 ▶		파버나인	7.0	9.2	201609	4Q16	498	131	119	135	208	221	226	2.3	89.9
036000 ▶		예림당	8.9	3.3	201609	4Q16	1,034	821	852	1,031	1,003	1,337	1,461	9.3	71.5
161000 ▶		애경유화	9.7	6.5	201609	4Q16	3,909	2,299	2,013	1,955	2,156	2,105	1,984	-5.7	-1.4
000250 ▶		삼천당제약	16.6	9.0	201609	4Q16	1,859	343	352	342	369	369	382	3.5	8.5
082920 ▶		비츠로셀	19.6	11.1	201609	4Q16	2,139	167	271	205	267	250	325	30.0	19.9
238090 ▶		앤디포스	25.8	10.5	-		1,733	-	-	-	-	-	-		
078340 ▶		컴투스	38.3	7.3	201609	4Q16	10,808	1,149	1,167	1,351	1,266	1,181	1,250	5.8	7.1

종목명 메모표시에 마우스를 올려놓으면 각 기업이 속해져 있는 상세 산업명이 나옵니다.

종목코드	재무정	※ 종목명 클릭시 관련리포트 접속가능 종목명	T+1기준 OPM	T+1기준 PER	재무정보 기준일 T	T+1	시가총액	Earning 추정의 근거		
								(T-4)	(T-3)	(T-2)
150840 ▶		인트로메딕	-59.5	-8.1	201609	3Q16	480	20	30	14
006400 ▶		삼성SDI	-14.2	11.7	201609	4Q16	63,126	19,977	18,618	12,907
052860 ▶		아이앤씨	-4.8	-94.3	201609	3Q16	377	41	24	25
051370 ▶		인터플렉스			201609		2,752	1,623	1,226	1,410
090460 ▶		비에이치			201609		2,048	1,022	1,042	1,105
063440 ▶		에프엔씨애드컬쳐	-1.7	-112.2	201609	4Q16	561	33	66	33
131970 ▶		테스나	-1.2	53.9	201609	4Q16	808	79	85	75
067310 ▶		하나마이크론	-0.9	-38.8	201609		1,163	719	627	437
010140 ▶		삼성중공업	-0.7	-1617.0	201609		34,281	24,364	32,287	25,301
002320 ▶		한진	-0.1	7.1	201609		3,275	4,067	4,525	4,364
092600 ▶		넥스트칩	0.1	46.3	201609	4Q16	695	173	171	192

정윤호:
PCB(FPCB) - 연성인쇄회로기판(FPCB)

섹터별 실적 Excel Data는 기업별로 최근 5개 분기의 매출액과 영업이익을 제공합니다. 예를 들어 T기가 2016년 3분기라고 가정한다면, T-1기는 2016년 2분기, T-2기는 2016년 1분기, T-3기는 2015년 4분기, T-4기는 2015년 3분기입니다. 같은 방식으로 T+1기는 2016년 4분기 예상 실적이며, 이는 개별적으로 관심 종목의 향후 전망치를 직접 입력하면 됩니다. 세부 입력방법은 아래와 같습니다.

① '분기 T+1기' Sheet로 이동한다.

② 키보드 'Ctrl + F'를 누르고, 원하는 기업명을 찾는다.

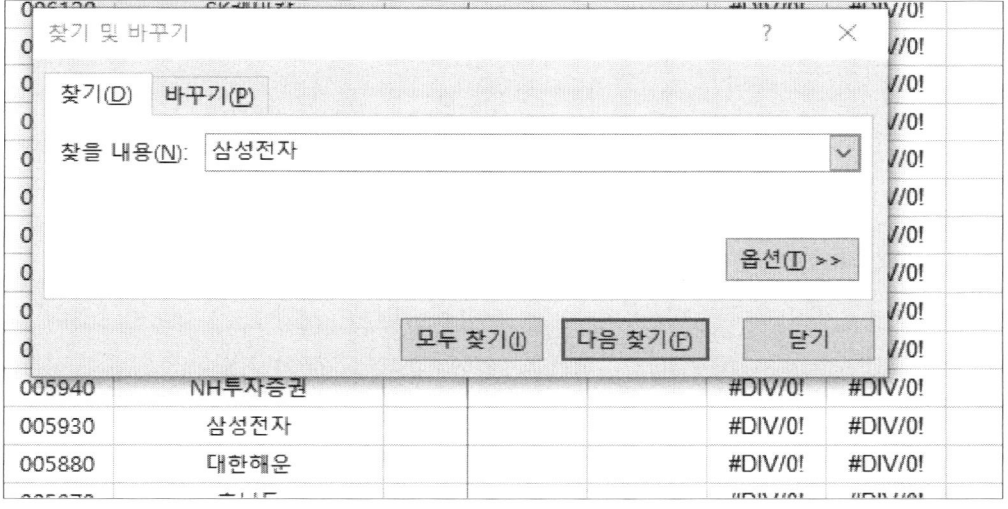

③ T+1기의 예상실적은 크게 투자자가 직접 추정한 자체 추정치와 시장에서 추정한 예상치를 입력할 수 있습니다. DATA Sheet에 자체 추정치가 있으면 자체 추정치를 불러오게 되며, 없다면 시장 예상치가 입력되는 로직입니다. 비고란에는 T+1기에 해당하는 분기 값을 입력해 주시면 됩니다.

※ **Valuation**

Valuation은 크게 T+1 기준과 4분기합 기준으로 구분되며, T+1 기준은 전망치가 포함된 연 환산 값으로 산출됩니다. PER은 순이익이 아닌 영업이익을 기준으로 산출되었으니 이 점은 꼭 유의하시길 바랍니다.

종목코드	재무정	※ 종목명 클릭시 관련리포트 접속가능 종목명	T+1기준 OPM	T+1기준 PER	재무정보 기준일 T	T+1	시가총액
011790	▶	SKC	6.4	16.6	201609	4Q16	11,767
063080	▶	게임빌	5.4	9.5	201609	4Q16	3,385
177830	▶	파버나인	7.0	9.2	201609	4Q16	498
036000	▶	예림당	8.9	3.3	201609	4Q16	1,034

Step 4. 분포도 그래프를 그려 봅니다.

① 다시 DATA 시트로 돌아와 OPM과 PER 중 원하는 기준을 선정하여 '오름차순' 정렬을 진행합니다. 아래쪽으로 향해 있는 화살표를 클릭하여 '텍스트 오름차순 정렬'을 누르면 됩니다.

② 비교를 원하는 부분의 OPM과 PER를 동시에 범위로 지정합니다.

3	코드	장	종목명	OPM	PER	T	T+1	총액	(T-4)기	(T-3)기	(T-2)기	(T-1)기	T기
160	035720	▶	카카오	7.8	94.1	201609	4Q16	51,852	2,296	2,417	2,425	3,765	3,914
161	065680	▶	우주일렉트로	7.9	12.8	201609	3Q16	1,470	527	421	555	537	573
162	056190	▶	에스에프에이	7.9	19.6	201609	4Q16	10,737	1,429	1,534	2,053	2,794	3,202
163	009240	▶	한샘	8.0	39.4	201609		48,245	4,386	4,676	4,309	4,523	4,937
164	012330	▶	현대모비스	8.1	7.6	201609		247,253	84,811	99,888	93,395	98,541	87,781
165	002760	▶	보락	8.1	15.2	201609		668	68	81	92	96	86
166	037560	▶	CJ헬로비전	8.1	11.2	201609		6,815	2,958	4,015	2,786	2,803	2,803
167	018260	▶	삼성에스디에스	8.3	19.3	201609		102,912	18,737	21,048	17,450	20,521	20,012
168	016250	▶	이테크건설	8.3	5.4	201609	4Q16	2,971	2,696	2,988	2,342	3,259	2,707
169	004170	▶	신세계	8.3	4.4	201609		17,918	6,007	7,315	6,433	6,567	7,715
170	039570	▶	아이콘트롤스	8.4	10.0	201609		2,284	503	416	433	418	455
171	064960	▶	S&T모티브	8.5	10.7	201609	4Q16	6,083	2,837	3,322	2,852	2,759	2,764
172	128940	▶	한미약품	8.5	37.4	201609		36,784	2,684	5,899	2,564	2,345	2,197
173	136510	▶	쎄미시스코	8.6	45.1	201609	3Q16	496	17	46	9	30	18
174	028670	▶	팬오션	8.7	13.9	201609	4Q16	21,696	4,917	5,121	4,525	4,430	4,658
175	080160	▶	모두투어	8.8	20.5	201609		3,503	515	529	595	543	642
176	145990	▶	삼양사	8.8	8.5	201609	3Q16	11,422	4,017	3,893	4,910	5,161	5,164
177	042670	▶	두산인프라코어	8.8	3.8	201609		16,389	17,298	16,699	14,336	16,183	13,021
178	004020	▶	현대제철	8.8	7.7	201609		68,991	40,834	43,045	37,438	42,257	40,634
179	089590	▶	제주항공	8.8	12.8	201609		6,968	1,667	1,546	1,732	1,621	2,217
180	004800	▶	효성	8.9	7.7	201609		49,516	32,150	32,364	28,131	30,823	28,421
181	036000	▶	예림당	8.9	3.3	201609		1,034	821	852	1,031	1,003	1,337
182	086960	▶	MDS테크	9.0	13.4	201609		1,624	258	363	251	354	362
183	036190	▶	금화피에스시	9.0	14.1	201609	3Q16	2,130	507	780	537	619	487
184	064820	▶	케이프	9.0	1.5	201609	4Q16	648	42	44	42	60	481

③ 상위 메뉴바에서 [삽입] → [차트] → [분산형]을 선택합니다.

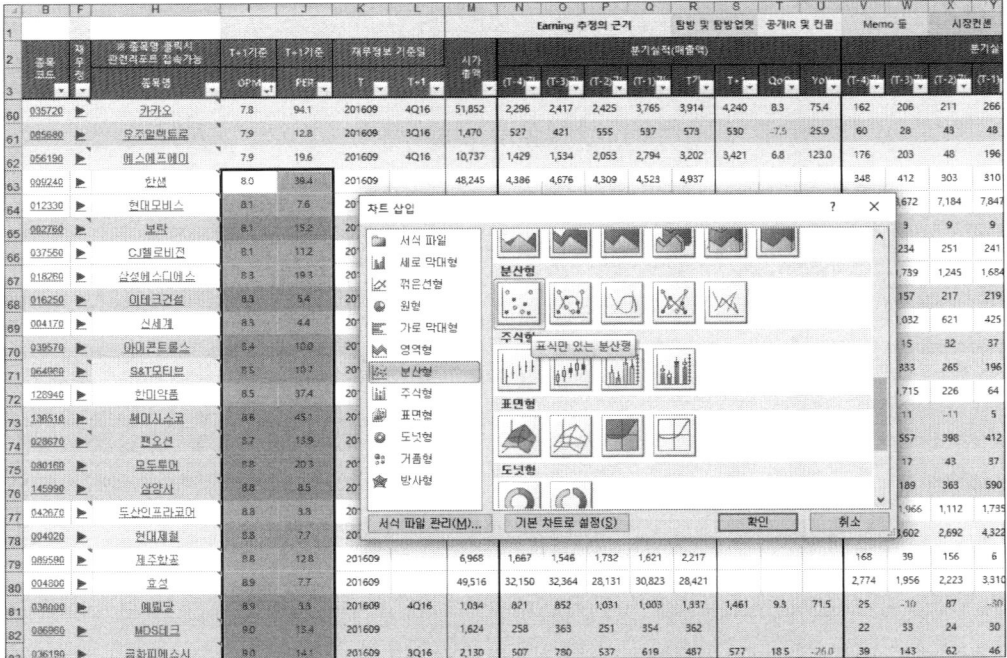

④ 분산형 차트를 클릭한 후 상위 메뉴바에서 [개발 도구] → [매크로]를 클릭합니다.

단, 메뉴바에 개발 도구가 없는 경우 개발 도구를 추가해 주어야 합니다. 가장 상단의 [파일]을 클릭한 후, '옵션'을 선택합니다.

옵션 새 창이 열리면, 왼쪽 메뉴에서 '리본 사용자 지정'을 선택하고, 오른쪽 화면의 리본 메뉴 사용자 지정에서 개발 도구에 체크해 준 후 확인 버튼을 누릅니다.

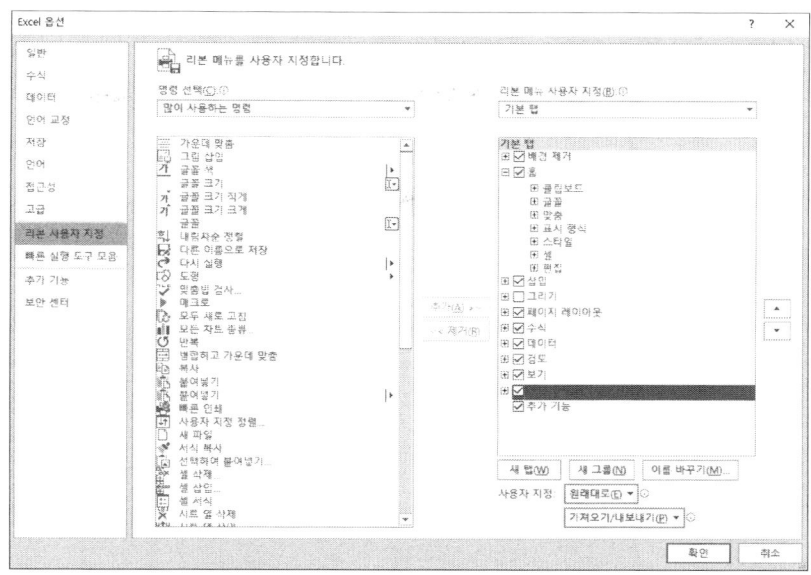

그리고 다시 엑셀 작업 시트로 돌아오면 상단 메뉴바에 [개발 도구]가 새롭게 생긴 것을 확인할 수 있습니다. [개발 도구]를 클릭한 후, [매크로]를 눌러 줍니다.

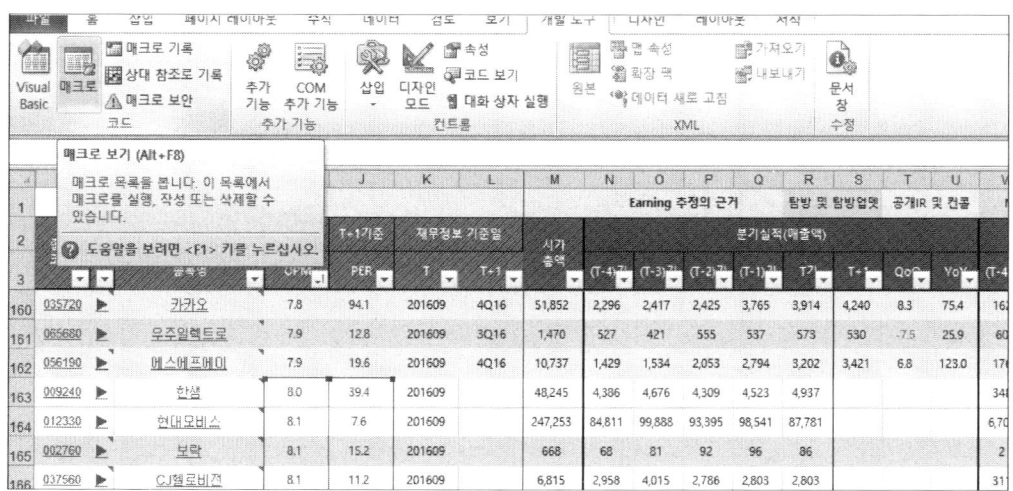

Part 1. 주식 투자를 위한 기업분석은 왜 필요한가요?   53

⑤ 설정된 매크로 이름에서 'AttachLabelsToPoints'를 선택한 후, '실행'을 클릭합니다.

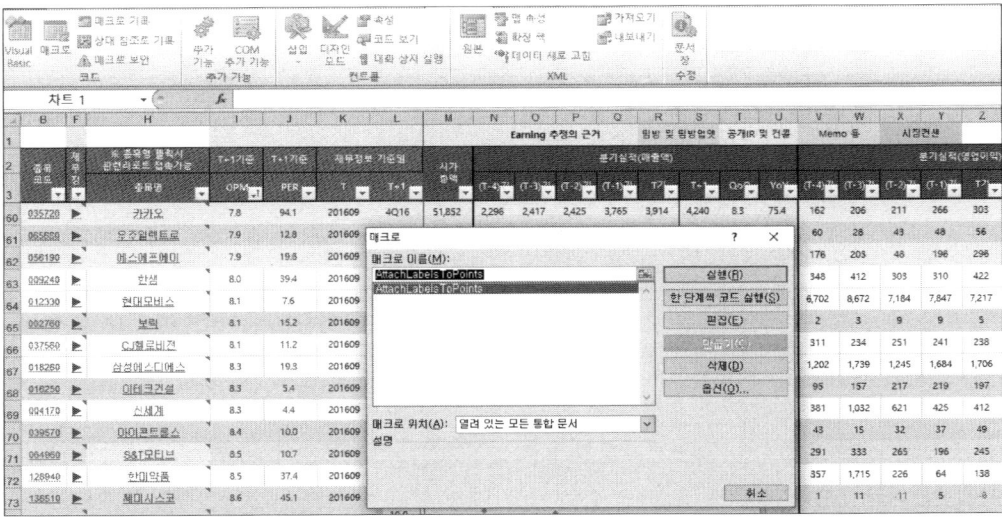

⑥ 실행 버튼을 누르면 기존의 분산형 차트에 종목명이 출력되며 OPM과 PER과의 분산도를 확인할 수 있습니다.

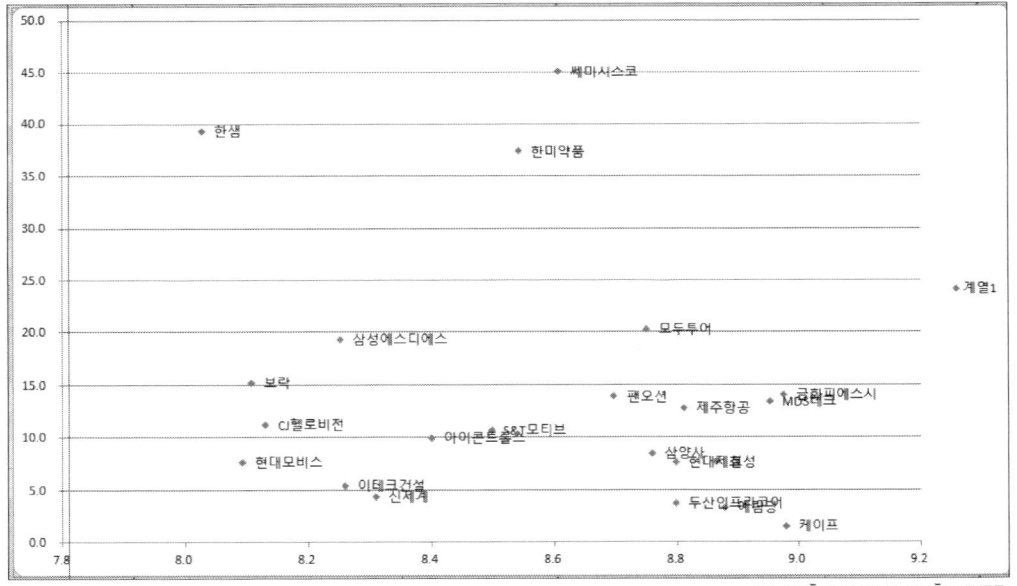

※ X축: OPM, Y축: PER

만약 OPM이 높고 PER이 낮다면 우측 하단에 위치하여 있을 것입니다. 영업이익률 대비 PER이 낮다면 상대적으로 저평가되어 있다고 볼 수 있고, 매크로를 통해 높은 이익률 대비 저평가된 종목을 찾을 수 있습니다. 또한 이와 같은 방식으로 영업이익 성장률과 PER 혹은 매출액 성장률과 PER 등으로도 종목을 추출할 수 있습니다.

세종기업데이터의 무료 퀀트 파일에 있는 모든 자료는 "세종기업데이터 웹쿼리"를 통해 제작되었습니다. 웹쿼리는 Excel를 통해 웹사이트에 있는 정보를 자동으로 가져오는 기능입니다. 웹쿼리를 만드는 방법은 포털사이트에서도 쉽게 찾아볼 수 있습니다. 하지만 그럼에도 활용이 어려우신 분들은 세종기업데이터가 제공하는 '웹쿼리를 이용한 저PER/저PBR 종목 찾기' 강좌를 통해 활용법을 익히실 수 있습니다.

[부록 2]
주식형 펀드 편입 종목 확인하기

KB자산운용에서 운영하는 펀드를 예로 주식형 펀드에 어떤 종목이 편입되어 있는지 확인하는 방법을 알아보겠습니다.

Step 1. 내가 가입한 펀드 명을 찾습니다.

내가 가입한 펀드의 운용사 홈페이지에 접속하여 펀드의 정식 명칭을 찾아야 합니다. 대부분의 자산운용사는 각 사 홈페이지에 자사가 운영하는 펀드의 종류를 상세하게 설명하고 있습니다.

KB자산운용	펀드정보	펀드뉴스	회사정보	공지/공시
MENU INFO 메뉴보기	· KB 펀드맵 · 대표펀드 · 펀드찾기 · KB STAR ETF · KB 온국민 TDF	· 펀드뉴스	· 회사개요 · 운용철학 및 프로세스 · 위험관리체계	· 공지사항 · 공시정보 · 연금저축펀드 공시 · 채용공고

KB자산운용의 경우 국내투자펀드로 주식형펀드와 주식과 채권 혼합 펀드를 운용하고 있습니다. 주식형 펀드 중 Active 주식에서 성장주에 투자하는 KB그로스포커스증권자투자신탁(주식)을 클릭해 보겠습니다.

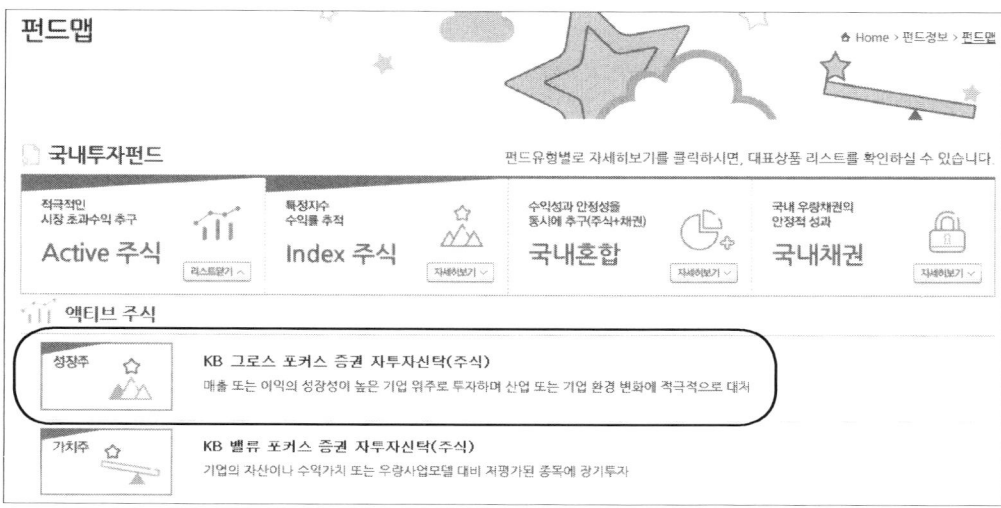

KB그로스포커스 펀드에 대한 상세한 설명이 나옵니다. 특히, 같은 펀드임에도 클래스별로 구분되어 있는데, 클래스별 차이가 무엇인지 이해하기 위해 잠시 펀드의 구조를 짚고 넘어가겠습니다.

Part 1. 주식 투자를 위한 기업분석은 왜 필요한가요?   57

펀드는 펀드 운용과 판매 구조에 따라 다양하게 분류되는데, 가장 쉽게 접할 수 있는 두 가지 형태만 알아보겠습니다.

1) **모자형 펀드**: 여러 개의 자(子)펀드를 통해 투자자금을 조달해 1개 또는 성질을 달리하는 몇 개의 모펀드(母)에서 통합 운용하는 펀드입니다. 펀드를 다른 펀드에 투자하는 개념으로 동일한 운용사에 관리됩니다. 성격이 비슷한 여러 개의 자펀드를 집중적으로 운용하면서 비용 감소와 운영 업무의 효율성을 제고할 수 있습니다.

2) **종류형 펀드**: KB자산운용에서 운용하는 펀드를 클릭해 보면 대부분 앞의 그림처럼 Class A, Class C 등으로 구분되어 있다는 것을 알 수 있습니다. 이렇게 펀드의 앞 이름은 같지만 뒤의 이름이 Class별로 구분된 펀드를 종류형 펀드 또는 멀티클래스 펀드라 합니다. 종류형 펀드는 하나의 펀드에 여러 개의 다른 판매보수와 수수료 체계를 적용한 상품입니다. 투자자는 자신의 투자 기간이나 금액 등을 고려하여 수수료를 선취하느냐(A), 후취하느냐(B), 선취 혹은 후취하지 않느냐(C), 둘 다 부과하느냐(D) 등을 선택할 수 있습니다. 보수와 수수료의 차이로 클래스별 기준가격은 다르게 산출되지만 각 클래스는 하나의 펀드로 간주되어 통합 운용되므로 자산운용 및 평가 방법은 동일합니다.

'KB그로스포커스증권자투자신탁'처럼 펀드 명 가운데 '자'가 쓰여 있는 펀드는 자펀드에 해당하며, 자펀드는 모펀드에만 투자하게 됩니다. 또한 이 펀드는 수수료 체계가 다양하게 설정된 종류형펀드이기도 합니다. 즉, 실제 펀드매니저들이 운용하는 모펀드와, 모펀드를 조성하기 위해 만들어진 여러 자펀드, 그리고 이를 다시 판매를 위해 여러 상품으로 구분 지은 클래스 펀드가 있다고 생각하면 됩니다. 따라서 자신이 가입한 펀드에 실제로 편입된 종목 혹은 수익률을 알기 위해서는 모펀드를 찾아보아야 합니다.

KB그로스포커스증권자투자신탁의 Class A를 예시로 해당 펀드의 모펀드와 모펀드에 편입된 종목을 찾는 방법을 알아보겠습니다.

Step 2. 금융투자협회 전자공시서비스에 접속합니다.

DART에 기업의 사업보고서와 기타 주요 사항이 공시되는 것처럼 금융투자협회에서 운영하는 전자공시서비스에는 펀드 성과 및 운용사와 자문사들의 정보가 공시됩니다. 포털 사이트에서 '금융투자협회 전자공시서비스'를 검색하고 사이트로 이동합니다.

> **금융투자협회 전자공시서비스** dis.kofia.or.kr
> **전자공시** 이용가이드, **금융투자**회사 **공시**, 펀드, 비교 **공시** 등 제공.

Step 3. 사이트 이동 후 '투자자'를 클릭합니다.

우리는 이미 금융상품에 투자하고 있는 투자자이므로, '투자자'를 클릭합니다. 사실 어떤 것을 클릭하더라도 펀드 성과는 찾아볼 수 있으나 신분에 따라 제공받는 정보가 조금씩 다르기 때문입니다.

Step 4. 접속 후, 상단 메뉴바에서 [펀드 공시]→[펀드 공시 검색]을 클릭합니다.

Part 1. 주식 투자를 위한 기업분석은 왜 필요한가요? 59

Step 5. 자산운용사 홈페이지에서 찾은 펀드 명을 입력하고, 보고서 유형은 정기공시, 조회 기간은 1년으로 설정합니다.

보고서 유형에서 정기공시를 클릭한 후, 바로 옆에 더하기 버튼을 눌러 '원화기준_결산보고서(1B)'와 '자산운용보고서(공모펀드)'를 선택합니다. 그리고 검색을 누릅니다.

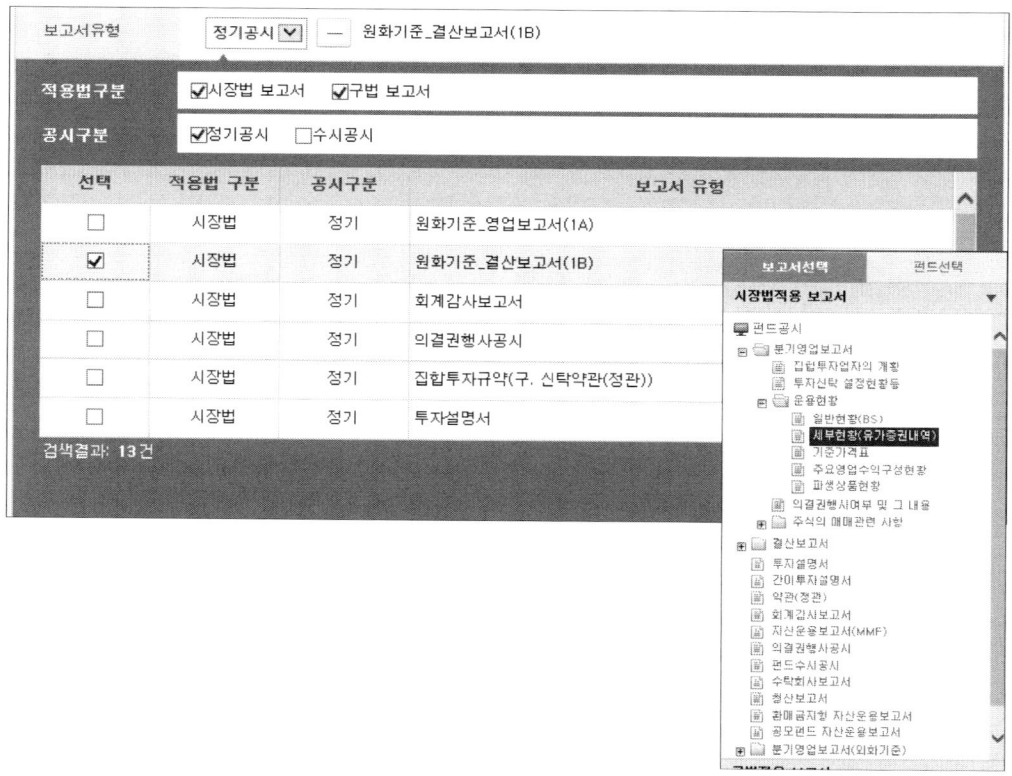

Step 6. 검색 결과에서 원하는 펀드 명을 찾습니다.

구분	보고서명/공시사유	기준일자	공시대상	정정여부	조회	표준코드
정	원화기준_결산보고서(1B)	2017/09…	KB그로스포커스증권모투자신탁[주식]	🔍	📁	KR5223…
정	자산운용보고서(공모펀…	2017/02…	KB그로스포커스증권자투자신탁(주식)(운용)	🔍	📁	KR5223…
정	자산운용보고서(공모펀…	2017/05…	KB그로스포커스증권자투자신탁(주식)(운용)	🔍	📁	KR5223…
정	자산운용보고서(공모펀…	2017/08…	KB그로스포커스증권자투자신탁(주식)(운용)	🔍	📁	KR5223…
정	자산운용보고서(공모펀…	2017/02…	▶KB그로스포커스증권자투자신탁(주식) C-퇴직e	🔍	📁	K5E223…
정	자산운용보고서(공모펀…	2017/05…	▶KB그로스포커스증권자투자신탁(주식) C-퇴직e	🔍	📁	K5E223…
정	자산운용보고서(공모펀…	2017/08…	▶KB그로스포커스증권자투자신탁(주식) C-퇴직e	🔍	📁	K55223…
정	자산운용보고서(공모펀…	2017/02…	▶KB그로스포커스증권자투자신탁(주식) S-P 클…	🔍	📁	K55223…
정	자산운용보고서(공모펀…	2017/05…	▶KB그로스포커스증권자투자신탁(주식) S-P 클…	🔍	📁	K55223…
정	자산운용보고서(공모펀…	2017/08…	▶KB그로스포커스증권자투자신탁(주식) S-P 클…	🔍	📁	K55223…
정	자산운용보고서(공모펀…	2017/05…	▶KB그로스포커스증권자투자신탁(주식)A	🔍	📁	KR5223…
정	자산운용보고서(공모펀…	2017/08…	▶KB그로스포커스증권자투자신탁(주식)A	🔍	📁	KR5223…

구분 명 사이를 움직이면 칸의 가로 길이를 조절할 수 있습니다. 보고서 명이나 기준일자 등이 잘 보이지 않을 때는 칸의 가로 길이를 조절하면 됩니다. 먼저, KB그로스포커스증권자투자신탁의 Class A 펀드인 KB그로스포커스증권자투자신탁(주식)A를 클릭해 보겠습니다. 보고서명을 확인하고 가장 최근 날짜를 찾아 그에 해당하는 항목의 '조회'를 클릭합니다.

Step 7. 새 창이 열리면 목차에서 운용 현황
→ 세부 현황(유가증권내역)을 클릭합니다.

기준년월에서 가장 최근 날짜를 선택한 후 검색을 누르면 KB그로스포커스증권자투자신탁(주식)A가 투자한 종목명이 나옵니다.

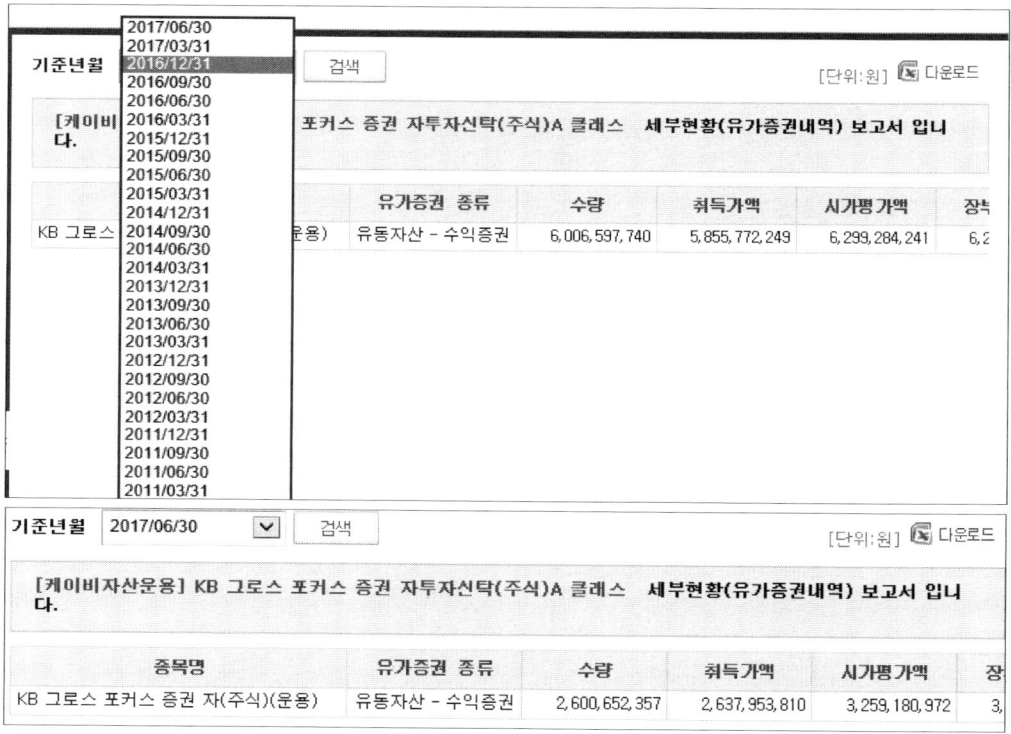

KB그로스포커스증권자투자신탁(주식)A가 투자한 종목은 KB그로스포커스증권자(주식)(운용)으로 Class A의 상위 펀드입니다. 다른 클래스의 펀드를 클릭해 보아도 같은 결과가 나올 것입니다. 종류형 펀드는 하나의 펀드에 여러 개의 수수료체계를 부과한 상품이며, 각 클래스는 통합 운용되기 때문입니다.

창을 닫고 다시 검색 결과로 돌아와 이번에는 'KB그로스포커스증권자투자신탁'을 찾아 조회를 클릭합니다.

그리고 새 창이 열리면 목차에서 운용 현황→세부 현황(유가증권내역)을 클릭합니다. 편입내역에 KB그로스포커스증권모(주식)라고 쓰여 있습니다. 이를 통해 KB그로스포커스증권자투자신탁의 모체격 펀드가 어떤 것인지 확인할 수 있습니다.

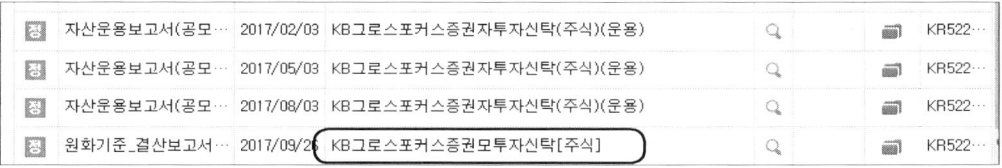

새 창을 닫고 다시 검색 결과로 돌아와 KB그로스포커스증권모투자신탁[주식]을 찾아 조회를 클릭합니다.

그리고 다시 운용 현황→세부 현황(유가증권내역)을 클릭하면 이제 KB그로스포커스증권에 편입된 모든 종목을 확인할 수 있습니다.

Part 1. 주식 투자를 위한 기업분석은 왜 필요한가요?   63

기준년월을 조정해서 각 분기에 어떤 종목을 갖고 있었는지 알 수 있으며, 지난 분기에는 있었지만 이번 분기에는 없는 종목이 있다면 이를 매매하여 시세차익을 얻었다는 뜻입니다. 또한 지난 분기에는 없었으나 이번 분기에는 새로운 종목이 생겼다면, 이 역시 이번 분기에 새롭게 편입하였다는 것을 의미합니다. 취득가액을 수량으로 나누면 주당 편입금액을 알 수 있습니다.

이처럼 내가 가입한 펀드에 실제로 편입된 종목을 알기 위해서는 '모펀드'를 알아야 합니다. 책에서는 펀드의 구조를 알려 드리기 위해 모펀드를 찾아가는 방법을 소개하였지만, 검색 결과에서 동일한 펀드 명 중간에 '모'자가 쓰여 있으면 모펀드에 해당하니 바로 이를 클릭하여 종목을 확인해도 됩니다.

이와 같은 방법으로 다른 운용사에서 운용하는 펀드에 편입된 종목도 확인할 수 있습니다. 유명한 펀드에 어떤 종목이 편입되어 있는지 궁금하다면 이렇게 직접 찾아 펀드의 운영성과나 흐름을 파악해 보십시오. 또는 주식 투자를 하고자 할 때도 펀드에 편입된 종목을 우선적으로 분석해 볼 수 있습니다.

PART 2

DART & 사업보고서 쉽게 보기

01.
DART 활용하기

PART 2에서는 DART에 접속하여 기업의 사업보고서를 열람하는 방법을 살펴볼 것입니다. 이미 DART와 사업보고서 활용이 익숙하신 분들은 바로 PART 3로 넘어가셔도 됩니다.

포털 사이트 검색창에 '금융감독원 전자공시시스템'을 입력 후 검색합니다. 또는 가장 상단 주소창에 'dart.fss.or.kr'을 입력하면 바로 사이트로 이동할 수 있습니다.

DART의 가장 메인 화면은 다음 그림과 같으며, 중앙 상단에 위치한 검색창에 원하는 회사의 회사명 또는 종목 코드를 입력해서 자료를 찾아볼 수 있습니다.

우리가 예시로 공부할 종목은 동화기업입니다. 회사마다 사업보고서를 작성하는 스타일이 조금씩 다른데, 동화기업은 상당히 상세하고 성의 있게 사업보고서를 작성하는 편으로 사업보고서만 꼼꼼히 읽어 봐도 회사를 파악하는 데 많은 도움이 됩니다.

검색창에 **동화기업** 혹은 종목코드 **025900**을 입력하고, 기간은 전체로 한 후 '검색'을 클릭하거나 키보드의 엔터를 누릅니다.

동화기업처럼 동일한 회사명이 많은 경우에는 다음 그림과 같은 작은 창이 먼저 열립니다(동일한 회사명이 없는 경우에는 작은 창이 뜨지 않습니다). 동화기업은 코스닥 시장에 상장되어 있기 때문에 기업명 앞에 '코'라고 쓰여 있고, 종목코드가 기재되어 있는 회사명을 클릭하고 확인을 누릅니다.

확인을 누르면 회사명만 입력되기 때문에 다시 한 번 기간을 선택하고 검색을 누릅니다. 그러면 다음 그림과 같은 화면이 나옵니다. 가장 최근에 발간된 보고서부터 순차적으로 굉장히 다양한 보고서들이 올라와 있습니다. 관심이 가는 기업의 모든 공시를 확인해 보는 것은 당연하지만, 우선은 사업보고서를 읽는 것부터 익숙해진 후 다른 보고서들의 의미를 파악해 가는 것이 좋습니다.

우리가 확인하고 싶은 것은 분기별 사업보고서이므로 사업보고서만 골라서 검색해 보도록 하겠습니다. 검색 창 아래에 '정기공시'를 누르고 사업보고서, 반기보고서, 분기보고서를 체크한 후 다시 검색을 누릅니다.

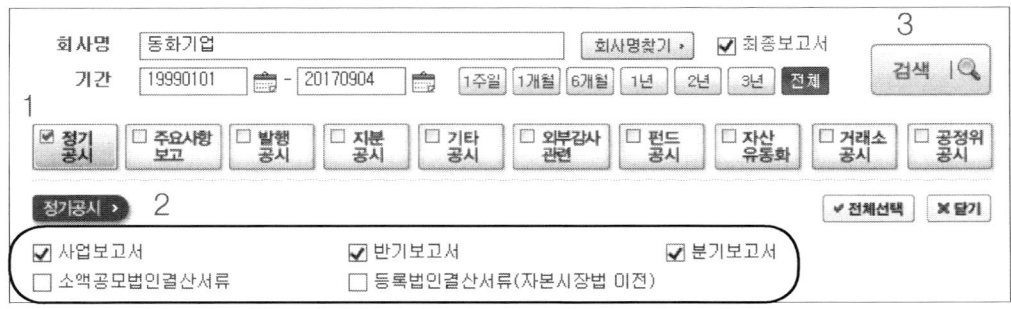

가장 최근에 제출된 보고서부터 순차적으로 시기별 사업보고서만 골라서 검색됩니다. 책을 집필할 당시 날짜가 2017년 9월이었으므로 아래 그림에는 2017년 반기보고서까지만 올라와 있습니다. 중간중간 [기재정정]이라고 쓰어 있는 보고서는, 최초 제출된 보고서에 잘못된 부분이 있어 수정된 경우입니다.

보고서가 제출된 날짜를 유심히 보면, [기재정정]을 제외하면 대부분 13~15일 사이에 발간되는 것을 알 수 있습니다. 분기, 반기보고서의 제출 기한이 사업 기간 말 이후 45일 이내이므로, 가령 2017.6월 반기보고서의 제출 기한은 8월 15일까지입니다. 그런데 8월 15일이 광복절이므로 14일에 제출하였음을 알 수 있습니다. 많은 기업이 제출 기한 마지막 날이나 그 전날 사업보고서를 내는 경향이 있습니다. 하지만 상당수 중견 혹은 대기업의 경우 사업보고서 제출 이전, 영업실적을 잠정 집계하여 공시하고 있으며, 이는 외부감사인의 감사과정에서 일부 숫자가 변경되기도 합니다.

번호	공시대상회사	보고서명	제출인	접수일자	비고
1	쿄 동화기업	반기보고서 (2017.06)	동화기업	2017.08.14	
2	쿄 동화기업	분기보고서 (2017.03)	동화기업	2017.05.15	
3	쿄 동화기업	사업보고서 (2016.12)	동화기업	2017.03.30	연
4	쿄 동화기업	분기보고서 (2016.09)	동화기업	2016.11.14	
5	쿄 동화기업	반기보고서 (2016.06)	동화기업	2016.08.16	
6	쿄 동화기업	분기보고서 (2016.03)	동화기업	2016.05.13	
7	쿄 동화기업	[기재정정]사업보고서 (2015.12)	동화기업	2016.05.13	연
8	쿄 동화기업	분기보고서 (2015.09)	동화기업	2015.11.13	
9	쿄 동화기업	반기보고서 (2015.06)	동화기업	2015.08.13	
10	쿄 동화기업	[기재정정]분기보고서 (2015.03)	동화기업	2015.06.01	
11	쿄 동화기업	[기재정정]사업보고서 (2014.12)	동화기업	2015.06.01	연
12	쿄 동화기업	분기보고서 (2014.09)	동화기업	2014.11.12	
13	쿄 동화기업	반기보고서 (2014.06)	동화기업	2014.08.14	
14	쿄 동화기업	분기보고서 (2014.03)	동화기업	2014.05.15	
15	쿄 동화기업	[기재정정]사업보고서 (2013.12)	동화기업	2014.05.14	연

이렇게 가장 기본적인 사업보고서 검색 방법을 알아보았습니다. DART 사이트 활용이 익숙해지면 본인의 입맛에 맞게끔 자유롭게 기간이나 공시 종류를 설정하여 검색하시면 됩니다.

그럼 다음 장에서는 사업보고서에 어떤 내용이 담겨 있고, 어떤 부분을 중점적으로 살펴봐야 하는지 알아보겠습니다.

02.
사업보고서
쉽게 보기

 동화기업의 2016년 연간 영업 상황이 어떠했는지를 2016년 사업보고서를 통해 살펴보도록 하겠습니다. 보고서 목차에서 '사업보고서(2016.12)'를 클릭합니다.

 사업보고서의 첫 장에는 사업연도 및 회사명, 대표이사 등의 기본 정보가 나타나며 좌측에는 목차가 보입니다. 또한, 우측 상단 '다운로드'를 통해 PDF 파일로 개인 PC에 내려받을 수 있습니다. 출력을 원하는 경우에는 파일을 다운로드하여 출력하는 것이 훨씬 보기 수월합니다.

 또한 상단 '첨부'에서 사업보고서 본문 외 다른 문서들도 찾아볼 수 있습니다. 기업에 따라 실적과 관련된 공시에 첨부파일로 기업의 IR자료나 보도자료 등을 올려놓는 경우도 있으니 참고하시길 바랍니다.

 그럼 먼저 동화기업의 사업보고서 목차부터 살펴보겠습니다.

항목별 내용을 전부 꼼꼼히 살펴보는 것이 좋지만, 그중에서도 **II. 사업의 내용**과 **III. 재무에 관한 사항**은 반드시 확인해야 합니다.

회사의 개요: 연결 대상 종속회사, 법적 상호, 설립 일자, 본점 주소 등의 기본적인 정보 기재.

자본금 변동사항: 유상증자, BW, CB, 주식발행초과금 등 중요한 회사의 자본금 변동 사항 기재.

주식의 총수 등: 현재까지 발행/감소한 주식의 총수 등을 계산하여 결산 기준 유통주식 수 파악 가능.

배당에 관한 사항: 2~3년간의 배당 현황 기재.

연결재무제표: '지분 50%+1주 이상' 혹은 지분율은 50% 이하이나 지배력이 있다고 보는 자회사들의 실적이 합산된 재무제표. 회사의 공시 기준이 되는 기본 재무제표이며 연결 자회사가 없는 경우 공란.

재무제표: 자회사들을 제외한 개별 기업의 실적만 나타내는 재무제표.

주석: 2014년 연말 사업보고서부터는 기존 재무에 관한 사항에 포괄적으로 있던 상세 항목들이 모두 주석 사항으로 분리되어 기재되고 있음.

문서목차
사업보고서
【대표이사 등의 확인】
I. 회사의 개요
 1. 회사의 개요
 2. 회사의 연혁
 3. 자본금 변동사항
 4. 주식의 총수 등
 5. 의결권 현황
 6. 배당에 관한 사항 등
II. 사업의 내용
III. 재무에 관한 사항
 1. 요약재무정보
 2. 연결재무제표
 3. 연결재무제표 주석
 4. 재무제표
 5. 재무제표 주석
 6. 기타 재무에 관한 사항
IV. 감사인의 감사의견 등
V. 이사의 경영진단 및 분석
VI. 이사회 등 회사의 기관에
 1. 이사회에 관한 사항
 2. 감사제도에 관한 사항
 3. 주주의 의결권 행사에
VII. 주주에 관한 사항
VIII. 임원 및 직원 등에 관한
 1. 임원 및 직원의 현황
 2. 임원의 보수 등
IX. 계열회사 등에 관한 사항
X. 이해관계자와의 거래내용
XI. 그 밖에 투자자 보호를 위
【전문가의 확인】
 1. 전문가의 확인
 2. 전문가와의 이해관계

회사가 속한 산업의 특징 및 현황, 산업 내 회사의 위치 및 경쟁사, 주요 사업별 매출 비중, 제품 가격, 원재료 가격, 생산능력 및 생산실적, 신규 사업의 진행 상황, 수주 내용, 연구개발 활동 등이 상세하게 기술되어 있음. 가장 꼼꼼히 읽어 보아야 할 부분!

회사의 최대 주주 및 5% 이상 주요 주주를 확인할 수 있음.

진행 중인 소송, 우발채무 등 위에 언급된 내용 외에 투자 판단에 중요한 요소들이 기재되어 있음.

기업의 P, Q, C는 'Ⅱ.사업의 내용'과 '(연결)재무제표 주석'에 나와 있습니다. 그럼 지금부터 'Ⅱ.사업의 내용'과 '(연결)재무제표 주석'을 살펴보며 어떤 부분을 꼼꼼히 읽고, 어떤 데이터를 취합해야 하는지 알아보겠습니다.

목차에서 'Ⅱ.사업의 내용'을 클릭합니다. 그러면 가장 먼저 회사가 영위하는 사업이 속한 산업의 개요 및 특성과 현황, 경쟁사들에 대한 전반적인 설명이 나옵니다. 그 어떤 인터넷 자료보다도 정확하고 기본이 되는 배경 지식이므로 꼼꼼히 읽어 보는 것을 권합니다.

Ⅱ. 사업의 내용

1. 사업의 개요
가. 업계의 현황

(1) 산업의 특성
건자재산업은 산업기반 형성, 안정수요 확보, 생산시설 확대, 기술고도화 과정을 거치며 성장하였습니다. 건자재 산업의 전방산업인 건설업은 기본적으로 수주산업이고 타 산업의 경제활동수준 및 기업설비투자, 가계의 주택구매력 등 건설수요의 증대에 의하여 생산활동이 파생된다는 산업적 특성으로 인해 경기후행적 성격이 있습니다. 또한 정부가 건축허가 물량 및 정부의 공공시설투자 조정 등을 국내경기 조절의 주요한 정책수단으로 활용하기 때문에 물가, 실업 등 거시적 경제지표에 영향을 받습니다.

목재보드 산업은 시장규모에 비해 대규모 자본 및 설비가 요구되는 자본집약형 장치산업입니다. 국내 목재보드 시장은 당사를 비롯하여 한솔홈데코㈜, ㈜유니드, ㈜선창산업 등이 경쟁관계를 형성하고 있습니다. <u>부동산 및 건설시장의 침체현상 등이 최근 몇년 대비 호조세로 전환되며 목재 관련 업계의 실적이 호전되고 있습니다.</u>

(2) 산업의 성장성
생활수준의 향상과 환경적 영향을 고려하는 소비자가 증가하고, 친환경 목재의 수요가 증가함에 따라 목재산업은 성장하였습니다. <u>금융위기 및 건설시장 침체등의 요인에 따라 성장세가 정체되었지만, 최근에는 국내 건설시장이 호조를 보이고 있으며,</u> 인테리어에 대한 관심이 증가하고, 친환경 자재에 대한 선호도가 높아지고, 정부의 환경규제의 강화등에 대응하며 제품의 친환경화, 원가경쟁력 강화등을 통해 목재 산업의 성장세는 지속 될 것으로 보입니다.

(3) 경기변동의 특성
주택건설 수요의 변동은 건자재에 대한 신규수요의 변동을 가져오며 리모델링시장의 성장이나 이사수요의 증가로 교체수요의 변동이 있습니다. 주택건설 수요의 계절적 특성으로 3월~5월, 9월~11월의 성수기와 12월~2월, 6월~8월의 비수기로 구분됩니다.

> 동화기업이 영위하는 사업이 건자재 및 목재 보드 사업이며, 국내 건설 업황을 후행한다는 산업적 특성을 알 수 있습니다.
>
> 또한, 경쟁사로 한솔홈데코, 유니드, 선창산업 등이 있으며 최근 시황은 어떠한지도 언급되어 있습니다.

> 실적의 분기별 편차가 발생할 수 있음을 추정할 수 있습니다.

한 줄 한 줄의 내용이 회사와 산업을 이해하는 아주 좋은 밑바탕이 될 수 있으니 지루하더라도 정독하시길 바랍니다. 산업에 관한 이야기 이후에는 좀 더 구체적으로 회사가 영위하고 있는 사업에 관한 설명이 나옵니다.

---

(4) 경쟁요소
*MDF(중밀도섬유판)
당 산업은 국내 MDF 6개사의 메이커들이 생산 판매하고 있으며, 국내생산 업체들이 국내시장을 주도하고 있습니다. MDF제품의 가장 큰 경쟁요소는 원가 경쟁력에 있습니다. 그렇기 때문에 원가에서 가장 큰 비중을 차지하고 있는 원재료의 안정적인 공급 및 생산원가를 절감하는 것이 핵심이라고 할 수 있습니다. 또한 소비자의 요구에 부응하는 제품의 생산, 산업소재로서 제조업자의 가공 용이도와 제품의 내구.내수성 등의 물성에 따른 우위가 경쟁요소가 될 것입니다.
당 산업은 전형적인 장치산업으로서 초기 설비투자비용이 높고, 설비투자기간이 길어 진입장벽이 높은 산업에 속합니다.

*PB(파티클보드)
PB는 폐목재를 가장 효율적으로 재생하고 부가가치를 높이는 환경산업이고, MDF에 비하여 비교적 저렴하여 싱크업체 및 가구등의 원재료로 쓰이고 있습니다. 국내 생산 업체 주요 3사(동화기업, 대성목재공업, 성창기업)와 태국 등의 수입 저가 제품들과 경쟁이 이루어 지고 있습니다.

*건장재
마루시장은 생활수준의 향상과 환경적 영향을 고려하는 소비자 성향으로 친환경 마루의 수요가 증가하고 고급바닥재를 선호하는 추세에 따라 신규 분양 및 재건축 아파트와 리모델링 건물을 중심으로 마루바닥재 수요가 증가 추세를 보이고 있으며 최근에는 강마루의 시장이 확대되는 추세입니다.

동화기업은 MDF, PB, 건장재 사업을 영위하고 있음을 알 수 있으며 각각의 특성이 자세히 기술되어 있습니다.

※ **Tip**
회사의 홈페이지에도 판매 제품에 대한 설명과 사진이 올라와 있습니다. 사업보고서만 읽고 어떤 사업을 영위하는지 잘 이해되지 않는다면 회사의 홈페이지에 접속해 보는 것도 하나의 방법입니다.

당기말과 전기말 현재 보고부문별 자산 및 연결총자산으로의 조정 내용은 다음과 같습니다.

(단위: 천원)

구 분		소재사업	하우징사업	미디어사업	합계	연결조정	연결후금액
당기말	자산	1,155,606,055	176,101,705	93,359,688	1,425,067,448	(214,133,249)	1,210,934,199
	부채	445,341,698	92,741,697	51,003,616	589,087,011	(7,654,954)	581,432,057
전기말	자산	1,099,993,097	166,248,292	65,669,938	1,331,911,327	(188,025,550)	1,143,885,777
	부채	452,410,565	96,590,356	28,955,954	577,956,875	(4,526,281)	573,430,594

당기 및 전기 연결실체의 영업수익 및 영업이익에 대한 보고부문별 분석은 다음과 같습니다.

(단위: 천원)

	구분	소재사업	하우징사업	미디어사업	합계	연결조정	연결후금액
당기	매출	533,961,244	121,357,438	75,131,525	730,450,207	(39,761,995)	690,688,212
	영업이익	79,060,141	3,518,636	782,104	83,360,881	(605,597)	82,755,284
	이자수익	748,462	15,274	477,551	1,241,287	-	1,241,287
	이자비용	8,856,220	1,544,737	7,631	10,408,588	(224,159)	10,184,429
	감가상각비	29,987,323	1,321,652	813,985	32,122,960	-	32,122,960
	상각비	1,449,809	357,119	145,136	1,952,064	650,000	2,602,064
전기	매출	526,628,590	122,363,238	66,356,563	715,348,391	(40,679,015)	674,669,376
	영업이익	67,695,640	8,263,638	3,654,783	79,614,061	(916,176)	78,697,885
	이자수익	1,112,809	212,336	284,333	1,609,478	(741,653)	867,825
	이자비용	12,367,397	1,803,561	41,735	14,212,693	(939,541)	13,273,152
	감가상각비	29,539,562	1,417,043	687,490	31,644,095	(113,867)	31,530,228
	상각비	1,400,234	332,421	56,904	1,789,559	595,833	2,385,392

> 사업 부문별로 나누어 자산과 부채, 매출 및 영업이익, 각종 비용 등이 정리되어 있습니다. 앞으로 우리가 엑셀로 정리해서 분석해야 할 중요한 표입니다. 주요 사업은 MDF, PB, 건장재임을 위에서 알았으나 개별 사업이 어떤 사업부문에 속해 있는지는 좀 더 살펴볼 필요가 있습니다. 이러한 사업 부문별 요약표는 회사마다 제공하는 방식이 다르다는 점을 유의하십시오.

사업 부문별 자산 및 실적이 정리된 표 아래에는 구체적인 사업 부문별 설명이 기술되어 있습니다. 이를 통해 현재 동화기업과 연결 자회사들이 어떤 사업을 영위하고 있으며, 회사별 실적이 어떤 사업 부문으로 구분되는지도 알 수 있습니다. 책에는 '**2. 회사의 현황**'과 '**3. 시장의 특성**'을 모두 붙이지 않았지만, 반드시 전부 읽어 보시길 바랍니다.

2. 회사의 현황

가. 당사의 영업개황

당사는 2013년 10월 1일을 기일로 인적분할의 방법으로 목재사업과 자동차사업 부문으로 구조 개편을 실시 하였습니다. 당사는 현재 국내에서 MDF, PB, MFB, 화학, 건장재 등의 사업을 영위하고 있습니다.

뿐만 아니라, 해외 사업으로는 베트남에서 MDF 제조판매하는 VRG DongWha MDF, 건장재 판매 및 유통을 담당하는 Dongwha Vietnam과 호주에서 제재목, 데크재 등을 제조판매하는 Dongwha Timbers 등으로 구성되어 있으며, 2015년도에는 한국일보사를 인수하여 미디어사업군까지 사업을 확장하였습니다.

현재 연결대상 회사의 주요사업은 MDF 제조판매(동화기업,VRG Dongwha MDF), PB 제조판매(동화기업, 대성목재공업) MFB(가공보드)제조판매(동화기업), 바닥재, 벽장재 등 건장재 제조판매(동화기업), 건장재 판매 및 유통(Dongwha Vietnam), 제재목, 데크재 제조판매(Dongwha Timbers), 신문/광고업(한국일보사, 코리아타임스, 대구한국일보사)등의 사업을 영위하고 있습니다.

나. 사업부분의 구분

*소재사업군 (MDF, PB, MFB, 화학등)

1986년 동화기업이 MDF 생산을 시작한 이래 1995년을 전후하여 고성장을 기록하였습니다. MDF 산업의 성장요인은 가구재료로서의 탁월한 외관,물성,가공성을 지녔고 합판,목재의 대체재로 가장 유력했다는 점 등, 시기적으로 우리나라 목재 수요 패

▶ 요약

소재 사업: 국내 MDF, PB 등의 목재 보드 사업과 보드 생산에 필요한 화학제품, 베트남에서 자회사 VRG Dongwha가 영위하는 MDF 사업의 실적이 합산되어 있습니다.

하우징 사업: 강화마루, 강마루, 디자인월 등 인테리어 자재 실적입니다.

미디어 사업: 2015년 1월 인수한 한국일보사와 코리아타임스의 실적이 합산되어 있습니다.

'3. 시장의 특성' 부분에는 사업 부문별 경쟁사와 M/S 현황이 나와 있습니다. 일반적인 순서와 달리 가장 최근 연도가 가장 왼쪽에 있다는 것을 유의하십시오. MDF의 경우 최근 3개년 동안 전반적인 M/S 변화가 크지 않은 반면, PB의 경우 동화기업의 M/S가 점진적으로 향상되고 있습니다. 앞서 '산업의 특성'에 언급되어 있듯, 목재 보드 산업은 대규모 장치 산업이므로 새로운 기업이 시장에 진출하기 어려우며 그에 따라 주요 기업들이 과점적 형태를 띠고 있다는 것을 알 수 있습니다. 반면, 강화마루의 경우 M/S가 소폭씩 낮아지고 있으며, 기타/수입 브랜드의 M/S가 올라오고 있습니다. 이를 통해 MDF, PB 대비 신규 사업자의 시장 진입이 용이하다는 점을 추론할 수 있습니다.

나. 시장점유율
*MDF (중밀도 섬유판)   2016.12.31 기준 (단위 : %)

구분	2016	2015	2014	비고
동화기업	21.8	22.6	22.8	-
포레스코	9.5	9.5	9.0	-
한솔홈데코	14.9	14.4	14.3	-
유니드	22.3	23.0	24.7	-
선창산업	16.7	15.8	16.0	-
광원	14.8	14.7	13.2	-

출처: 합판보드협회, (수입제외)

*PB(파티클보드)   2016.12.31 기준 (단위 : %)

구분	2016	2015	2014	비고
동화기업	35.8	33.5	32.8	-
대성목재공업	31.1	33.5	34.3	-
성창보드	33.1	33.0	32.9	-

출처: 합판보드협회, (수입제외)

*강화마루   2016.12.31 기준 (단위 : %)

구분	2016년	2015	2014	비고
동화기업	41.6	43.2	43.5	-
한솔홈데코	26.0	29.9	32.1	-
기타/수입	32.4	26.9	24.4	-

(참고: 당사 내부자료), (수입 : 무역협회/ctradeworld.com 통관자료)

이전 표에서 또 참고할 점은 바로 '출처'입니다. 동화기업은 합판 보드협회와 무역협회를 통해 위의 표를 작성하였는데, 저러한 주요 사이트들은 따로 잘 정리해서 나중에는 직접 찾아보는 것도 기업분석에 많은 도움이 됩니다.

시장 점유율 표 아래에는 '**4. 주요 제품 및 원재료**'가 나옵니다. 지금부터 제품의 가격(P), 원재료 가격 및 매입액(C), 판매량(Q) 등이 나올 것입니다. 엑셀로 정리해야 할 표가 많으니 눈여겨 봐두시길 바랍니다.

가장 먼저, 사업 부문 내 제품별로 상세한 매출액과 매출 비중이 나와 있는 '**가. 주요 제품 등의 현황**'이 보입니다. 이 표 역시 엑셀로 정리해야 할 표입니다. 표를 보면, 소재 사업의 매출 비중이 73%로 가장 높기 때문에 소재 부문의 실적이 전체 실적에 가장 많은 변동을 준다는 것을 알 수 있습니다. 소재 사업 내에서는 베트남 현지 내수 판매와 국내 MDF, PB, MFB 등의 비중이 높아 관련 제품의 가격이나 판매량을 파악하는 것이 중요합니다.

사업부문	매출유형	품목	용도	주요상표등	매출액(2016년)	비율(%)	매출액(2015년)	매출액(2014년)
소재사업	제품	MDF	내수	건축자재등	동화에코보드	105,331	14.4	99,170	83,079
		PB(동화기업)	내수	건축자재등	동화에코보드	54,547	7.5	47,754	45,581
		PB(대성목재)	내수	건축자재등	동화에코보드	56,323	7.7	59,169	63,265
		가공보드(MFB)	내수	MFB	동화디자인보드	72,907	10.0	79,893	83,077
		표면재(LPM,테고등)	내수/수출	표면재 등	-	26,604	3.6	29,986	25,424
		화학	내수	수지	-	26,861	3.7	29,053	27,219
		해외(베트남)	현지내수	-	-	113,817	15.6	111,465	94,182
		해외(호주)	현지내수	-	동화타스코	48,004	6.6	38,980	34,490
		제품소계	-	-	-	504,394	69.1	495,469	456,316
	상품기타	-	내수	-	3,572	0.5	4,985	6,119
	임대/용역	-	-	-	15,066	2.1	15,377	24,824
	기타	공동부문	-	-	10,929	1.5	10,798	-
		소 계	-	-	533,961	73.1	526,629	487,259
		강화마루	내수	건축장식	동화자연마루	37,698	5.2	46,033	48,523

		소 계	-	-	-	533,961	73.1	526,629	487,259
하우징사업	제품	강화마루	내수	건축장식	동화자연마루	37,698	5.2	46,033	48,523
		공사수입	내수	마루시공		11,298	1.5	10,327	5,722
		디자인월	내수	건축장식	동화디자인월	10,961	1.5	11,164	8,720
	상품	강마루, 원목마루 등	내수	건축장식	동화자연마루	34,206	4.7	29,378	21,995
		기타상품	-	-	-	27,194	3.7	23,807	22,041
	임대/용역		-	-	-	-	0.0	149	97
	기타	공동부문	-	-	-	-	0.0	1,504	-
		소 계	-	-	-	121,357	16.6	122,363	107,098
미디어사업	신문발행 및 광고		내수	-	한국일보/ 코리아타임스	75,132	13.9	66,357	-
		소 계	-	-	-	75,132	13.9	66,357	-
		합 계	-	-	-	730,450	100.0	715,348	594,358

※ **Tip**: 제품은 기업이 직접 생산해서 판매한 것을 지칭하며, 상품은 외부에서 매입하여 되판 것을 의미합니다. 일반적으로는 상품 대비 제품의 마진이 우수하여 제품 비중이 높은 회사일수록 이익률이 좋은 모습을 보입니다(물론 예외는 있습니다).

'가. 주요 제품 등의 현황' 바로 밑에는 '나. 주요 제품의 가격변동추이'가 나옵니다. 표를 살펴보면, MDF의 가격이 2014년부터 상승하고 있습니다. 바로 이전 표인 주요 제품 등의 현황 MDF의 매출액을 다시 살펴보면, 2014년 831억 원, 2015년 992억 원, 2016년 1,053억 원으로 증가하였으므로, 제품 가격(P)상승이 매출 증가에 기여했음을 추론할 수 있습니다. 반면, PB의 경우 가격 변화가 크지 않습니다. 이전 표에서 동화기업이 판매한 PB의 매출액도 MDF와 마찬가지로 2014년부터 증가하고 있었다는 점을 고려하면, PB의 실적은 제품 가격(P)보다는 다른 요인이 견인하였음을 알 수 있습니다.

나. 주요 제품 등의 가격변동추이

(단위 : 원)

품 목		2016년	2015년	2014년
MDF (원/㎥)	내수	285,131	287,140	276,317
PB (원/㎥)	내수	228,643	228,339	229,481
강화마루 (원/평)	내수	32,915	33,658	36,260

가격 추이에 이어 바로 '**다. 주요 원재료 등의 현황**'에는 원재료에 관한 내용이 나옵니다. 전체 원재료 매입액에서 원목과 메탄올의 비중이 가장 높습니다. 원목 가격과 메탄올 가격 하락이 원가 절감에 중요할 것으로 보입니다.

다. 주요 원재료 등의 현황

2016년 1월 1일 ~ 2016년 12월 31일까지 (단위 : 백만원, %)

사업부문	매입유형	품목	용도	매입액	비율
소재사업	원재료	원목 등	MDF제조	51,915	38.1
		폐목 등	PB제조	20,182	14.8
		메탄올, 요소 등	수지	47,569	34.9
	부재료	원지	표면재	16,464	12.1
	합계		-	136,130	100.0
하우징사업	원재료	원지	마루판제조	101	1.8
		강마루HPM	마루판제조	5,623	101.0
		원지(강마루용)	마루판제조	1,467	26.3
	부재료	기타	-	-	0.0
	합계		-	7,191	100.0

원재료 가격 추이 역시 공시됩니다. 산출 기준이 연간 구매한 원재료의 가격을 평균한 것이므로 실제 가격과는 차이가 있을 수 있습니다. 추세만 확인하시면 됩니다. 앞서 원재료 매입액 비중이 가장 높은 원목과 메탄올의 가격 추이가 원가 절감에 중요할 것이라고 언급하였는데, 실제로 두 항목의 가격이 하락하고 있음이 보입니다.

라. 주요 원재료 등의 가격변동추이

(단위 : 원)

품목		2016년	2015년	2014년
원목 (원/TON)	국내	74,064	81,370	83,262
폐목 (원/TON)	국내	34,734	41,673	45,429
메탄올, 요소 등 (원/kg)	수입	388	463	519

*산출기준: 주요품목을 연간 구매한 원재료의 가격을 평균하여 산출함

또한, '**마.자원조달의 특성**'에 원재료 조달의 특징과 최근 시황에 대해서도 기재되어 있습니다. 원재료 가격이 낮아지는 것만큼 원료를 안정적으로 공급받는 것도 중요합니다. 원료가 부족하면 아무리 시황이 좋아도 제품을 생산하여 팔 수 없기 때문입니다. 동화기업은 오랜 업력을 기반으로 다양한 원료 공급처로부터 안정적으로 원료를 조달받고 있는 것으로 보입니다.

마. 자원조달상의 특성
*소재사업군
산업의 특성상 안정적인 원재료 조달이 생산원가 경쟁력 확보에 필수적입니다. 최근 조달환경 중 PB의 경우 건설경기 호조세로 인하여 건설폐목재 발생량이 증가하여 폐목재 원재료 가격이 하락되어 있는 상황이나, 에너지 폐목재 수요가 증가하게 되면 잠재적인 위협으로 작용할 수 있습니다. MDF의 원재료는 국내 육송 및 제재부산물 등으로 원목의 가격도 하락함에 따라 생산원가가 지속적으로 감소 되고 있는 추세 입니다. 당사는 30년 이상 PB, MDF를 생산하며 원재료 공급처와의 신뢰관계를 장기간 쌓고 공급처를 다양화 함으로써 원가경쟁력을 높이고자 노력하고 있습니다.

※ **Tip**
임산물도매가격시스템(fps.kofpi.or.kr)에 접속하시면 목재를 포함한 임산물의 가격 동향과 정보를 열람하실 수 있습니다. 분기 단위로 가격이 공시되기 때문에 현재 시세를 파악하긴 쉽지 않으나, 트렌드 분석 보고서가 많이 올라와 있어 미래 시황을 전망하는 데 도움을 받을 수 있습니다. [부록 5]에 산업별 유용한 사이트를 정리해 두었으니 참고하시면 좋습니다.

기업이 제품 판매를 위해 지출하는 비용에는 원재료뿐만 아니라 인건비, 광고선전비, 전기료, 지급수수료 등도 있습니다. 이러한 모든 비용을 종합적으로 정리한 내용은 재무제표 '주석'에서 확인할 수 있습니다. 우리는 현재 동화기업의 자회사들을 포함한 연결 기준의 실적을 확인하고 있기 때문에 목차에서도 '연결재무제표 주석'을 클릭합니다.

주석에 굉장히 많은 내용이 있으나 처음부터 모든 내용을 이해하려고 하지 않아도 됩니다. 이번 시간에는 비용(C)에 관한 부분만 찾아보겠습니다. 주석에 들어갔다면, 키보드 'Ctrl+F'를 누릅니다. 그러면 다음 그림처럼 우측 상단에 작은 검색창이 나타납니다.

검색란에 '비용의 성격별' 또는 '성격별'을 입력하고 엔터를 누르면 바로 주석 내에 비용의 성격별 분류가 쓰여 있는 곳으로 이동합니다.

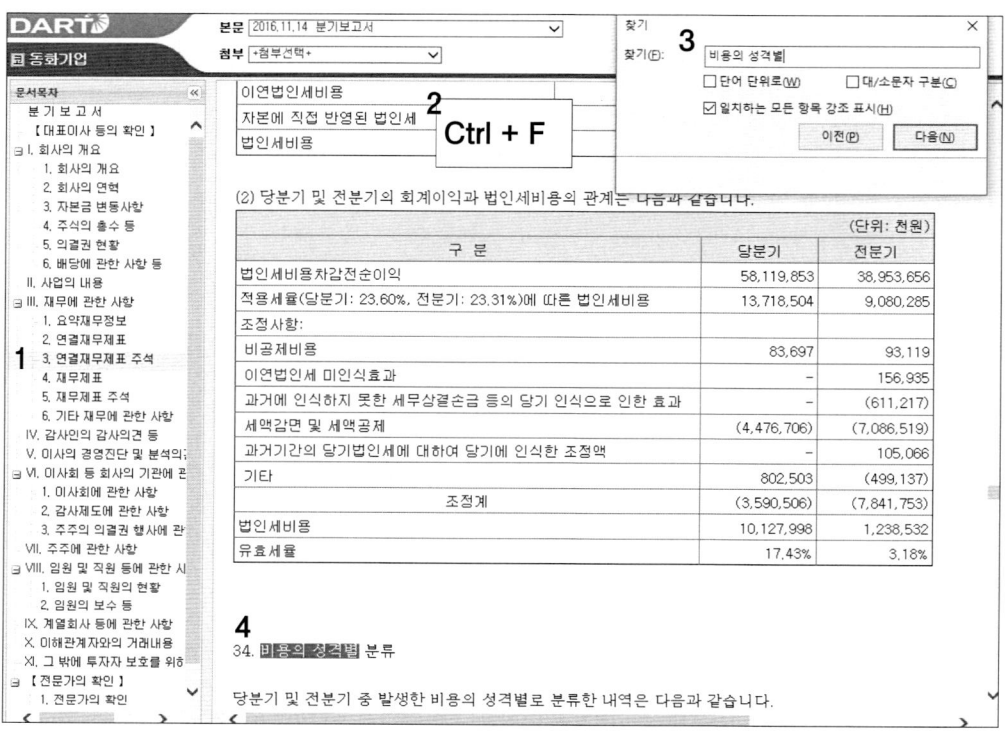

일반적으로 당해 사업연도의 비용과 바로 전년 동기의 비용이 함께 기재되어 있습니다. 당해 사업연도의 표만 확인하기보다는 전년 동기와 비교하면서 보는 것이 좋습니다. 큰 변동이 있는 항목이 있다면 분명 이유가 있기 때문입니다. 비용의 성격별 분류에 정리된 항목은 매년 조금씩 달라질 수 있습니다. 어떤 해에는 없었던 항목이 이번 해에는 새롭게 추가되기도 합니다.

34. 비용의 성격별 분류

당분기 및 전분기 중 발생한 비용의 성격별로 분류한 내역은 다음과 같습니다.
(당분기)

(단위: 천원)

계정과목	판매비와 관리비 등	매출원가	합계
재고자산의 변동:			
상품	–	967,061	967,061
제품	–	6,248,643	6,248,643
재공품	–	91,164	91,164
저장품	–	(4,136,314)	(4,136,314)
기타재고자산	–	3,304,894	3,304,894
사용된 원재료	–	202,209,232	202,209,232
종업원급여	22,656,983	47,841,574	70,498,557
감가상각비	1,619,852	22,271,820	23,891,672
무형자산상각비	1,047,050	899,521	1,946,571
지급수수료	12,886,956	22,292,332	35,179,288
임차료	3,315,550	3,733,509	7,049,059
기타	37,454,434	62,028,257	99,482,691
합계	78,980,825	367,751,693	446,732,518

(전분기)

(단위: 천원)

계정과목	판매비와 관리비 등	매출원가	합계
재고자산의 변동:			
상품	–	(1,332,554)	(1,332,554)

　같은 항목이더라도 제품 생산을 위해 투입된 비용은 매출원가에, 판매와 관리를 위해 투입된 비용은 판매비와 관리비에 반영됩니다. 예를 들어, 종업원 급여의 경우 생산을 위해 공장에서 근무하는 직원들의 급여는 매출원가로 분류되지만, 본사에서 근무하는 관리직 직원들의 급여는 판매비와 관리비로 분류됩니다.

※ **Tip**
매출원가율: 매출액 대비 매출 원가의 비율로 "(매출원가)/(매출액)*100"으로 계산합니다.
매출총이익률: 매출액에서 매출원가를 뺀 금액을 매출총이익(Gross Profit)이라 하며, 이를 비율로 계산했을 때를 매출총이익률이라 합니다. 계산식은 "(매출총이익)/(매출액)*100"입니다. 회사에 따라 공시나 IR 자료에 사업 부문별 영업이익 대신 매출총이익만 알려 주는 곳도 있습니다.

다시 사업보고서로 돌아와 원재료에 관한 사항 아래의 '**5. 생산 및 설비**'를 살펴보겠습니다. 기업의 판매량을 알아보기 위해서는 생산능력과 생산실적을 파악하면 됩니다. 생산능력은 해당 기업이 생산할 수 있는 최대량을 의미하며, 생산실적은 실제로 생산한 양을 뜻합니다. 가동률은 공장이 얼마나 가동되고 있는지를 보여 주며, 시간 기준 혹은 생산실적을 생산능력으로 나누어 산출합니다.

5. 생산 및 설비
가. 생산능력 및 생산능력의 산출근거 (국내)

생산능력(capa)

사업부문	품 목	2016년	2015년	2014년
소재사업(MDF,PB)	MDF (m³)	512,400	511,000	467,200
	PB (m³)	585,600	584,000	584,000
하우징사업(강화마루)	강화마루 (평)	1,980,000	1,980,000	1,980,000

생산능력의 산출 근거
산출기준 : 각 사업부의 공정별 Design capa 기준으로 산출하였습니다.

나. 생산실적 (국내)

사업부문	품 목	2016년	2015년	2014년
소재사업(MDF,PB)	MDF (m³)	530,256	516,755	505,739
	PB (m³)	557,600	566,830	562,781
하우징사업(강화마루)	강화마루 (평)	1,756,318	1,867,149	1,800,283

다. 당해 사업연도의 가동률 (국내)

2016년 1월 1일 ~ 2016년 12월 31일까지				(단위 : 시간, %)
사업소(사업부문)		가동가능시간	실제가동시간	평균가동률 (%)
소재사업	MDF	17,568	16,091	91.6
	PB	17,568	15,710	89.4
하우징사업	강화마루	7,287	4,763	65.4

※ 가동률 계산의 다른 예: 2016년 MDF의 가동률은 530,256(생산실적)/512,400(생산능력) ×100=103.5%, 2016년 PB의 가동률은 557,600(생산실적)/585,600(생산능력)×100=95.2% 로 직접 산출할 수 있습니다. 직접 산출한 가동률이 공시된 시간 기준 가동률보다 높습니다. 따라서, 동화기업은 현재 Full 가동 중이며 증설을 고민할 것으로 추정할 수 있습니다.

제조업체는 가동률이 높을수록 고정비 효과로 인해 판매 마진이 높아지므로 가동률이 낮은 것은 매출과 이익에 모두 좋지 않습니다. 또한, 가동률이 100%에 가깝다면 기업은 생산능력(CAPA)를 키워 판매할 수 있는 양을 늘리려고 할 가능성이 높습니다. 생산능력을 키우기 위해서는 설비를 더 들이거나 공장을 새로 짓는 증설을 고려할 수 있고, 인력을 2교대에서 3교대로 확장 운영할 수도 있습니다.

회사가 증설 계획이 있는지 궁금하다면, 아래 표와 같은 생산설비 현황에서 증설 여부를 알아볼 수 있습니다. '생산설비의 현황'은 사업연도 시작 초(2016년 1월)에서 사업연도 말(2016년 12월)까지 설비나 토지에 있었던 변화를 금액으로 나타낸 표입니다. 동화기업의 경우 항목별로 신규 취득한 금액이 있는데, 특히 '건설 중인 자산' 항목의 2016년 연간 취득금액이 무려 702억 원이나 됩니다. 이를 통해 회사는 구체적으로 어떤 용도인지는 모르나 대규모 증설을 진행 중임을 알 수 있습니다.

라. 생산설비의 현황 등

(단위: 천원)

구 분	토지	건물/구축물	기계장치	기타유형자산	건설중인자산	합 계
기초금액	345,904,220	124,174,095	217,475,732	6,093,390	7,558,158	701,205,595
취득액	113,993	4,383,191	8,013,973	2,284,342	70,206,324	85,001,823
처분	-	(394,674)	(913,655)	(60,953)	(128,500)	(1,497,782)
감가상각비	-	(6,734,670)	(22,807,157)	(2,325,601)	-	(31,867,428)
해외사업환산차이	63,154	902,260	2,084,232	26,826	1,555,711	4,632,183
대체	-	942,792	4,293,933	-	(5,236,725)	-
사업결합으로 인한 증가	-	-	69,397	114,622	70,000	254,019
기말금액	346,081,367	123,272,994	208,216,455	6,132,626	74,024,968	757,728,410

동화기업은 신규사업 등의 내용 및 전망을 통해 장부상에 표시된 증설과 관련된 설명을 덧붙였습니다. 회사마다 사업보고서에 증설에 관한 이야기를 언급할 수도 하지 않을 수도 있습니다. 증설 관련 이야기가 없는데, 장부상으로 증설이 있을 것으로 추론된다면 이는 언론기사나, 애널리스트 보고서를 통해 확인할 수 있습니다.

---

6. 신규사업 등의 내용 및 전망

가. 당사의 종속회사인 VRG Dongwha MDF(베트남법인)에서는 MDF생산라인 증설을 진행 중에 있습니다. 공사기간은 '15년 7월부터 '17년 3월까지 예상되며, VRG Dongwha MDF의 생산 Capa는 약 60% 증가 될 예정입니다. MDF생산라인을 복수로 가동하게 되면, 박판과 중/후판을 구분하여 생산하게 됨으로써 생산효율성이 높아질 것을 기대하고 있습니다.

나. 당사의 관계기업인 동화엠파크는 기존 중고차 매매단지인 엠파크타워 옆에 신규 중고차매매단지를 엠파크허브를 '16년 10월 준공하였습니다. 이로써 엠파크 중고차 단지의 전시규모는 1만대가 넘는 수준으로 단일단지로 국내 최대규모의 중고차 단지입니다. 또한 동화엠파크는 지속적인 신규 Biz도입과 매매단지, 온라인서비스(이지옥션, 모클), 상품화서비스(성능점검, 사진촬영), 중고차 할부금융사업 (동화캐피탈) 까지 확장하며 자동차 Cluster 가치를 극대화 하고 있습니다.
동화엠파크에서는 자동차 구매, 정비, 금융, 보험, 이전등록까지 원스톱 서비스를 제공하며, 온,오프라인 통합운영시스템 도입으로 허위매물 원천차단 및 투명한 거래환경 구축에 힘쓰고 있습니다.

마지막으로 회사가 가진 위험도 알아둘 필요가 있습니다. 사업보고서에는 각각의 회사가 자체 분석한 위험요소도 기재되어 있습니다. 사업보고서를 많이 읽다 보면 다양한 위험요인들을 숙지할 수 있고, 나중에는 회사가 제시한 내용 외에도 본인 스스로 위험요소를 생각하고 기업분석 시에 고려할 수 있습니다.

7. 시장위험과 위험관리
가. 주요 시장위험 내용
(1) 시장위험
당사가 속한 산업은 진입장벽이 높은 장치산업으로 국내 업계간의 시장지배력은 큰 변화 없이 비슷한 수준의 M/S를 가져 가고 있습니다. 따라서 제품의 원가 절감 능력에 따라 회사의 이익률에 영향을 줄 수 있습니다. 최근 목재 산업은 수입품과의 경쟁도 치열해지고 있습니다. 또한 제품의 주된 판매경로는 대리점, 건설사, 가구업체등으로 구성되어 있으며, 해당업체들의 매출채권의 안정적인 회수 관리도 회사의 이익에 중요한 영향을 줄 수 있습니다. 이러한 경쟁에서 성공하기 위한 능력은 제품가격, 원가절감, 시기 적절한 투자, 제품개발, 친환경 브랜드 제품의 마케팅 성공여부 등과 같이 통제 가능 및 통제 불가능 요소에 의해 좌우됩니다.

(2) 금리위험
시장금리 변동에 따른 위험은 <u>시장금리 상승으로 인한 이자비용의 증가</u> 등이 있을 수 있습니다. 당사는 차입금에 대한 이자비용증가 최소화를 위해 엄격한 자금 관리를 하고 있습니다.

(3) 유동성리스크
<u>유동성리스크의 주요 발생 원인은 수금차질등으로 인한 cash-flow불일치</u>, 금융시장 상황의 변동에 따른 금융권 유동성억제 등으로 인한 외부자금 조달 차질 등이 있을 수 있습니다. 당사 유동성리스크 주요 관리목표는 영업 거래선의 채권관리 및 차입방안 다변화등을 통한 풍부한 유동성 확보입니다.

차입금이 많다면 영업으로 열심히 돈을 벌어도 이자 비용을 내느라 다 까먹을 수 있습니다. 이자 비용은 재무제표의 '금융비용'에서 확인할 수 있고, 주석에 자세한 차입금 내용이 나와 있습니다.

기업은 대부분 발생주의 회계 방식을 채택하고 있기 때문에 매출이 발생한 시점과 실제 현금이 들어오는 시기에 차이가 있습니다. 따라서 매출채권이 잘 회수되는지, 오랫동안 회수하지 못한 악성 매출채권은 없는지를 확인해야 합니다. 이 역시 주석에서 확인할 수 있습니다.

[부록 3]
주석 쉽게 보기

사업보고서 Ⅲ. 재무에 관한 사항 중 (연결)재무제표 주석에는 다양한 알짜 정보가 담겨 있습니다. 회사의 지분 현황 및 자회사들의 실적, 회사가 보유한 금융 자산 및 부채, 영업 외 비용 및 수익의 내역 등이 상세하게 기술되어 있어 본업 외에 회사의 향후 실적에 영향을 미칠 요인들을 추론할 수 있습니다. 하지만 처음부터 모든 내용을 이해하기는 쉽지 않기에 몇 가지 항목부터 익숙해진 후 점차 시야를 넓혀가는 것이 좋습니다.

사업보고서 목차에서 '연결재무제표 주석'을 클릭해 보면 가장 먼저 1. 지배기업의 개요부터 나옵니다. 우리가 앞서 사업보고서 쉽게 보기에서 한 번쯤 읽어 봤던 내용과 회사의 주주 현황이 나와 있습니다. 주석에 주주 현황을 기재하는지도 회사마다 다릅니다.

주주 현황 밑에는 장문의 글이 나옵니다. 모두 읽지 않아도 됩니다. 회계정책과 관련된 것들로 실제 기업분석과 직접 관련된 내용은 거의 없습니다. 이 장문의 글로 인해 처음 주석을 클릭해 보고 막막함을 느끼는 분들이 종종 있는 것 같은데, 그냥 무시하고 죽죽 마우스 휠을 내려도 상관없습니다.

다만, 그중에서 하나 참고할 부분은 바로 유형자산의 감가상각 내용연수입니다. 긴 글 사이에 박스로 되어 있으니 마우스 휠을 내리면서 찾는 것은 어렵지 않습니다. 회사가 보유한 건물이나 기계 설비 등의 감가상각 연수이며 이 기간이 끝나면 감가상각비가 감소하여 손익에도 긍정적인 영향을 줄 수 있습니다.

3. 연결재무제표 주석
제 69 기 2016년 1월 1일부터 2016년 12월 31일까지
제 68 기 2015년 1월 1일부터 2015년 12월 31일까지

동화기업 주식회사와 그 종속기업

1. 지배기업의 개요

기업회계기준서 제1110호 '연결재무제표'에 의한 지배기업인 동화기업 주식회사(이하 "당사")는 1948년 4월 2일에 설립되었으며, 1995년 7월 31일에 당사의 주식을 한국거래소가 개설한 코스닥시장에 상장하였습니다. 2003년 9월 30일 기준으로 순수 지주회사로 전환한 당사는 P.B, M.D.F, L.P.M, M. F.B 등을 제조 판매하는 구,동화기업 주식회사와 마루판제품 등을 제조 판매하는 동화자연마루 주식회사, 중고자동차 사업을 영위하는 동화엠파크 주식회사 및 기타 자회사들을 지배하고 있었습니다.

이후, 2013년도 10월 1일을 기준일로 기업 지배구조 변경을 실시하여, 구,동화기업 주식회사와 동화자연마루 주식회사를 흡수합병하고 목재사업부문과 자동차사업부문으로 인적분할하였습니다. 인적분할 후 존속법인인 당사는 상호를 동화기업 주식회사로 변경하였고, 공정거래법상 지주회사에서 탈피하여 일반 사업회사로 변경하였습니다.

수차례의 유·무상증자 등을 통하여 당기말 현재 당사의 자본금은 보통주 7,678백만원이며, 당기말 현재 주요 주주현황은 다음과 같습니다.

주 주 명	소유주식수(주)	지 분 율(%)
Dongwha International Co, Limited	6,536,863	45.53
승명호	593,665	4.14
승은호 외 9인	2,223,758	15.49
자기주식	2,823,503	19.67
기타	2,178,967	15.17
합 계	14,356,756	100.00

(1) 연결재무제표 작성기준

당사와 당사의 종속기업(이하 '연결실체')의 연결재무제표는 한국채택국제회계기준에 따라 작성되었습니다. 연결재무제표 작성에 적용된 중요한 회계정책은 아래 기술되어 있으며, 당기 연결재무제표의 작성에 적용된 중요한 회계정책은 아래에서 설명하는 기준서나 해석서의 도입과 관련된 영향을 제외하고는 전기 연결재무제표 작성시 채택한 회계정책과 동일합니다.

연결재무제표는 매 보고기간 말에 재평가금액이나 공정가치로 측정되는 특정 비유동자산과 금융자산을 제외하고는 역사적 원가주의를 기준으로 작성되었습니다. 역사적

(16) 유형자산

유형자산은 원가로 측정하고 있으며 최초 인식 후에 취득원가에서 감가상각누계액과 손상차손누계액을 차감한 금액을 장부금액으로 표시하고 있습니다. 유형자산의 원가는 당해 자산의 매입 또는 건설과 직접적으로 관련되어 발생한 지출로서 경영진이 의도하는 방식으로 자산을 가동하는데 필요한 장소와 상태에 이르게 하는 데 직접 관련되는 원가와 자산을 해체, 제거하거나 부지를 복구하는 데 소요될 것으로 최초에 추정되는 원가를 포함하고 있습니다.

후속원가는 자산으로부터 발생하는 미래경제적효익이 유입될 가능성이 높으며, 그 원가를 신뢰성 있게 측정할 수 있는 경우에 한하여 자산의 장부금액에 포함하거나 적절한 경우 별도의 자산으로 인식하고 있으며, 대체된 부분의 장부금액은 제거하고 있습니다. 한편 일상적인 수선·유지와 관련하여 발생하는 원가는 발생시점에 당기손익으로 인식하고 있습니다.

유형자산 중 토지는 감가상각을 하지 않으며, 이를 제외한 유형자산은 아래에 제시된 개별 자산별로 추정된 경제적 내용연수 동안 정액법으로 감가상각하고 있습니다.

구 분	내 용 연 수
건물	30~40년
구축물	20~40년
기계장치	12년
차량운반구	5년
기타의유형자산	5년

유형자산을 구성하는 일부의 원가가 당해 유형자산의 전체원가에 비교하여 중요하다면, 해당 유형자산을 감가상각할 때 그 부분은 별도로 구분하여 감가상각하고 있습니다.

장문의 글이 끝나면 본격적으로 각종 표가 나옵니다. 보통은 다음 그림과 같은 회사의 영업 정보나 자회사들의 손익분석표가 나옵니다. 동화기업의 경우 사업의 내용에 기재해 놓았던 사업부문별 매출과 이익을 주석에도 기재하였습니다. 사업 부문별 손익을 사업의 내용에 기재할지, 주석에 기재할지, 구체적으로 밝히지 않을지는 사실 기업마다 다릅니다. 만약 사업의 내용에 사업 부문별 손익이 없다면 주석에서 관련 내용을 찾아보고 그래도 없으면 어쩔 수 없이 사업 부문별 손익 분석은 포기해야 합니다.

(2) 부문수익 및 이익

당기 및 전기 연결실체의 영업수익 및 영업이익에 대한 보고부문별 분석은 다음과 같습니다.

(단위: 천원)

구 분		소재사업	하우징사업	미디어사업	합계	연결조정	연결후금액
당기	매출	533,961,244	121,357,438	75,131,525	730,450,207	(39,761,995)	690,688,212
	영업이익	79,060,141	3,518,636	782,104	83,360,881	(605,597)	82,755,284
	이자수익	748,462	15,274	477,551	1,241,287	-	1,241,287
	이자비용	8,856,220	1,544,737	7,631	10,408,588	(224,159)	10,184,429
	감가상각비	29,987,323	1,321,652	813,985	32,122,960	-	32,122,960
	상각비	1,449,809	357,119	145,136	1,952,064	650,000	2,602,064
전기	매출	526,628,590	122,363,238	66,356,563	715,348,391	(40,679,015)	674,669,376
	영업이익	67,695,640	8,263,638	3,654,783	79,614,061	(916,176)	78,697,885
	이자수익	1,112,809	212,336	284,333	1,609,478	(741,653)	867,825
	이자비용	12,367,397	1,803,561	41,735	14,212,693	(939,541)	13,273,152
	감가상각비	29,539,562	1,417,043	687,490	31,644,095	(113,867)	31,530,228
	상각비	1,400,234	332,421	56,904	1,789,559	595,833	2,385,392

그 밖에 영업과 관련하여 주요 매출 발생 지역을 기재해 줍니다. 이를 통해 회사가 주로 어떤 지역으로 수출하고 있는지, 어떤 통화의 영향을 받을 수 있는지 알 수 있습니다. 다만, 특정 국가의 비중이 높다 하여 그 국가의 화폐로만 결제하는 것은 아닙니다. 중국과 거래하더라도 위안화가 아닌 달러로 결제하기도 하므로 이 부분은 사업보고서 내에 따로 기재된 곳이 있는지 찾아보아야 합니다.

(4) 지역에 대한 정보

연결실체는 3개의 주요 지역인 한국(본사 소재지 국가), 호주, 베트남에서 영업하고 있습니다. 지역별로 세분화된 연결실체의 외부고객으로부터의 영업수익에 대한 정보는 다음과 같습니다.

(단위: 천원)

구 분	당기	전기
한국	528,842,918	524,224,918
호주	48,004,170	38,979,899
베트남	113,841,124	111,464,559
합 계	690,688,212	674,669,376

매출채권 현황도 알아두면 좋습니다. 기업이 장사하고도 돈을 못 받는 경우가 많기 때문에 매출채권 회수를 잘 하는지 아닌지 정도는 알아둘 필요가 있습니다. 대손충당금이란 매출채권 중 회수하지 못할 것으로 예상되는 금액을 미리 산정하여 장부에 반영하는 것을 의미합니다. 기말 결산 시 실제로 외상매출금 중 회수가 불가능한 대손상각비가 발생할 경우 대손충당금에서 차감하면서 당기순이익 훼손 영향을 줄여 줍니다. 매출채권의 연령이 올라갈수록 회수 가능성이 떨어지므로 오래된 매출채권이 많은 것은 좋지 않습니다.

6. 매출채권 및 기타채권

(1) 당기말 및 전기말 현재 매출채권 및 기타채권의 내역은 다음과 같습니다.

(단위: 천원)

구 분	당기말		전기말	
	유동	비유동	유동	비유동
매출채권	99,055,550	221,974	92,258,937	221,974
차감: 대손충당금	(1,804,590)	(218,340)	(2,998,461)	(218,340)
매출채권(순액)	97,250,960	3,634	89,260,476	3,634
미수금	3,543,048	-	9,909,513	-
차감: 대손충당금	(18,586)	-	(805,354)	-
미수금(순액)	3,524,462	-	9,104,159	-
미수수익	394,495	-	88,323	-
합 계	101,169,917	3,634	98,452,958	3,634

1) 당기말 및 전기말 현재 연체되었으나 손상되지 않은 매출채권 및 기타채권의 연령분석내역(채권발생 기준)은 다음과 같습니다.

(당기말)

(단위: 천원)

구 분	60~90일	90일~120일	120일 초과	합 계
매출채권	8,507,211	4,223,712	3,872,963	16,603,886
미수금	67,482	41,069	1,409,388	1,517,939
합 계	8,574,693	4,264,781	5,282,351	18,121,825

(전기말)

(단위: 천원)

구 분	60~90일	90일~120일	120일 초과	합 계
매출채권	20,724,773	3,368,280	4,913,118	29,006,171
미수금	188,639	179,228	1,507,752	1,875,619
합 계	20,913,412	3,547,508	6,420,870	30,881,790

기업은 보유 현금을 각종 금융자산에 투자하는데, 종종 주식 시장에 상장된 회사들의 지분 증권에 투자하기도 합니다. 그래서 때로는 주가 변동으로 인해 큰 이익을 보기도 큰 손실을 보기도 하여 순이익에 예상하지 못했던 변화가 올 수도 있습니다.

7. 매도가능금융자산

당기말 및 전기말 현재 매도가능금융자산의 내역은 다음과 같습니다.

(단위: 천원)

구 분	당기말		전기말	
	유동	비유동	유동	비유동
지분상품				
비상장주식	-	13,409,618	-	10,810,239
상장주식	-	439,662	-	12,788
합 계	-	13,849,280	-	10,823,027

주석에서는 또한 회사 종속기업의 실적도 알 수 있습니다. 회계정책이 IFRS로 바뀌면서 연결기준 재무제표가 기본 재무제표가 되었으므로 종속기업의 손익도 기업분석에 중요한 요소입니다. 알짜 자회사를 보유하고 있다면 모회사의 가치도 올라가고, 주요 자회사가 만년 적자 상황에 있다면 전체 기업가치를 훼손하기도 합니다. 따라서 종속회사들의 실적 트렌드도 파악하고 있어야 기업의 적정 가치를 좀 더 정확하게 파악할 수 있습니다. 그러나 간혹 종속회사의 실적을 공개하지 않는 경우도 있습니다. 그럴 경우 DART에서 종속회사를 직접 검색하여 제출된 감사보고서가 있는지를 확인한 후, 감사보고서가 있다면 그를 통해 대략적인 실적을 파악할 수도 있습니다.

(당기)

(단위: 천원)

구 분	대성목재공업(주)	(주)한국일보사 (주1)	Dongwha Timbers Pty Ltd. (주2)	Dongwha Vina Co., Ltd. (주3)	Dongwha Vietnam Co.,Ltd.
매출액	71,777,500	72,960,610	48,004,170	113,816,542	24,581
영업손익	10,298,328	132,104	(4,083,713)	37,845,231	(151,419)
당기순손익	5,447,132	4,124,516	(6,575,242)	34,865,075	(150,182)
기타포괄손익	(125,525)	(181,350)	1,064,184	2,420,016	(71,494)
총포괄손익	5,321,607	3,943,166	(5,511,058)	37,285,091	(221,676)
비지배지분에 귀속되는 당기순손익	2,268,438	1,458,493	(205,848)	20,895,902	-
비지배지분에 귀속되는 총포괄손익	2,216,163	1,374,820	(191,602)	22,395,436	-

(주1) (주)한국일보사의 종속기업인 (주)코리아타임스, (주)대구한국일보사 및 동화엠파크서비스(주)의 요약재무정보를 포함하여 연결 기준으로 기재하였습니다.
(주2) Dongwha Timbers Pty Ltd.의 종속기업인 TASCO의 요약 재무정보를 포함하여 연결기준으로 기재하였습니다.
(주3) Dongwha Vina Co., Ltd.의 종속기업인 VRG Dongwha MDF Joint Stock Company의 요약재무정보를 포함하여 연결 기준으로 기재하였습니다.

종속회사의 손익계산서뿐만 아니라 현금흐름표도 확인할 수 있습니다. 이 역시 회사마다 조금씩 다르긴 합니다. 현금흐름표를 통해 회사의 영업과 투자 활동 상황을 짐작할 수 있습니다.

(당기)
(단위: 천원)

구 분	대성목재공업(주)	(주)한국일보사 (주1)	Dongwha Timbers Pty Ltd. (주2)	Dongwha Vina Co., Ltd. (주3)	Dongwha Vietnam Co,Ltd.
영업활동으로 인한 현금흐름	10,688,374	19,201,211	(5,122,338)	62,761,511	(163,658)
투자활동으로 인한 현금흐름	(8,380,684)	(19,125,012)	(571,217)	(59,030,851)	-
재무활동으로 인한 현금흐름	(1,637,150)	-	5,563,029	(1,756,666)	302,322
현금및현금성자산의 순증감	670,540	76,199	(130,526)	1,973,994	138,664
기초 현금및현금성자산	3,260,995	3,707,316	665,868	21,732,629	-
외화표시 현금및현금성자산의 환율변동효과	-	-	315,358	280,958	(71,805)
기말 현금및현금성자산	3,931,535	3,783,515	850,700	23,987,581	66,859

(주1) (주)한국일보사의 종속기업인 (주)코리아타임스 및 (주)대구한국일보사의 요약재무정보를 포함하여 연결 기준으로 기재하였습니다.
(주2) Dongwha Timbers Pty Ltd.의 종속기업인 TASCO의 요약 재무정보를 포함하여 연결기준으로 기재하였습니다.
(주3) Dongwha Vina Co., Ltd.의 종속기업인 VRG Dongwha MDF Joint Stock Company(구: VRG Dongwha Joint Stock Company)의 요약재무정보를 포함하여 연결 기준으로 기재하였습니다.

그 밖에 지배력 없이 지분만 보유하고 있어 지분법 손익으로 순이익에만 영향을 주는 관계기업들에 대한 정보도 나와 있습니다. 지분법 반영 기업의 실적 변화가 클 경우 순이익이 예상치를 크게 벗어날 수도 있다는 점을 유의하십시오.

(2) 당기 및 전기 중 관계기업투자의 기중 변동내역은 다음과 같습니다.

(당기)
(단위: 천원)

관계기업명	기초	지분법손익	지분법자본변동	지분법이익잉여금	손상차손	대체(주1)	기말
(주)뉴시스(주1)	2,099,673	(26,691)	-	-	-	(2,072,982)	-
동화엠파크홀딩스(주)	77,708,607	(2,327,997)	66,131	(167,641)	-	-	75,279,100
한국미디어네트워크(주)	621,683	(147,646)	-	-	(26,735)	-	447,302
합 계	80,429,963	(2,502,334)	66,131	(167,641)	(26,735)	(2,072,982)	75,726,402

(주1) 지배력을 상실하여 매도가능금융자산으로 분류 하였습니다.

회사가 만약 건설 공사나 설비 및 기계장치 납품 등 장기간에 걸쳐 공급이 이루어지는 계약을 체결하였다면, 계약 금액은 진행률에 따라 매출로 인식되곤 합니다(회사마다 차이는 있습니다). 동화기업의 경우 사업의 내용에는 수주 현황을 기재하지 않았으나, 주석에는 건설계약과 관련된 금액을 밝혔습니다. 여기서 주목할 점은 전기 공사 수익 인식액보다 당기 수익 인식액이 큼에도 기말 잔액이 전기 대비 증가하였다는 점입니다. 이는 건설계약 금액이 지속 증가하고 있다는 것을 의미하며 기말 금액은 다음 해 실적에 반영되므로 기말금액이 커질수록 다음 사업연도의 실적이 좋아질 수 있음을 의미합니다. 동화기업은 이러한 장기 공급계약 비중이 크지 않으나, 건설회사나 수주 기반의 사업을 영위하는 기업의 경우 아래와 같은 표가 실적 추정에 사실상 가장 중요한 자료입니다.

(2) 당기 및 전기 중 수행된 연결실체의 건설계약 잔액의 변동내역은 다음과 같습니다.

(당기)

(단위: 천원)

구 분	기초금액	계약잔액 변경(주1)	공사수익 인식액	기말금액
건설계약	8,959,097	20,395,261	(16,013,229)	13,341,129

(주1) 신규계약액, 추가계약액 및 계약변경액이 포함된 금액입니다.

(전기)

(단위: 천원)

구 분	기초금액	계약잔액 변경(주1)	공사수익 인식액	기말금액
건설계약	24,846,062	(3,240,550)	(12,646,415)	8,959,097

(주1) 신규계약액, 추가계약액 및 계약변경액이 포함된 금액입니다.

회사의 차입금 및 이자 비용 파악도 중요합니다. 영업을 잘해서 이익을 많이 남겨도 빌린 돈이 많아 이자 비용으로 이를 다 깎아 먹는다면, 회사와 투자자에게 돌아올 이윤이 줄어들게 됩니다. 물론 빌린 자금을 통해 더 많은 이익을 남길 수도 있지만, 이왕이면 적정 차입금 비율을 유지하고 남의 돈보다는 자기 자본으로 영업을 하는 것이 재무적 리스크를 줄여 줍니다. 단기차입금과 장기차입금은 상환일이 1년 미만이냐 1년 이상이냐에 따라 구분됩니다. 또한 장기차입금의 경우 만기에 일시 상환하기보다는 분할 상환하게 되는데, 이때 상환 기일이 1년 이내이면 유동, 1년 이후이면 비유동으로 분류됩니다.

20. 차입금 및 사채

(1) 당기말 및 전기말 현재 차입금 및 사채의 구성내역은 다음과 같습니다.

(단위: 천원)

구 분	당기말		전기말	
	유동	비유동	유동	비유동
단기차입금	180,629,297	-	189,469,175	-
장기차입금	36,579,402	75,386,635	45,235,080	52,104,875
사채	24,993,486	-	-	24,968,193
합 계	242,202,185	75,386,635	234,704,255	77,073,068

차입금 항목의 개별 이자율까진 알 필요가 없으나, 현재 보유한 차입금 정도에서 어느 정도의 이자 비용이 발생하는지 알면 좋습니다. 이는 영업 외 요인 중 금융비용에서 확인할 수 있습니다. 이자 비용은 차입금 총액이 감소하거나 이자율이 낮아지면 줄어들게 됩니다. 또한 회사는 이자수익을 얻기도 합니다. 타 법인으로 돈을 빌려주거나(대여금), 금융자산을 통해 이자수익이 발생합니다.

그 밖에 외환 관련 손실도 금융 손익으로 분류됩니다. 외환차손 혹은 외환이익은 실제 외환거래로 인하여 손실 또는 이익을 본 경우이고, 외환환산손실 혹은 외환환산이익은 장부상의 평가 금액입니다.

이러한 외환 관련 손실 또는 이익은 기타 영업외 항목으로 반영되기도 합니다. 일반적으로 수출의존도가 높은 기업의 경우 환율이 올라가면 외환 관련 이익이 증가하고 환율이 하락하면 외환 관련 손실이 발생합니다. 언론기사나 애널리스트 보고서에서 어떤 기업이 외환 관련 손실로 인해 순이익이 감소하였다는 표현을 본다면 주석을 찾아보면 됩니다.

31. 금융이익

당기 및 전기 중 금융이익의 내역은 다음과 같습니다.

(단위: 천원)

구 분	당기	전기
이자수익:		
대여금 및 수취채권	1,241,287	844,860
매도가능금융자산	-	22,965
외환차익	562,063	1,319,563
외화환산이익	25,001	276,938
배당금수익	53,074	3,161
당기손익인식금융자산평가이익	241,500	-
총 계	2,122,925	2,467,487

32. 금융비용

당기 및 전기 중 금융비용의 내역은 다음과 같습니다.

(단위: 천원)

구 분	당기	전기
이자비용:		
차입금 및 사채이자	10,184,429	13,273,152
외환차손	964,519	3,444,648
외화환산손실	321,588	5,704,455
총 계	11,470,536	22,422,255

33. 기타영업외수익

당기 및 전기 중 기타영업외수익의 내역은 다음과 같습니다.

(단위: 천원)

구 분	당기	전기
외환차익	1,386,777	2,792,391
외화환산이익	651,445	414,286
보상수익금	100,253	110,147
대손충당금환입	1,062,107	290,212
매도가능금융자산처분이익	-	482,095
유형자산처분이익	2,162,685	305,093
금융보증수익	1,015,633	549,717
기타	3,559,244	5,580,263
합 계	9,938,144	10,524,204

34. 기타영업외비용

당기 및 전기 중 기타영업외비용의 내역은 다음과 같습니다.

(단위: 천원)

구 분	당기	전기
외환차손	1,790,885	1,329,694
외화환산손실	905,629	507,955
기부금	2,729,940	546,528
지급보상금	237,170	811,995
기타의대손상각비	2,019,811	-
매도가능금융자산손상차손	1,889,761	-
매도가능금융자산처분손실	15,937	-
유형자산처분손실	2,479,338	3,439,408
무형자산처분손실	26,847	13,191
무형자산손상차손	27,833	-
금융보증비용	178,009	775,249
기타	2,100,592	1,282,470

이 외에도 주석에 많은 정보가 있으나, 기본적인 부분만 잘 파악하여도 주식 투자를 위한 기업분석에 많은 도움을 받을 수 있습니다. 또한 시장에서는 늘 기업의 회계 분석에 대해 우려하고 있으며 서점에는 회계 분식을 찾아낼 수 있는 책들도 많이 나와 있습니다. 이런 책들도 물론 굉장히 좋은 정보를 담고 있지만, 투자자가 실제로 기업의 회계 분식을 찾아내거나 의심하려면 일단 재무제표나 주석을 자주 읽어 익숙해져야 합니다. 자꾸 보다 보면 나도 모르는 새에 나만의 노하우가 생기고, 정확히 어딘지는 모르겠지만 무언가 잘못되었다는 느낌을 받는 순간이 옵니다. 익숙해진 후 분식회계와 관련된 서적들을 읽어 보면 훨씬 이해가 빠르리라 생각합니다. 투자자는 회계장부를 작성하는 사람들이 아니므로 모든 항목을 정확히 알아야 하거나, 회계 장부를 읽는 것을 두려워할 필요가 없습니다. 그저 많이 보면서 익숙해지고 해석하는 방법 몇 가지만 잘 알고 있으면 투자 판단에 있어 큰 어려움은 없을 것입니다.

PART 3

엑셀을 통한 실전 기업분석

01.
사업 부문별
손익 분석

PART 3에서는 본격적으로 엑셀을 이용하여 기업의 매출과 손익 및 P, Q, C 추이를 분석하여 미래 실적을 전망해 보겠습니다. 개요에서 말씀드렸듯, 기업의 주가는 실적에 따라 형성되므로 우리가 미래 실적을 추정할 수 있다면 주가의 방향성도 예상할 수 있습니다.

PART 2에서 동화기업의 2016년 연간 사업보고서 하나만을 살펴보았지만, 지금부터는 분기 단위로 약 3개년 사업보고서의 ① 사업 부문별 손익, ② 가격, ③ 생산능력과 생산실적, ④ 비용을 엑셀로 정리할 것입니다. 적어도 3개년 추이는 살펴보아야 실적의 계절성이 있는지, 어떤 사업 부문이 꾸준히 좋은 이익률을 내고 있는지, 현재 제품 가격은 역사상 어느 수준인지, 가동률이 상승 추세에 있는지 등을 파악할 수 있기 때문입니다. 모든 미래 전망은 과거의 데이터를 취합하는 것에서 시작한다는 것을 잊지 마시고 천천히 따라오시길 바랍니다. 3개년 자료 정리가 익숙해지면 이후에는 4개년, 5개년으로 본인의 성향에 맞게 기간을 조정하시면 됩니다.

사업보고서의 순서에 맞춰 사업 부문별 손익부터 분석해 보겠습니다. 다시 DART로 돌아가서 동화기업의 사업보고서를 검색한 후, 분기보고서(2015.03)를 클릭합니다. 앞서 우리는 II. 사업의 내용 중, 1. 사업의 개요 부분에서 사업부문별 매출과 영업이익 및 각종 비용을 정리해 놓은 표를 확인하였습니다(p81 참고). 그 표가 우리가 처음으로 정리할 표입니다. 사업보고서에서 다음 그림과 같은 표를 찾았다면, 이제 개인 PC에서 엑셀도 함께 실행시킵니다.

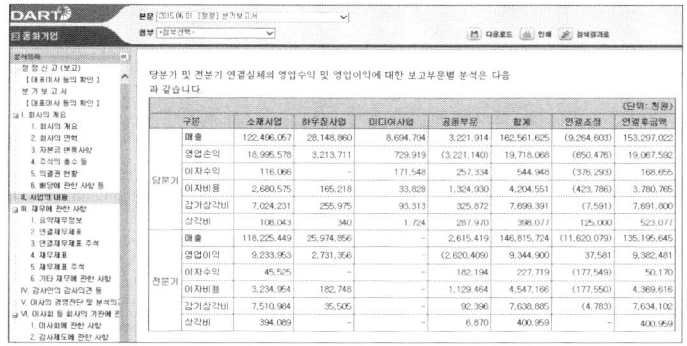

엑셀을 실행시키고 사업보고서의 데이터를 가져올 준비가 되었다면 본격적으로 데이터 수집을 시작해 보겠습니다.

① Web에서 Excel로

사업보고서에서 엑셀로 옮겨올 데이터를 처음부터 끝까지 마우스로 드래그합니다. 그리고 마우스 오른쪽 버튼을 누르고 '복사(C)'를 클릭합니다. 또는 마우스 드래그 이후 키보드 "Ctrl+C"를 누릅니다.

Part 3. 엑셀을 통한 실전 기업분석

그리고 엑셀 첫 화면의 가장 첫 셀(A1)에 '마우스 오른쪽 버튼 → 붙여넣기(원본 서식 유지)'를 클릭합니다. 또는 A1 셀을 클릭한 후 키보드 "Ctrl+V"를 누릅니다.

복사+붙여넣기가 완료되면 다음과 같은 모습이 됩니다.

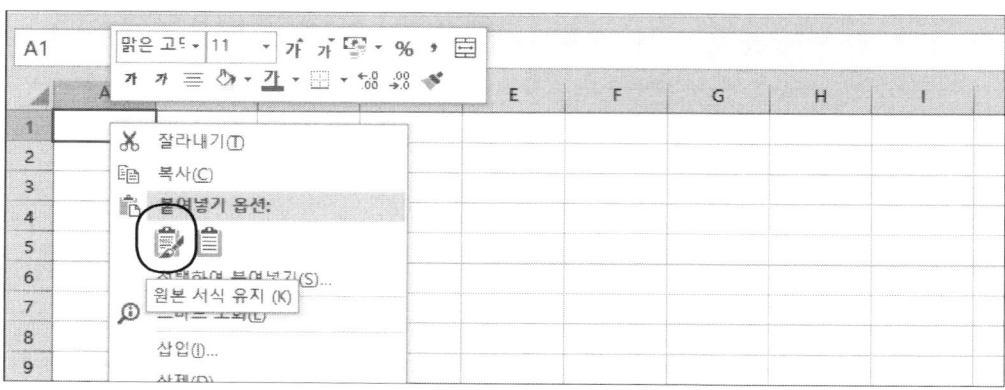

2015년 1분기 사업 부문별 손익 현황을 가져왔으면, 잠시 1분기 보고서는 닫아 두고 다시 DART로 돌아가 반기보고서(2015.06)을 클릭하여 같은 표를 찾습니다. 그리고 1분기 분기보고서에서 했던 것과 마찬가지로 표 드래그, 복사, 붙여넣기를 반복합니다.

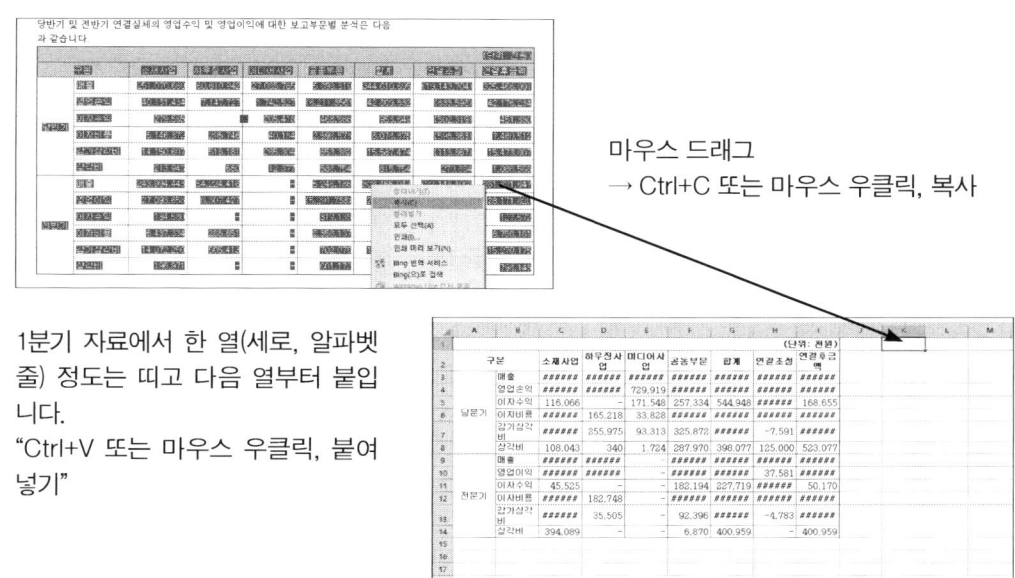

마우스 드래그
→ Ctrl+C 또는 마우스 우클릭, 복사

1분기 자료에서 한 열(세로, 알파벳 줄) 정도는 띄고 다음 열부터 붙입니다.
"Ctrl+V 또는 마우스 우클릭, 붙여넣기"

반기보고서 자료도 엑셀에 붙여 놓았으면, 다시 반기보고서는 닫아 두고 분기보고서(2015.09)를 열어 방금 했던 작업을 반복합니다. 그리고 가장 최근에 공시된 보고서까지 같은 방법으로 엑셀에 붙여넣기를 반복합니다. 책을 집필할 당시 동화기업의 가장 최근 사업보고서는 반기보고서(2017.06)였습니다. 모든 복사와 붙여넣기를 끝내면 아래와 같은 그림이 됩니다.

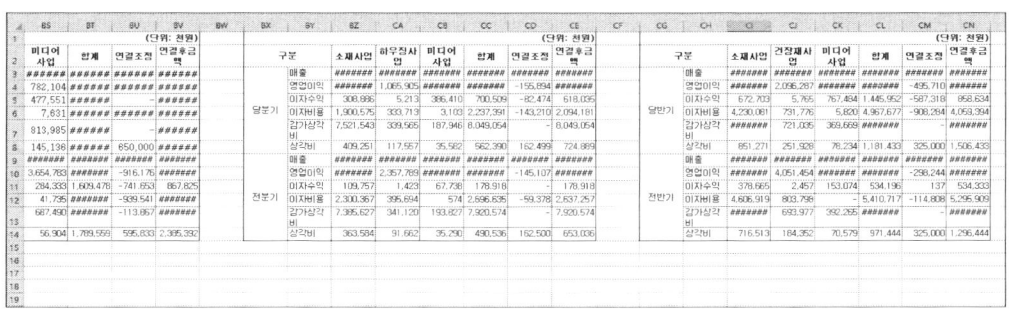

Part 3. 엑셀을 통한 실전 기업분석   103

사업보고서의 자료를 엑셀로 옮겨 오는 것은 이처럼 복사와 붙여넣기만 할 수 있으면 됩니다. 혹시 이 과정에서 실수가 있었다면, 키보드 "Ctrl+Z"나 엑셀 우측 상단에 ↶ 버튼을 누르면 실행취소가 되어 바로 이전단계로 복구됩니다. 이와 같은 방식으로 앞으로 필요한 모든 데이터를 엑셀로 불러올 예정이니 익숙해지는 것이 좋습니다.

② 데이터 정리

정리할 자료를 모두 모았으니 이제 자료를 정리해 보겠습니다. 현재 엑셀에 있는 자료는 원본 서식을 그대로 불러온 것으로 일부 셀들이 여러 개로 병합되어 있기도 하고, 셀의 높이도 제각각이며, 셀의 가로 길이가 짧아 숫자가 보이지 않는 경우도 있습니다. 개별 셀을 본인이 원하는 대로 바꾸기 위해서는 먼저 여러 개로 묶여 있는 셀들을 풀어주어야 합니다. 셀을 편집하기 위해 다음의 두 가지 기능을 숙지합니다.

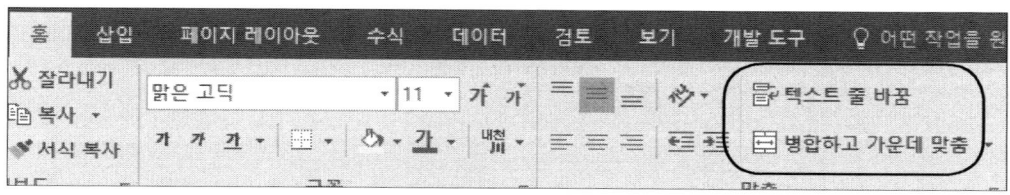

'텍스트 줄 바꿈'과 '병합하고 가운데 맞춤'의 기능은 다음 그림과 같으며 빈 셀에 직접 시도해 보는 것이 가장 빨리 이해하는 방법입니다. 엑셀 표 편집에 있어 자주 사용하는 유용한 기능이며, 사업보고서 외에 다양한 문서를 다룰 때 자주 접하게 될 기능이므로 잘 알고 있는 것이 좋습니다.

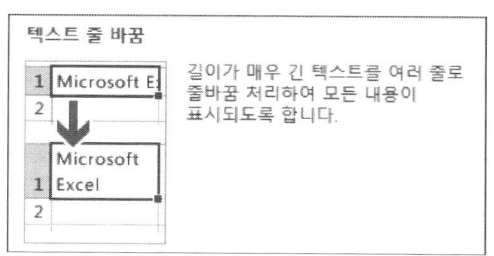 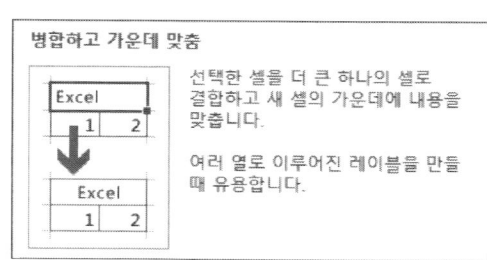

다시 본론으로 돌아와서, 작업하던 엑셀 시트를 정리하기 위해 데이터가 시작되는 1행부터 14행까지를 마우스로 드래그하여 전체 데이터를 선택합니다. 드래그만 하였는데도 메뉴바를 살펴보면 '텍스트 줄 바꿈'과 '병합하고 가운데 맞춤'이 선택된 것을 확인할 수 있습니다. 이는 현재 드래그한 셀 일부에 위의 두 기능이 적용되어 있다는 뜻입니다. 그 밖에도 상단 홈바에 몇 가지 기능이 회색으로 바뀌었는데, 이 기능들이 모두 현재 선택된 셀 중 일부에 적용되어 있다는 것을 의미합니다.

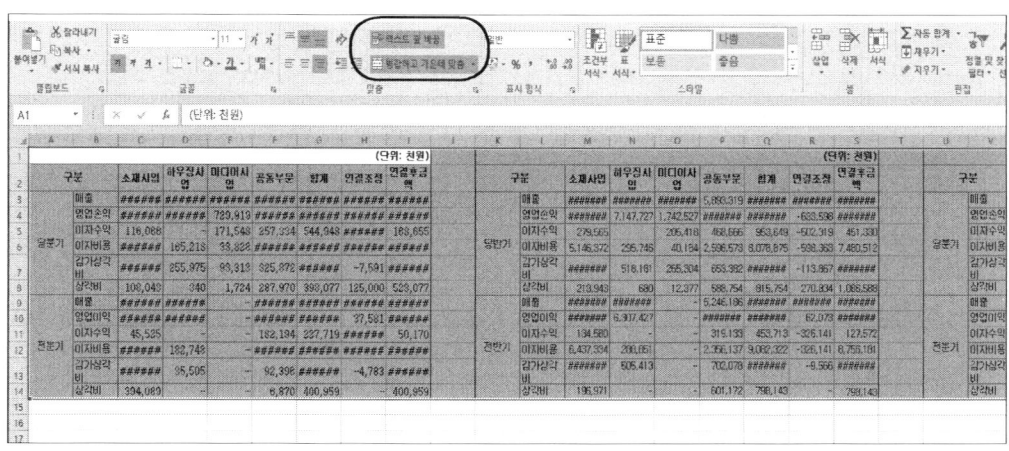

드래그한 상태에서 '텍스트 줄 바꿈'과 '병합하고 가운데 맞춤'을 클릭합니다. 그러면 선택된 영역에 적용된 두 기능이 모두 해제됩니다. 해제된 모습은 다음과 같습니다.

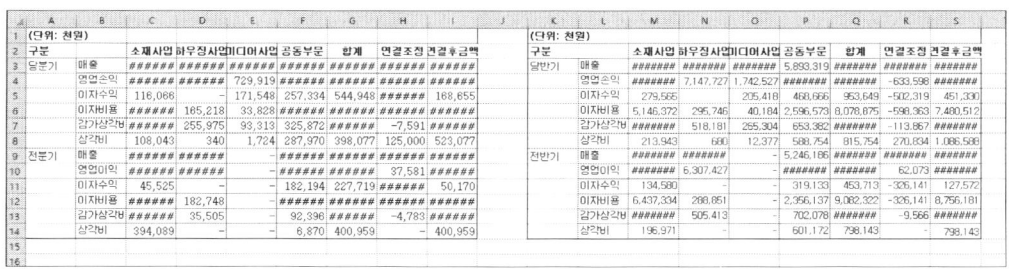

이제는 모든 셀이 자유롭게 움직일 수 있는 상태가 되었으니 각 사업 부문을 시기에 맞춰 정리해 보도록 하겠습니다.

※ **Tip**: 중간중간 작업 파일을 저장해 두는 것을 잊지 마세요! 저장 단축키는 키보드 "Ctrl+S"입니다.
 찰나의 실수나 PC의 문제로 작업 파일이 날아가면 지금까지의 노력이 도루묵 됩니다.

엑셀의 데이터를 보면 '당(분, 반)기'와 '전(분, 반)기'가 있습니다. 가장 좌측에 있는 자료가 2015년 1분기 자료이니, 그 아래 있는 '전분기' 자료는 2014년 1분기 자료가 되겠습니다. 마찬가지로 우측으로 넘기다 보면 2016년 1분기 자료 아래에는 2015년 1분기 자료가 오게 됩니다. 2015년 자료부터 취합하였기 때문에 '전(분, 반)기' 자료 중 일부가 중복되므로 삭제해도 무방합니다(2014년 자료를 살리고 싶다면, 이를 제외하고 중복되는 부분만 삭제하면 됩니다).

전(분, 반)기 자료를 모두 삭제하기 위해서 해당하는 영역을 마우스로 드래그 한 후(좌측 9번 열부터 14번 열까지 드래그하면 해당 영역이 모두 선택됩니다), 마우스 오른쪽 버튼을 클릭하여 '삭제'를 누릅니다. 또는 오른쪽 숫자 패드가 있는 키보드의 경우, 'Ctrl+마이너스(-)'를 눌러도 됩니다(메인 키보드의 Backspace 옆쪽에 있는 마이너스 버튼은 삭제 기능이 안 됩니다).

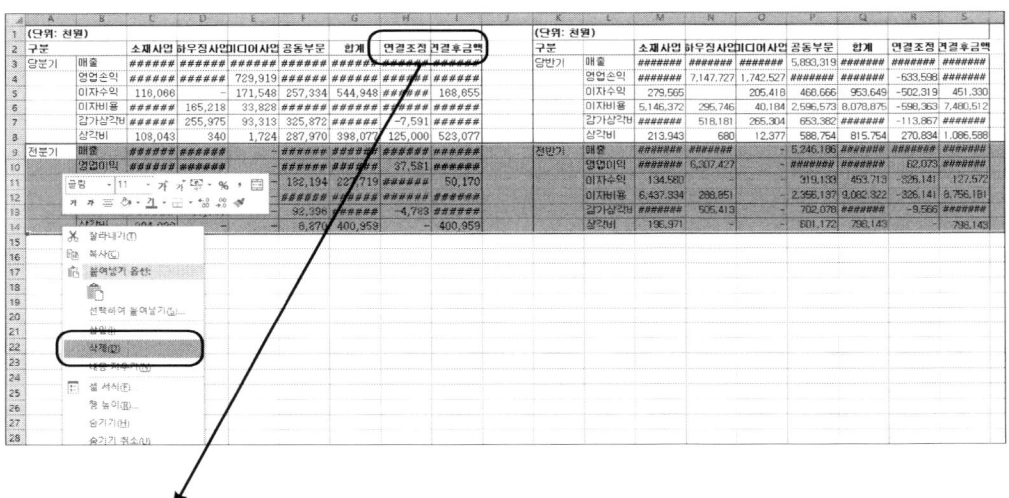

연결조정: 계열 회사 간에도 재화와 용역을 거래합니다. 이는 회사가 외부 영업을 통해 벌어들인 수입이 아니기 때문에 실적 결산과정에서 내부거래 금액을 제외합니다. 어떤 회사는 연결조정과 연결 후 금액이라 표시하기도 하고, 어떤 회사는 연결조정 이전 금액을 '총매출액', 연결 후 금액을 '순매출액'이라 표현하기도 합니다.

삭제를 완료한 모습은 다음의 그림과 같습니다.

(단위: 천원)								
구분		소재사업	하우징사업	미디어사업	공동부문	합계	연결조정	연결후금액
당분기	매출	######	######	######	######	######	######	######
	영업손익	######	######	729,919	######	######	######	######
	이자수익	116,066	-	171,548	257,334	544,948	######	168,655
	이자비용	######	165,218	33,828	######	######	######	######
	감가상각비	######	255,975	93,313	325,872	######	-7,591	######
	상각비	108,043	340	1,724	287,970	398,077	125,000	523,077

(단위: 천원)								
구분		소재사업	하우징사업	미디어사업	공동부문	합계	연결조정	연결후금액
당반기	매출	#######	#######	#######	5,893,319	#######	#######	#######
	영업손익	#######	7,147,727	1,742,527	#######	#######	-633,598	#######
	이자수익	279,565		205,418	468,666	953,649	-502,319	451,330
	이자비용	5,146,372	295,746	40,184	2,596,573	8,078,875	-598,363	7,480,512
	감가상각비	#######	518,181	265,304	653,382	#######	-113,867	#######
	상각비	213,943	680	12,377	588,754	815,754	270,834	1,086,588

현재 엑셀 자료는 '시기별', '누적 금액'이기 때문에 한눈에 사업부별 실적 추이를 파악하기 쉽지 않습니다. 따라서 시기별 데이터를 '사업부별'로 바꿔 주고, 누적 금액은 '개별 분기 실적'으로 바꿔 주는 작업이 필요합니다.

먼저 이를 위해 데이터를 '소재 사업'부터 '연결 후 금액'까지 총 7개 부문으로 새롭게 나누도록 하겠습니다. 기존에 있는 표의 '구분' 부분만 복사한 후, 세 행(가로 숫자 줄) 이상 띄고 아래로 총 6번 붙여넣기합니다. 데이터를 새롭게 정리하기 위한 표 양식 만들기 과정이라 이해하시면 됩니다. 6번 붙여넣기를 완료하면 복사의 원본이 되었던 표까지 총 7개의 표 양식이 만들어집니다. 나중에 매출액 성장률, 영업이익률 등을 입력해야 하므로 미리 최소 3행 이상은 띄어 주는 것이 편리합니다. 다음 장의 그림을 참고해주세요.

7개의 표 양식을 모두 만들었다면, 이제 사업부별 자료를 옮겨 오면 됩니다. 옮겨 오는 방법은 해당 영역을 마우스로 드래그한 후, ① 그대로 이동하려는 위치로 끌고 오거나, ② 마우스 우클릭 후 '잘라내기(Ctrl+X)'를 선택한 후, 이동하려는 위치에 '붙여넣기(Ctrl+V)'해도 됩니다.

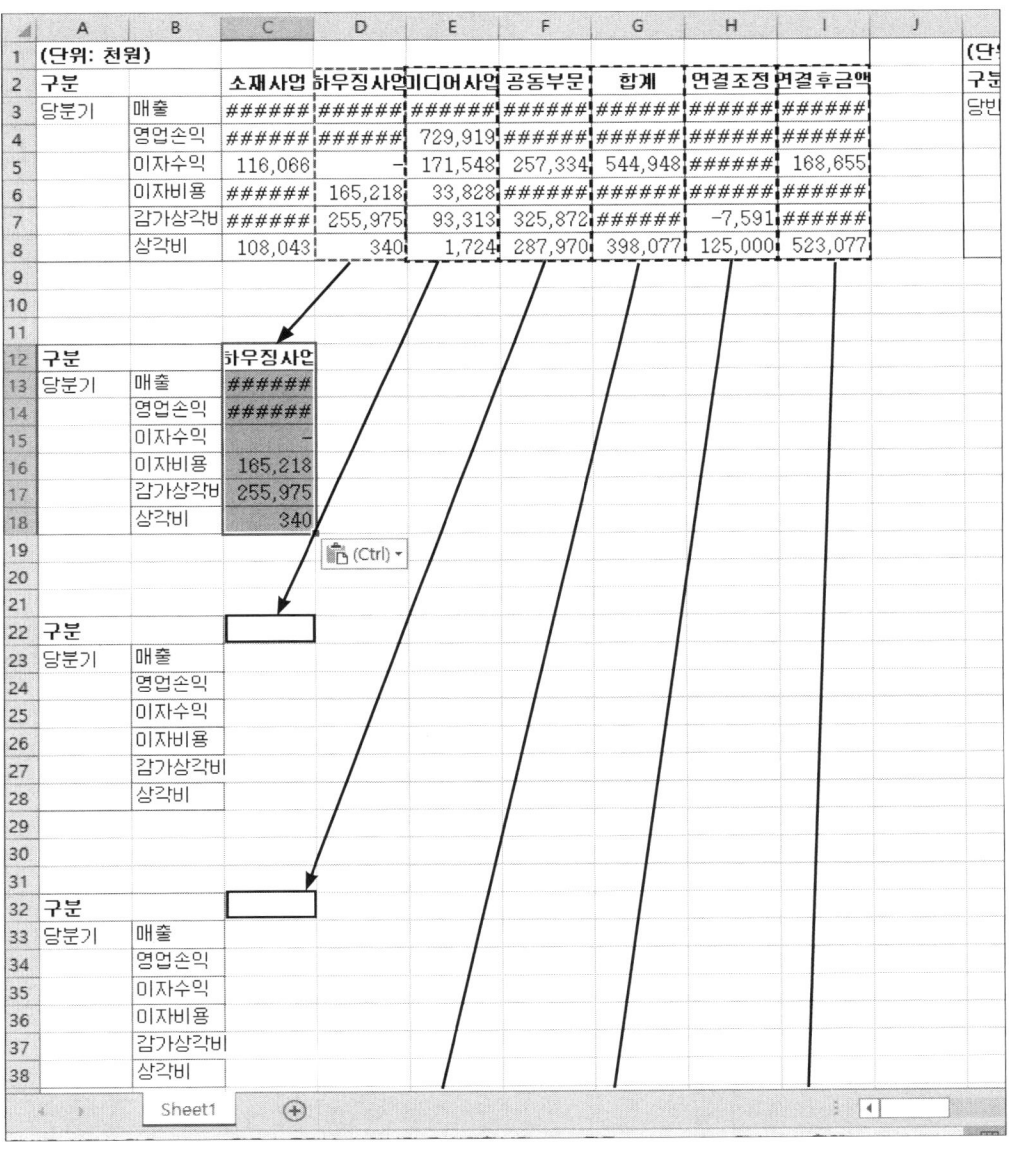

사업부별 자료를 새롭게 만든 표양식으로 옮겨 오는 것을 완료하면 아래 그림처럼 됩니다. 본격적으로 사업 부문별로 실적을 분석할 기본 틀이 완성되었다고 보면 됩니다.

	A	B	C	D	E
1	(단위: 천원)				
2	구분	1	소재사업		
3	당분기	매출	######		
4		영업손익	######		
5		이자수익	116,066		
6		이자비용	######		
7		감가상각비	######		
8		상각비	108,043		
9					
10					
11					
12	구분	2	하우징사업		
13	당분기	매출	######		
14		영업손익	######		
15		이자수익	-		
16		이자비용	165,218		
17		감가상각비	255,975		
18		상각비	340		
19					
20					
21					
22	구분	3	미디어사업		
23	당분기	매출	######		
24		영업손익	729,919		
25		이자수익	171,548		
26		이자비용	33,828		
27		감가상각비	93,313		
28		상각비	1,724		
29					
30					
31					
32	구분	4	공동부문		
33	당분기	매출	######		
34		영업손익	######		

	A	B	C	D	E
35		이자수익	257,334		
36		이자비용	######		
37		감가상각비	325,872		
38		상각비	287,970		
39					
40					
41					
42	구분	5	합계		
43	당분기	매출	######		
44		영업손익	######		
45		이자수익	544,948		
46		이자비용	######		
47		감가상각비	######		
48		상각비	398,077		
49					
50					
51					
52	구분	6	연결조정		
53	당분기	매출	######		
54		영업손익	######		
55		이자수익	######		
56		이자비용	######		
57		감가상각비	-7,591		
58		상각비	125,000		
59					
60					
61					
62	구분	7	연결후금액		
63	당분기	매출	######		
64		영업손익	######		
65		이자수익	168,655		
66		이자비용	######		
67		감가상각비	######		
68		상각비	523,077		

이제는 기본 틀을 만들면서 익혔던 특정 영역 이동시키기를 여러 번 반복할 차례입니다. 현재 2015.03 분기보고서 자료만 사업 부문별로 나뉘어 있는데, 이곳에 2015.06 반기보고서부터 나머지 보고서의 데이터를 옮겨 오면 됩니다.

그런데, 나머지 데이터를 옮기다 보면 기본 틀과 옮겨올 데이터의 거리가 너무 멀어 번거롭게 느껴지는 순간이 생깁니다. 이때 필요한 것은 먼 거리를 좁혀 주는 작업입니다. 먼 거리를 좁혀 주기 위해서는 빈 셀을 없애 버리면 됩니다. 나머지 데이터를 옮겨 오는 작업과 작업의 편리함을 위해 빈 셀을 없애 주는 방법은 다음의 그림과 함께 설명해 드리겠습니다.

▶ 2015.06 반기보고서부터 사업부별로 데이터 옮겨 오기

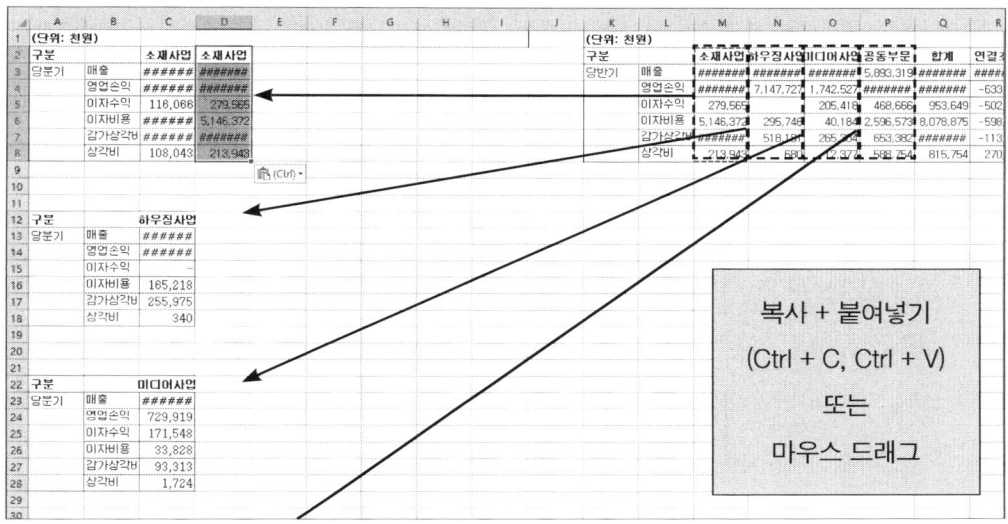

▶ 빈 셀 없애기

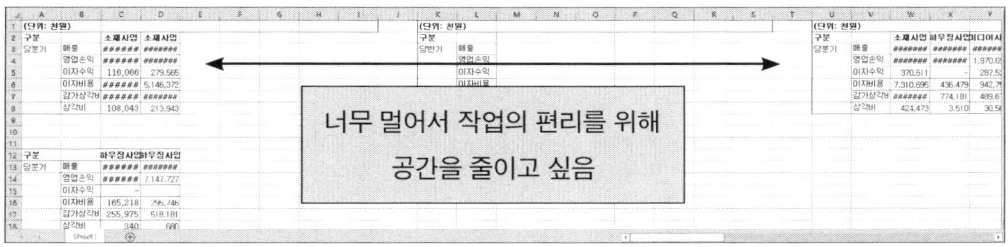

없애고 싶은 만큼 마우스로 드래그(알파벳 열을 드래그하면 그 열에 해당하는 모든 행까지 한 번에 선택됨) → 마우스 우클릭, 삭제 / 또는 드래그 후 Ctrl + 마이너스

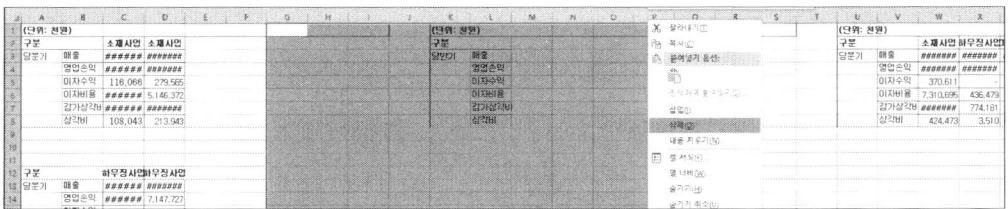

※ **필요 없는 셀 지우기**

데이터를 정리하는 중, 아래 그림처럼 필요 없는 부분만 지우고 싶을 때가 있습니다. 불필요한 부분만 골라서 없애는 방법은 간단합니다. 먼저, 불필요한 부분을 선택한 후, 키보드에서 'Delete' 버튼을 누릅니다. 그러면 선택된 영역 안에 입력된 모든 숫자, 글자들이 없어집니다. 그 후 셀에 그어져 있는 선도 모두 없애고 싶다면 상단 메뉴바에서 [홈] → [테두리] → [테두리 없앰]을 누르면 됩니다.

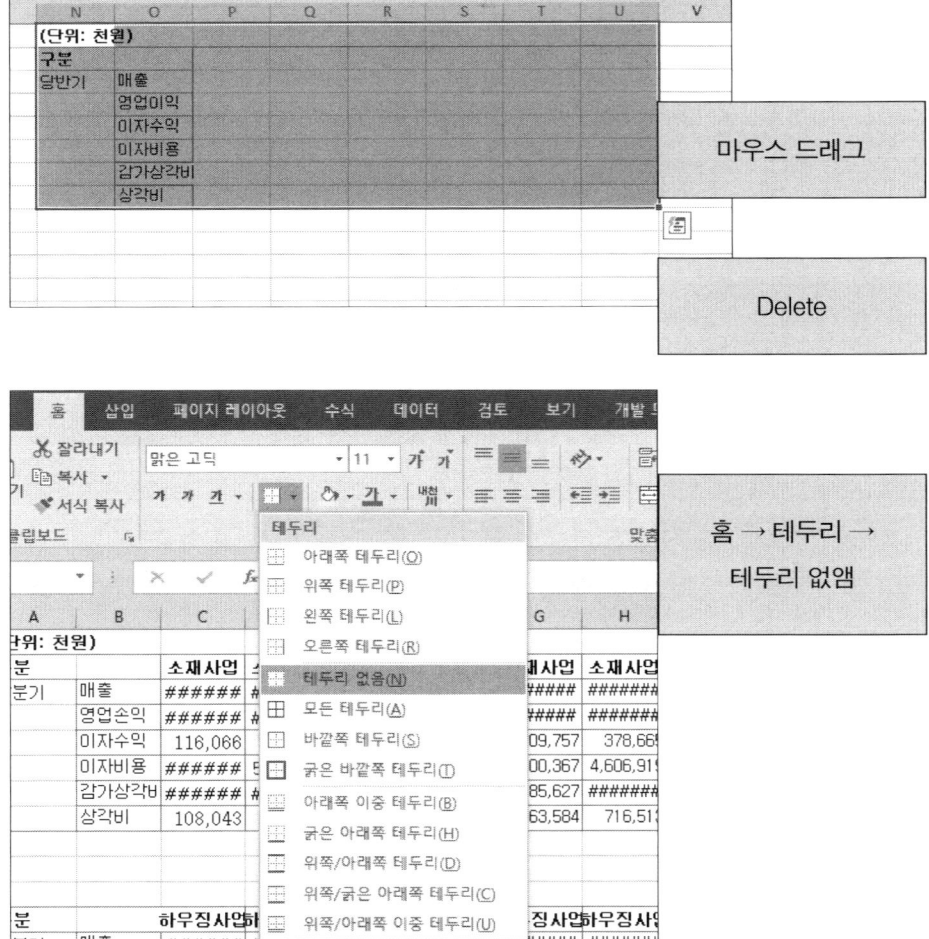

다시 본론으로 돌아와서, 작업의 편리성을 위해 빈 셀을 없애면서 모든 데이터를 옮기고 나면 다음 그림처럼 사업 부문별로 정리됩니다.

> 공동부문은 2015.09 분기보고서 이후로는 공시하고 있지 않으므로 데이터가 3개 분기 것밖에 없습니다. 모든 회사가 이처럼 수시로 공시 기준을 바꿀 수 있습니다.

위의 데이터는 분명 '1분기 → 2분기 → 3분기 → 4분기 → 1분기' 순서임에도 시기가 쓰여 있지 않아 다소 헷갈립니다. 보기 편하게 시기를 써주는 작업이 필요합니다.

먼저, 첫 번째 표에서 '당분기'라 쓰여 있는 부분을 '소재 사업'으로 바꾼 후(표의 제목이라 생각하면 됩니다. 제목은 본인이 보기 편리한 곳 아무 데나 입력해도 무방합니다), '소재 사업'이라고 쓰여 있는 첫 번째 칸에 1Q15를 입력합니다('15.1Q'나 '15년 1분기' 등 다른 표시 방법도 있지만, 1Q15 방식이 여러 행에 한 번에 입력할 때 편리합니다). 그리고 1Q15라고 입력한 셀의 우측 하단 초록색 네모 박스를 잡고 표의 마지막 행까지 드래그합니다. 그러면 1Q15부터 2Q17까지 한 번에 입력됩니다(마지막 보고서가 2Q17이 아니라면, 마지막 분기에 해당하는 시기까지 입력될 것입니다). 같은 방식으로 나머지 표에도 시기를 입력합니다.

완료된 모습은 다음 그림과 같습니다.

	A	B	C	D	E	F	G	H	I	J	K	L	M
1	(단위: 천원)												
2	구분		1Q15	2Q15	3Q15	4Q15	1Q16	2Q16	3Q16	4Q16	1Q17	2Q17	
3	소재사업	매출	######	#######	#######	#######	#######	#######	#######	######	#######	#######	
4		영업손익	######	#######	#######	#######	#######	#######	#######	######	#######	#######	
5		이자수익	116,066	279,565	370,611	1,112,809	109,757	378,665	549,822	748,462	308,886	672,703	
6		이자비용	######	5,146,372	7,310,695	#######	2,300,367	4,606,919	6,752,832	######	1,900,575	4,230,081	
7		감가상각비	######	#######	#######	#######	7,385,627	#######	#######	######	7,521,543	#######	
8		상각비	108,043	213,943	424,473	1,400,234	363,584	716,513	1,079,947	######	409,251	851,271	
9													
10													
11													
12	구분		1Q15	2Q15	3Q15	4Q15	1Q16	2Q16	3Q16	4Q16	1Q17	2Q17	
13	하우징사업	매출	######	#######	#######	#######	#######	#######	#######	######	#######	#######	
14		영업손익	######	7,147,727	#######	8,263,638	2,357,789	4,051,454	4,880,353	######	1,065,905	2,096,287	
15		이자수익	-			212,336	1,423	2,457	4,577	15,274	5,213	5,765	
16		이자비용	165,218	295,746	436,479	1,803,561	395,694	803,798	1,182,996	######	333,713	731,776	
17		감가상각비	255,975	518,181	774,181	1,417,043	341,120	693,977	1,044,706	######	339,565	721,035	
18		상각비	340	680	3,510	332,421	91,662	184,352	271,657	357,119	117,557	251,928	
19													
20													
21													
22	구분		1Q15	2Q15	3Q15	4Q15	1Q16	2Q16	3Q16	4Q16	1Q17	2Q17	
23	미디어사업	매출	######	#######	#######	#######	#######	#######	#######	######	#######	#######	
24		영업손익	729,919	1,742,527	1,970,690	3,654,783	#######	#######	#######	782,104	#######	#######	
25		이자수익	171,548	205,418	287,522	284,333	67,738	153,074	241,629	477,551	386,410	767,484	

이렇게 사업 부문별로 데이터 재배열을 완료하였으면 데이터 정리의 중요한 마지막 단계가 남았습니다. 모든 사업보고서의 수치는 '누적' 기준으로 표기되어 있으므로, 이를 분기 단위로 나눠 주는 작업이 필요합니다. 누적 단위로 보면, 실적을 비교하고 분석하거나 계절적 특성이 있는지 등을 파악하기 어렵기 때문입니다.

분기 단위로 나눠 주는 방법은 이번 분기 누적 실적에서 전 분기 누적 실적을 빼면 됩니다. 예를 들어, 2015년 3분기 분기보고서의 경우 당해 1월~9월까지의 자료가 취합되어 있고, 2015년 2분기 반기보고서의 경우 1월부터 6월까지의 누적 자료입니다. 따라서 2015년 3분기의 분기 매출액을 알기 위해서는 3분기 분기보고서에 명시된 매출액에서 반기보고서에 명시된 매출액을 빼면 됩니다. 그러면 7~9월까지의 자료만 나옵니다. 엑셀의 편리함은 이러한 계산을 여러 셀에 걸쳐 한 번에 동일하게 적용할 수 있다는 점입니다. 다만, 처음 식을 잘못 쓰면 모든 셀의 계산이 잘못될 수 있으니 첫 단추를 잘 끼워야 합니다.

그러나 계산하기에 앞서 잠시 엑셀 데이터를 살펴보면, 중간중간 "-" 표시가 보입니다. 이는 그 시기에 해당하는 데이터가 없다는 것을 의미합니다. 가령, 1Q15 하우징사업의 이자수익 내역이 "-"로 표시되어 있는데, 당시 하우징사업부에 이자수익이 없었다는 것을 뜻합니다. 이처럼 숫자가 아닌 다른 문자나 기호가 있으면 수식을 입력했을 때, 이런 #VALUE! 오류가 나타납니다. 나중에 모든 계산을 끝낸 후에도 오류를 없앨 순 있지만, 본격적으로 계산하기에 앞서 미리 오류가 나올 수 있는 항목들을 바꿔 주는 것도 유용합니다.

앞서 사업보고서 주석을 살펴볼 때 검색 기능인 'Ctrl+F'를 사용한 적이 있습니다. 엑셀에서도 이 기능을 똑같이 활용할 수 있습니다. 엑셀에서 'Ctrl+F'를 누르면 다음 그림과 같은 창이 나타납니다.

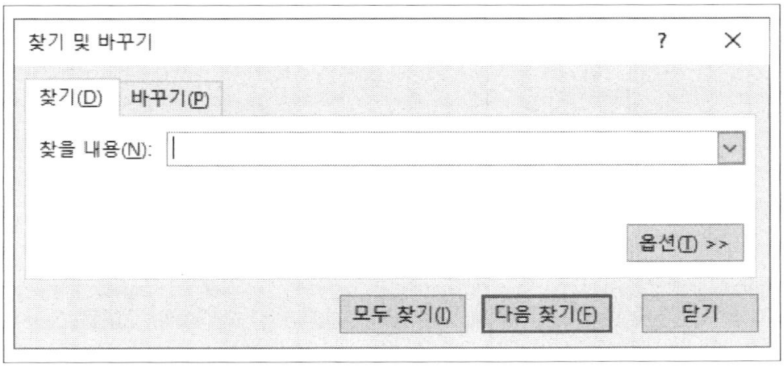

'찾기' 란에 찾을 내용을 입력하고 검색하면, 현재 Sheet에 있는 모든 내용이 '검색'만 됩니다. '바꾸기'에서는 찾을 내용을 바꾸고 싶은 내용으로 전부 바꿀 수 있습니다.

우리는 "-"부호를 모두 0으로 바꾸어 줄 것입니다. 공란으로 만들어도 계산하면 0으로 처리되지만, 그렇게 되면 어떤 란은 공란이고 어떤 란은 0으로 나와 통일성이 다소 떨어지게 됩니다. 키보드에서 'Ctrl+F'를 누르고 바꾸기를 클릭합니다. 그리고 첫 번째 찾을 내용에는 "-", 두 번째 바꿀 내용에는 "0"을 입력한 후, '모두 바꾸기'를 클릭합니다. 그러면 현재 Sheet에 있는 모든 마이너스 부호들이 0으로 바뀌게 됩니다.

이 찾기와 바꾸기 기능은 앞으로 엑셀을 다룰 때 여러모로 굉장히 유용하므로 잘 숙지해 두시길 바랍니다.

오류가 날 수 있는 문자도 모두 바꾸어 주었으니 이제 분기 값을 산출해보겠습니다. 먼저, 엑셀 창을 최대한 크게 열어 두고 A1 셀부터 데이터의 가장 마지막 셀인 L68 셀까지 마우스로 드래그하여 영역을 선택합니다. 그리고 그 영역 모두 복사한 후, N1 셀 혹은 같은 행 아무 열에 붙여넣습니다. 복사한 데이터를 계산하여 결과 값은 원본 데이터에 입력시킬 것입니다. 복사를 완료하면 다음와 같은 모습이 됩니다.

1분기 자료는 누적 수치일 수가 없어 어차피 분기 수치이니, 2분기 자료부터 수정하면 됩니다. 첫 번째 표 D3 셀에 복사한 셀의 2Q15 매출에서 1Q15 매출을 빼는 식을 입력하겠습니다. D3 셀에 이미 숫자가 입력되어 있지만 이를 무시하고 바로 수식 "=Q3-P3"을 입력합니다. 키보드로 직접 입력해도 되고, = 을 쓴 후 Q3을 마우스로 선택하고 다시 -를 쓴 후 P3을 클릭해도 됩니다. 그리고 엔터를 치면 D3 셀에 결과 값이 입력됩니다.

Part 3. 엑셀을 통한 실전 기업분석 117

결과 값이 나왔다면, 다시 D3 셀을 클릭하여 작은 네모 박스를 잡고 D8까지 드래그 합니다. 그러면 2015년 2분기 '소재 사업'의 모든 항목에 수식이 적용되어 분기 수치가 입력됩니다. 2분기 수치가 바뀌었다면, 이제는 D3부터 D8까지 영역을 선택하고 이를 F 열까지 드래그해줍니다. 이제는 2015년 소재 사업의 모든 데이터가 분기 값으로 계산됩니다.

이와 같은 방식으로 2016년, 2017년 및 다른 사업부의 분기 값을 계산해주면 됩니다. 하지만 조금 더 빠르고 편리하게 정리를 마무리 짓기 위해 엑셀의 복사 기능을 이용할 수 있습니다. 엑셀에서 셀을 복사하게 되면, 셀에 적용된 모든 수식과 기능이 함께 복사됩니다.

다음의 첫 번째 그림처럼 한 열만 복사하여 붙여넣기를 해도 되고, 2015년 2분기~4분기 세 열을 모두 복사하여 한 번에 붙여넣기를 해도 됩니다. 자료가 많아질수록 두 번째 방법이 편리합니다.

모든 사업부의 분기 값 산출이 완료되면 데이터 정리가 끝났다고 할 수 있습니다. '#'으로 보이는 부분은 셀에 입력된 숫자의 길이 대비 셀의 크기가 작기 때문입니다. 이때는 알파벳 열 또는 숫자 행을 마우스로 조절해서 원하는 크기로 바꾸면 됩니다.

현재 엑셀 Sheet1에는 분기별 사업 부문 실적과 누적 사업 부문 실적이 나란히 정리되어 있습니다. 두 표가 수식으로 묶여 있기 때문에 누적 사업 부문의 값을 바꾸면 분기 값도 바뀌게 됩니다. 또한 분기 값이 산출되었다고 옆에 누적 값을 지워 버려도 안 됩니다.

이렇게 한 번 자료를 정리해 놓으면 다음 분기 실적이 나왔을 때, 그 부분만 누적 자료 옆에 붙여 두고 지금까지 배운 방식으로 분기 실적을 업데이트하면 됩니다. 분기 실적을 넣기 위해서는 누적 자료와 분기 자료 사이에 빈칸이 더 필요하게 되는데, 앞서 빈 곳을 없애는 법을 배웠던 것처럼 빈 곳을 추가하는 방법도 알아두면 좋습니다. 아래 그림처럼 추가하고 싶은 공간의 열을 선택한 후(알파벳을 눌러야 그 열에 해당하는 모든 행이 선택됩니다), 오른쪽 버튼을 눌러서 '삽입'을 클릭합니다. 그러면 해당 열의 크기만큼 빈 열이 새로 생깁니다. 또는 열을 클릭한 후 키보드 Ctrl + 더하기(+)를 눌러도 됩니다.

③ 데이터 분석

데이터 정리가 끝났으니 데이터를 분석할 차례입니다. 일반적으로 주식 투자를 위한 데이터 분석의 가장 기본은 매출액 성장률과 사업의 수익성을 파악하는 것입니다. 가장 좋은 기업은 두 마리 토끼를 모두 잡은 기업입니다. 만약 회사의 매출은 증가하는데 이익이 나지 않는다면, 이는 돈이 안 되는 사업에 헛수고를 들이는 것일 수 있습니다. 혹은 매출은 감소하는데 이익은 유지되거나 오히려 증가한다면 이는 내부적으로 허리띠를 졸라매고 있다는 것을 의미하기도 합니다(물론, 화학회사처럼 이익에 초점을 맞추어야 하는 경우도 있습니다). 사업 확장을 위해 잠시 비용 부담이 올라가는 시기가 있을 수도 있고, 일회적인 어떤 이슈나 이벤트가 있을 수 있으므로 좀 더 정확하게 회사를 파악하기 위해서는 3년 이상의 사업실적을 분석하는 것이 좋습니다.

매출액 성장률은 이번 분기와 전년의 같은 분기를 비교할 수 있고(YoY), 이번 분기와 바로 이전 분기를 비교할 수도 있습니다(QoQ). YoY 성장률에 따라 주가가 움직이는 경향이 조금 더 강하나, 개별 회사마다 나름의 주가와 실적이 움직이는 특징은 있습니다. 이는 회사를 분석하고 직접 투자하여 꾸준히 주가 흐름을 지켜보고, 시장의 의견에 귀 기울이다 보면 자연스럽게 체득할 수 있습니다. 현재 혹은 기준 시점의 실적을 A라 하고, 비교 시점 혹은 과거의 실적을 B라 했을 때, 매출액 성장률의 계산식은 다음과 같습니다.

$$\{(A-B)/B\} \times 100$$
$$또는$$
$$\{(A/B-1)\} \times 100$$

수익성 지표는 크게 영업이익률과 순이익률이 있습니다. 영업이익(Operating Profit)은 회사가 영업활동을 통해 남긴 이익을 의미하며 매출액에서 매출원가와 각종 판매/관리비를 제외해 주면 됩니다. 영업이익률(Operating Profit Margin, OPM)은 매출액 대비 영업이익의 비율입니다.

순이익(Net Profit)은 영업이익에서 법인세, 각종 금융비용 및 수익, 환율효과 등 영업 외적인 요인을 가감한 금액으로 회사가 모든 비용을 다 제외하고 남긴 순마진입니다. 순이익률(Net Profit Margin, NPM)은 매출액 대비 순이익의 비율입니다. 회사의 이익 가치를 산출할 때는 순이익을 기준으로 합니다. 이후에 Valuation 파트에서 순이익으로 회사의 가치를 평가하는 지표에 대해 공부할 예정입니다.

$$OPM: 영업이익/매출액 \times 100 \qquad NPM: 순이익/매출액 \times 100$$

회사의 이익 가치는 순이익을 기반으로 평가받지만, 사실 순이익에는 영업 외적인 요인들이 많이 반영되기 때문에 일회적으로 변동되는 경우도 상당히 많습니다. 따라서 일단 회사를 분석할 때는 영업이익 추이를 잘 파악하는 것이 중요하고, 주가 역시 영업이익에 민감하게 반응하는 편입니다.

동화기업은 상장사 중에서도 사업보고서에 매우 많은 정보를 주는 회사입니다. 어떤 회사는 사업 부문별 실적에 영업이익을 기재하지 않는 경우도 있고, 매출총이익이나 순이익으로 대체하는 경우도 있습니다.

매출액 성장률과 영업이익을 사업부문별로 나눠서 파악하고 있어야 어떤 사업이 돈이 되고, 어떤 사업이 돈이 안 되는지를 알 수 있습니다. 만약 회사가 돈이 안 되는 사업을 더 이상 하지 않겠다고 공시하면, 시장은 이를 긍정적으로 받아들여 주가가 상승하는 요인이 되기도 합니다. 또는 시장에 이 회사의 A 사업이 유망하다고 알려져 있고, 애널리스트나 증권사 직원도 A 사업이 잘 되고 있어 회사의 실적이 긍정적이라 말하는데, 막상 사업 부문별로 나누어 보니 A 사업이 전체 이익에 기여하는 부분이 굉장히 미미할 수 있습니다. 그러면 잠시 이슈가 되어 시장의 관심을 받을 순 있겠지만, 금세 A 사업의 정체가 들통나 주가는 원래 수준으로 회귀하곤 합니다. 시장에 무수히 많은 정보가 있지만 그 안에서 본인 나름대로 정보를 가려서 듣기 위해서는 사업 부문별로 성장률과 수익성을 파악해야 합니다.

1) 매출액 성장률과 영업이익률 구하기
앞서 정리해 놓은 동화기업의 사업 부문별 실적에서 매출액 성장률과 영업이익률을 계산해 보겠습니다. 책에서는 YoY 매출액 성장률과 영업이익률만 산출할 예정이지만, 만약 본인이 다른 데이터도 분석하고 싶다면 열을 추가해서 원하는 데이터 값을 계산하여 입력하면 됩니다.

먼저 상각비(B8 셀) 아래에 '매출액YoY'와 '영업이익률'을 차례로 입력합니다. 데이터의 타이틀을 입력하는 것으로 이는 본인의 취향대로 바꾸셔도 됩니다. YoY 기준 매출액 성장률의 경우 2016년 자료부터 산출할 수 있습니다. 2015년 자료의 경우 2014년 자료가 없기 때문에 산출이 불가능합니다. 2015년 성장률도 알고 싶다면 2014년 1~4분기 데이터를 현재 자료에 추가하면 됩니다.

1Q16 매출액 성장률을 구하기 위해 G9 셀에 "=(G3-C3)/C3×100" 또는 "=(G3/C3-1)×100"을 입력합니다. 키보드로 직접 입력할 수도 있고, 해당하는 셀을 마우스로 클릭해도 됩니다.

	A	B	C	D	E	F	G	H	I	J	K	L
1	(단위: 천원)											
2	구분		1Q15	2Q15	3Q15	4Q15	1Q16	2Q16	3Q16	4Q16	1Q17	2Q17
3	소재사업	매출	######	128,574,612	#######	#######	#######	#######	#######	#######	#######	#######
4		영업손익	######	21,135,856	#######	6,705,941	#######	#######	#######	#######	#######	#######
5		이자수익	116,066	163,499	91,046	742,198	109,757	268,908	171,157	198,640	308,886	363,817
6		이자비용	2,680,575	2,465,797	2,164,323	5,056,702	2,300,367	2,306,552	2,145,913	2,103,388	1,900,575	2,329,506
7		감가상각비	7,024,231	7,126,376	7,376,496	8,012,459	7,385,627	7,386,912	7,463,412	7,751,372	7,521,543	8,170,014
8		상각비	108,043	105,900	210,530	975,761	363,584	352,929	363,434	369,862	409,251	442,020
9		매출액YoY					=(G3-C3)/C3*100					
10		영업이익률										

입력을 마치고 엔터를 누르면 결과 값이 나옵니다. 1Q16의 전년동기대비 매출액 성장률은 4.988277입니다. 그런데 이 수치는 소수점 뒷자리가 너무 길어 보기 불편합니다. 소수 둘째 자리까지만 표시되게 바꾸겠습니다.

	1Q15	2Q15	3Q15	4Q15	1Q16	2Q
매출	######	128,574,612	#######	#######	#######	###
영업손익	######	21,135,856	#######	6,705,941	#######	###
이자수익	116,066	163,499	91,046	742,198	109,757	26
이자비용	2,680,575	2,465,797	2,164,323	5,056,702	2,300,367	2,30
감가상각비	7,024,231	7,126,376	7,376,496	8,012,459	7,385,627	7,38
상각비	108,043	105,900	210,530	975,761	363,584	35
매출액YoY					4.988277	
영업이익률						

소수점 자릿수를 바꾸는 방법은 두 가지가 있습니다. 먼저 상단 메뉴바에서 [홈]을 누르고 [표시 형식]을 찾습니다. 그러면 아래 그림과 같이 소수점 자리를 조절하는 단축키가 보입니다. 앞의 단축키는 소수점 자리를 늘려 주고, 뒤의 단축키는 소수점 자리를 줄여 줍니다. 한 번 클릭에 한 자리씩 이동합니다.

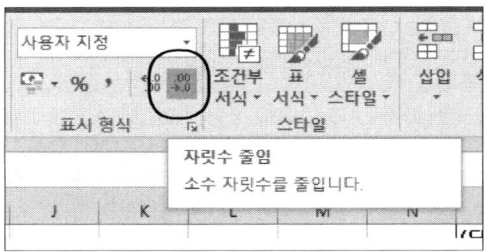 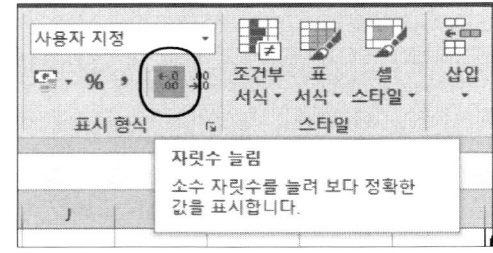

또는 편집하고 싶은 셀에 마우스 커서를 갖다 놓은 후 오른쪽 버튼을 누르고 하단의 '셀 서식'을 클릭합니다. 그리고 [표시 형식] → [숫자]로 들어가 소수 자릿수를 2, '1,000 단위 구분 기호 사용' 체크, 가장 아래 빨간 글씨를 선택한 후 확인을 누릅니다. 책에서는 가장 보편적인 형식으로 지정하였으나, 표시 양식은 본인이 원하는 대로 선택하여도 됩니다.

 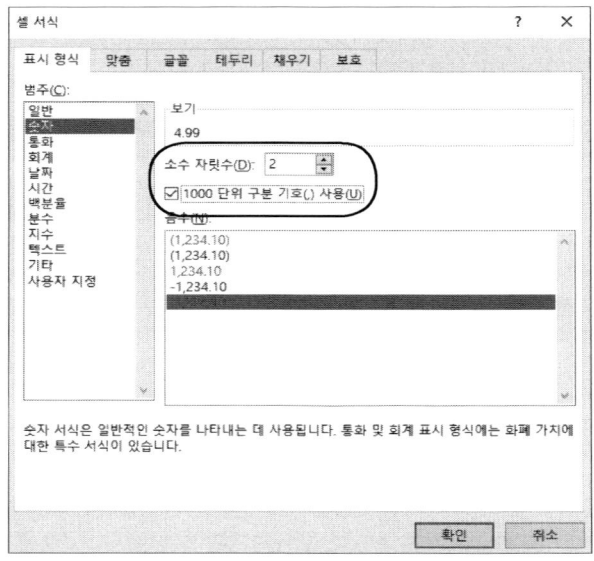

표시 형식을 바꾸면 4.98827701이 4.99로 바뀝니다. 이 상태에서 G9셀을 클릭한 후 우측 꼭지점 초록색 작은 네모 박스를 잡고 L9까지 쭉 드래그합니다. 그러면 다음 그림과 같이 2Q17까지 매출액 성장률이 자동으로 입력됩니다.

구분		1Q15	2Q15	3Q15	4Q15	1Q16	2Q16	3Q16	4Q16	1Q17	2Q17
소재사업	매출	######	128,574,612	#######	#######	#######	#######	#######	#######	#######	#######
	영업손익	######	21,135,856	#######	6,705,941	#######	#######	#######	#######	#######	#######
	이자수익	116,066	163,499	91,046	742,198	109,757	268,908	171,157	198,640	308,886	363,817
	이자비용	2,680,575	2,465,797	2,164,323	5,056,702	2,300,367	2,306,552	2,145,913	2,103,388	1,900,575	2,329,506
	감가상각비	7,024,231	7,126,376	7,376,496	8,012,459	7,385,627	7,386,912	7,463,412	7,751,372	7,521,543	8,170,014
	상각비	108,043	105,900	210,530	975,761	363,584	352,929	363,434	369,862	409,251	442,020
	매출액YoY					4.99	3.41	0.11	-2.34	4.26	15.23
	영업이익률										

영업이익률의 경우 1Q15부터 바로 구할 수 있습니다. 1Q15 영업이익률에 해당하는 C10 셀에 수식 "=C4/C3×100"을 입력하고 엔터를 누릅니다. 그러면 15.507093이라는 다소 긴 수치가 나오는데, 좀 전에 소수점을 줄였던 방법으로 이 수치 역시 소수점 둘째자리까지 표시되도록 바꿉니다. 그리고 2Q17에 해당하는 L10 셀까지 드래그 합니다. 완료한 모습은 아래 그림과 같습니다.

구분		1Q15	2Q15	3Q15	4Q15	1Q16	2Q16	3Q16	4Q16	1Q17	2Q17
소재사업	매출	######	128,574,612	#######	#######	#######	#######	#######	#######	#######	#######
	영업손익	######	21,135,856	#######	6,705,941	#######	#######	#######	#######	#######	#######
	이자수익	116,066	163,499	91,046	742,198	109,757	268,908	171,157	198,640	308,886	363,817
	이자비용	2,680,575	2,465,797	2,164,323	5,056,702	2,300,367	2,306,552	2,145,913	2,103,388	1,900,575	2,329,506
	감가상각비	7,024,231	7,126,376	7,376,496	8,012,459	7,385,627	7,386,912	7,463,412	7,751,372	7,521,543	8,170,014
	상각비	108,043	105,900	210,530	975,761	363,584	352,929	363,434	369,862	409,251	442,020
	매출액YoY					4.99	3.41	0.11	-2.34	4.26	15.23
	영업이익률	15.51	16.44	15.58	4.73	15.07	17.52	15.25	11.52	15.26	16.62

※ Tip: 단위 변환하기

현재 동화기업 데이터의 단위는 '천 원'입니다. 단위가 익숙하지 않아 숫자가 눈에 잘 들어오지 않을 수 있습니다. 이때 우리가 익숙한 '억 원' 단위로 바꿔 주면 숫자를 조금 더 편하게 읽을 수 있습니다. 여러 셀의 단위를 한 번에 바꾸기 위해서는 몇가지 단계가 필요합니다. 먼저, 소재 사업의 데이터 중 매출액YoY와 영업이익률을 제외한 나머지 부분만 드래그 한 후 엑셀 좌측 빈칸, 이왕이면 같은 행에 붙여넣습니다.

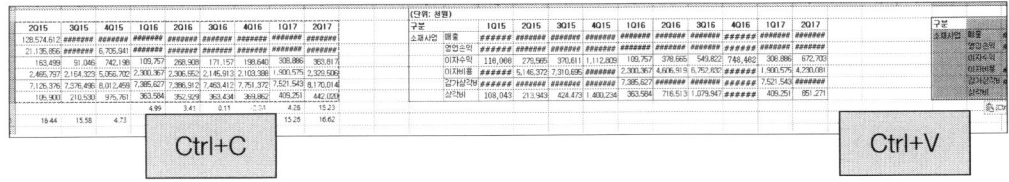

이때 주의할 것은 붙여넣기 옵션에서 아무 수식도 적용되지 않는 '값만'을 선택하는 것입니다.

구분		1Q15	2Q15	3Q15	4Q15	1Q16	2Q16	3Q16	4Q16	1Q17	2Q17
소재사업	매출	######	0	0	######	0	0	######	0	######	0
	영업손익	######	0	0	######	0	0	######	0	######	0
	이자수익	116,066	0	0	109,757	0	0	308,886	0		
	이자비용	######	0	0	2,300,367	0	0	1,900,575	0		
	감가상각비	######	0	0	7,385,627	0	0	7,521,543	0		
	상각비	108,043	0	0	363,584	0	0	409,251	0		

값만 산출되면 아래 그림처럼 표시될 것입니다. 그리고 그 아래 빈칸 아무 곳에나 100,000을 입력합니다. 천 원 단위가 억 원이 되려면 100,000으로 나눠 주어야 하기 때문입니다.

구분		1Q15	2Q15	3Q15	4Q15	1Q16	2Q16	3Q16	4Q16	1Q17	2Q17
소재사업	매출	1.22E+08	1.29E+08	1.34E+08	1.42E+08	1.29E+08	1.33E+08	1.34E+08	1.38E+08	1.34E+08	1.53E+08
	영업손익	18995578	21135856	20858265	6705941	19382982	23294769	20444105	15938285	20458496	25465262
	이자수익	116066	163499	91046	742198	109757	268908	171157	198640	308886	363817
	이자비용	2680575	2465797	2164323	5056702	2300367	2306552	2145913	2103388	1900575	2329506
	감가상각비	7024231	7126376	7376496	8012459	7385627	7386912	7463412	7751372	7521543	8170014
	상각비	108043	105900	210530	975761	363584	352929	363434	369862	409251	442020
		100000									

다시 1Q15 매출액셀(C3)로 돌아와 "=AF3/AF11"를 입력한 후 키보드에서 기능키 F4를 한번 눌러 줍니다. F4의 역할은 특정 값을 움직이지 않게 고정해주는 것입니다. 모든 셀을 100,000으로 나눠 주어야 하며 "AF3/AF11" 수식에서 앞에 AF3 부분만 바뀌고 뒤에 AF11 부분은 바뀌지 않아야 합니다. F4를 눌러 주면 수식이 아래 그림처럼 바뀝니다.

	A	B	C	D	E	F	G	H	I	J	K	L
1	(단위: 천원)											
2	구분		1Q15	2Q15	3Q15	4Q15	1Q16	2Q16	3Q16	4Q16	1Q17	2Q17
3	소재사업		=AF3/$AF$11	128,574,612	#######	#######	#######	#######	#######	#######	#######	#######
4		영업손익	######	21,135,856	#######	6,705,941	#######	#######	#######	#######	#######	#######
5		이자수익	116,066	163,499	91,046	742,198	109,757	268,908	171,157	198,640	308,886	363,817
6		이자비용	2,680,575	2,465,797	2,164,323	5,056,702	2,300,367	2,306,552	2,145,913	2,103,388	1,900,575	2,329,506
7		감가상각비	7,024,231	7,126,376	7,376,496	8,012,459	7,385,627	7,386,912	7,463,412	7,751,372	7,521,543	8,170,014
8		상각비	108,043	105,900	210,530	975,761	363,584	352,929	363,434	369,862	409,251	442,020
9		매출액YoY					4.99	3.41	0.11	-2.34	4.26	15.23
10		영업이익률	15.51	16.44	15.58	4.73	15.07	17.52	15.25	11.52	15.26	16.62

엔터를 눌러 값을 산출한 후, 셀 우측 하단 꼭지점의 초록색 작은 네모박스를 잡고 오른쪽으로 드래그하면 아래 그림처럼 모든 행의 단위가 바뀌게 됩니다.

	A	B	C	D	E	F	G	H	I	J	K	L
1	(단위: 천원)											
2	구분		1Q15	2Q15	3Q15	4Q15	1Q16	2Q16	3Q16	4Q16	1Q17	2Q17
3	소재사업	매출	1,225	1,286	1,339	1,416	1,286	1,330	1,341	1,383	1,341	1,532
4		영업손익	######	21,135,856	#######	6,705,941	#######	#######	#######	#######	#######	#######
5		이자수익	116,066	163,499	91,046	742,198	109,757	268,908	171,157	198,640	308,886	363,817
6		이자비용	2,680,575	2,465,797	2,164,323	5,056,702	2,300,367	2,306,552	2,145,913	2,103,388	1,900,575	2,329,506
7		감가상각비	7,024,231	7,126,376	7,376,496	8,012,459	7,385,627	7,386,912	7,463,412	7,751,372	7,521,543	8,170,014
8		상각비	108,043	105,900	210,530	975,761	363,584	352,929	363,434	369,862	409,251	442,020
9		매출액YoY					4.99	3.41	0.11	-2.34	4.26	15.23
10		영업이익률	########	1643859.21	#######	#######	#######	#######	#######	#######	#######	#######

나머지 행들의 단위도 바꿔 주기 위해 앞의 상태에서 네모 박스를 잡고 그대로 아래로 드래그 합니다. 완성된 모습은 다음 그림과 같습니다.

	A	B	C	D	E	F	G	H	I	J	K	L
1	(단위: 천원)											
2	구분		1Q15	2Q15	3Q15	4Q15	1Q16	2Q16	3Q16	4Q16	1Q17	2Q17
3	소재사업	매출	1,225	1,286	1,339	1,416	1,286	1,330	1,341	1,383	1,341	1,532
4		영업손익	190	211	209	67	194	233	204	159	205	255
5		이자수익	1	2	1	7	1	3	2	2	3	4
6		이자비용	27	25	22	51	23	23	21	21	19	23
7		감가상각비	70	71	74	80	74	74	75	78	75	82
8		상각비	1	1	2	10	4	4	4	4	4	4
9		매출액YoY					4.99	3.41	0.11	-2.34	4.26	15.23
10		영업이익률	15.51	16.44	15.58	4.73	15.07	17.52	15.25	11.52	15.26	16.62

이렇게 모든 사업부의 단위를 '억 원'으로 바꿔 주면 가독성이 올라가 기업의 실적을 파악하기 용이합니다. 단위 변환이 익숙해지면, 매출액 성장률과 영업이익률을 구하기 전에 미리 단위를 변환해 놓아도 좋습니다.

※ **Tip: 표 편집과 서식복사**

본인의 취향대로 표를 편집할 수 있습니다. 셀의 바탕색을 채울 수도 있고, 글씨체나 글씨 크기를 변환할 수도 있고, 몇 개의 셀을 병합할 수 있습니다. 편집을 원하는 곳을 마우스로 드래그하여 상단 메뉴바에서 원하는 기능을 클릭해도 되고, 드래그 한 상태에서 마우스 오른쪽 버튼을 누르면 편집기능이 나타나기도 합니다.

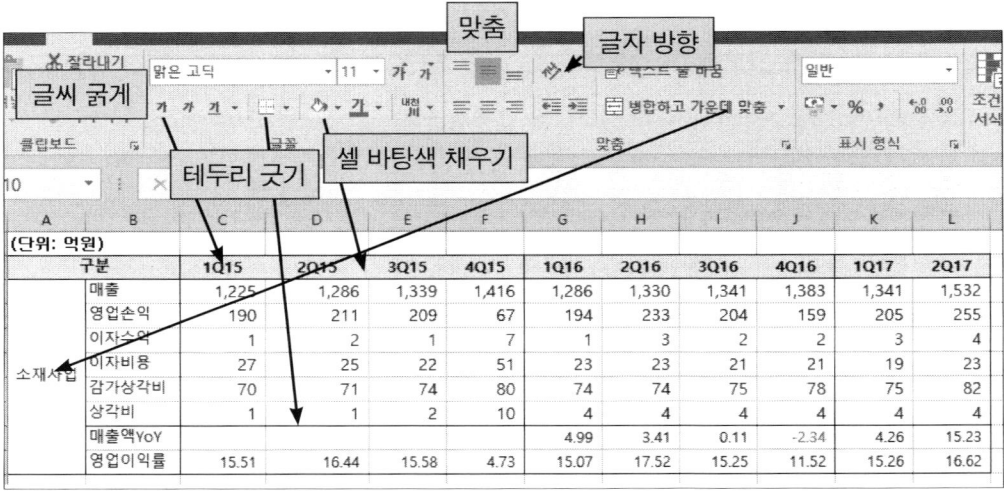

원하는 방식으로 표를 편집한 후, 그 양식 그대로 다른 표에 적용하기 위해서 '서식복사' 기능을 활용하면 됩니다. 먼저, 복사하고 싶은 영역을 마우스로 드래그하여 선택한 후, 상단 메뉴바에서 '서식복사'를 클릭합니다. 그 후, 다시 복사를 하고 싶은 곳을 마우스로 드래그한 후, 마우스를 떼면 서식이 그대로 복사 적용됩니다.

셀 편집이 모두 끝난 후 모습은 다음과 같습니다.

구분		1Q15	2Q15	3Q15	4Q15	1Q16	2Q16	3Q16	4Q16	1Q17	2Q17
소재사업	매출	1,225	1,286	1,339	1,416	1,286	1,330	1,341	1,383	1,341	1,532
	영업손익	190	211	209	67	194	233	204	159	205	255
	이자수익	1	2	1	7	1	3	2	2	3	4
	이자비용	27	25	22	51	23	23	21	21	19	23
	감가상각비	70	71	74	80	74	74	75	78	75	82
	상각비	1	1	2	10	4	4	4	4	4	4
	매출액YoY					4.99	3.41	0.11	-2.34	4.26	15.23
	영업이익률	15.51	16.44	15.58	4.73	15.07	17.52	15.25	11.52	15.26	16.62
	구분	1Q15	2Q15	3Q15	4Q15	1Q16	2Q16	3Q16	4Q16	1Q17	2Q17
하우징사업	매출	281	325	324	293	302	322	304	286	298	308
	영업손익	32	39	39	-28	24	17	8	-14	11	10
	이자수익	0	0	0	2	0	0	0	0	0	0
	이자비용	2	1	1	14	4	4	4	4	3	4
	감가상각비	3	3	3	6	3	4	4	3	3	4
	상각비	0	0	0	3	1	1	1	1	1	1
	매출액YoY					7.25	-0.69	-6.32	-2.64	-1.21	-4.44
	영업이익률	11.42	12.12	12.14	-9.61	7.81	5.25	2.73	-4.77	3.57	3.34
	구분	1Q15	2Q15	3Q15	4Q15	1Q16	2Q16	3Q16	4Q16	1Q17	2Q17
미디어사업	매출	87	183	169	224	133	209	185	224	138	222
	영업손익	7	10	2	17	31	-15	3	-11	43	-19
	이자수익	2	0	1	-0	1	1	1	2	4	4
	이자비용	0	0	9	-9	0	-0	0	0	0	0
	감가상각비	1	2	2	2	2	2	2	2	2	2
	상각비	0	0	0	0	0	0	0	0	0	0
	매출액YoY					53.46	13.85	9.11	0.20	3.74	6.53
	영업이익률	8.39	5.52	1.35	7.52	23.53	-7.29	1.64	-5.07	31.20	-8.60

2) 사업 부문별 손익 분석

정리한 사업부문별 손익표를 통해 동화기업의 사업부문별 실적을 분석해 보겠습니다. 먼저 소재부문의 경우 최근 꾸준히 매출이 증가하고 있으며, 특히 2017년 2분기에 15% 이상의 높은 성장률을 기록했습니다. 앞서 사업보고서를 살펴보았을 때 'MDF 가격 상승'과 '증설'이라는 이슈가 있었는데, 이와 관련된 수치일 것으로 보이며 그 밖에 다른 요인이 작용했을 수도 있습니다. 관련된 수치가 맞다면, 15%라는 숫자가 과연 그동안 시장에서 기대하고 있던 부분을 충족할 만한 정도였는지는 뒤에 P, Q, C 분석을 통해 천천히 알아보겠습니다.

소재 부문의 영업이익률은 보통 10%중반대를 기록하고 있는데, 이는 제조업체 중에서 상당히 높은 수준입니다. 일반적으로 제조업체가 10% 이상의 영업이익률을 기록하면 굉장히 좋은 수익구조를 갖고 있다고 평가됩니다. 또한 동화기업의 경우 4분기에는 이익률이 하락하는 계절적 특성을 보이고 있습니다. 사업보고서에도 계절적 요인에 대해 언급되어 있었는데, 전방산업의 사이클에 의한 것으로 판단됩니다. 이처럼 계절적 특성이 있을 수 있으므로 한 개년도 실적만 보거나, 몇 개 분기 실적만 보고 '4분기에 이익률이 하락하였다', 혹은 '2분기 이익률이 잘 나왔다'고 단정지으면 안됩니다. 동화기업 실적의 특징을 동화기업의 주식을 갖고 있는 많은 주주들이 대부분 알고 있기 때문에 지금까지 기록해왔던 일반적인 실적 이상을 기록해야 의미 있는 주가 움직임이 나올 수 있습니다.

하우징사업의 경우 성장이 정체되어 있는 것으로 보입니다. 하우징 사업은 강화마루, 강마루, 디자인월 등의 건자재를 판매하는 사업인데 사업보고서를 다시 살펴보면 MDF나 PB등의 소재 대비 판가와 판매량 모두 부진하다는 것을 알 수 있습니다. 먼저 '주요 제품 등의 가격 변동 추이'를 보면, MDF 가격은 상승추세에 있는 반면 강화마루 가격은 하락추세에 있습니다. 또한 '생산 및 설비'부문에서 하우징사업의 평균가동률이 MDF나 PB에 비해 저조하다는 것을 통해 판매 물량도 다소 약세라는 것을 추측할 수 있습니다.

하우징 사업의 영업이익률은 2015년에는 두 자릿수를 기록하였던 반면, 최근에는 한 자릿수 초반대까지 하락하였습니다. 매출 변동 폭에 비해 영업이익률 하락폭이 크기 때문에 비용 부담이 올라간 것으로 추정됩니다. 비용 부담의 이유로는 마루 제품의 원재료인 소재 부문의 가격 상승이나, 시장 경쟁 심화로 인한 마케팅비 증가, 신제품 개발을 위한 연구개발비 증가 등을 추측할 수 있습니다. 또한 2년 연속 4분기에는 적자를 기록하였으므로 올해 4분기에도 적자를 기록할 확률이 높습니다.

미디어사업의 경우 매출액은 안정적으로 증가하고 있으나 손익은 분기별 편차가 심해진 모습입니다. 한국일보와 코리아타임스를 인수한 이후 외형 확대와 사업 안정화를 위해 비용이 증가한 것으로 보입니다. 단기적으로 사업 안정화를 위해 비용 부담이 증가할 순 있으나 이러한 모습이 지속되는 것은 좋지 않습니다. 미디어사업부가 전사 영업이익에 미치는 영향은 크지 않으나, 이러한 불안정한 사업구조가 지속되는 것은 바람직하지 않으므로 앞으로 몇 개 분기에 걸쳐 유의깊게 지켜볼 필요가 있습니다.

이렇게 사업 부문별로 정리해 보니 동화기업의 사업구조가 한 눈에 들어옵니다. 사업보고서에 명시된 설명과 사업 부문별 정리를 통해 전반적인 동화기업의 사업구조를 파악했다면, 이제는 본격적으로 P, Q, C 분석 및 전망을 통해 앞으로의 실적을 추정할 차례입니다. 다음 파트부터는 지금까지 했던 것과 같은 방식으로 몇 개 분기 사업보고서의 내용을 취합해서 자료를 분석한 후, 현재 건설과 건자재 업황을 고려하여 직접 미래 실적을 전망해보겠습니다.

02.
가격(P)

가격 데이터를 취합하기 위해 다시 전자공시시스템에서 동화기업의 사업보고서만 검색합니다. 그리고 분기보고서(2015.03)를 클릭하여 Ⅱ.사업의 내용, '나. 주요 제품 등의 가격변동추이'를 찾습니다. 시기별 가격 추이를 엑셀로 옮겨 오기 위해 엑셀에도 새로운 Sheet를 만들겠습니다. 엑셀 파일 가장 하단에 아래 그림처럼 새로운 Sheet를 만들 수 있는 기능이 있습니다. Sheet1 옆에 더하기(+) 버튼을 누르면 새로운 Sheet가 생깁니다. 엑셀 버전에 따라 기본 Sheet가 1개일 수도 있고 3개일 수도 있습니다.

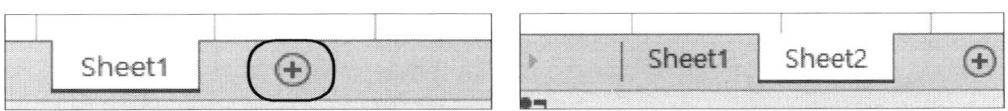

Sheet의 편리한 구분을 위하여 이름을 바꿔 주는 것도 좋습니다. 마우스 우클릭 후, '이름 바꾸기'를 선택하면 Sheet 제목을 바꿀 수 있습니다. 가령, Sheet1은 '사업 부문별 손익', Sheet2는 '가격'으로 바꿉니다.

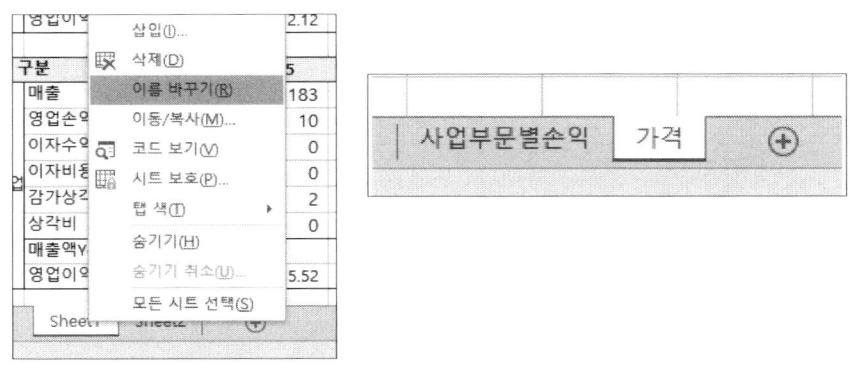

앞으로 새로운 항목이 생길 때마다 이렇게 Sheet를 추가하면 됩니다.

① Web에서 Excel로

분기보고서의 가격 추이를 마우스로 드래그하여 복사한 후, 엑셀 '가격' Sheet에 붙여넣습니다. 복사와 붙여넣기 방식은 지금까지 해왔던 것과 같습니다.

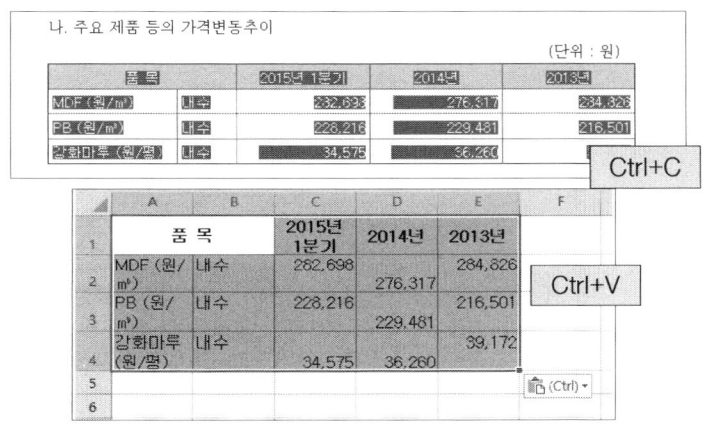

붙여넣기가 완료되었으면 2015.03 분기보고서를 닫고 2015.06 반기보고서부터 가장 최근에 올라온 보고서까지 가격 추이만 드래그하여 복사, 붙여넣기를 반복합니다. 그리고 2015.1분기, 2015.2분기, 2015.3분기 순으로 정리해줍니다. 아래 그림처럼 중간에 필요 없는 부분은 삭제해가며 정리하는 것이 편리합니다. 또는 원하는 데이터 영역을 드래그한 후, 잘라내기(Ctrl+X)→ 원하는 위치에 붙여넣기(Ctrl+V) 해도 됩니다.

정리를 마친 모습은 다음과 같습니다.

	A	B	C	D	E	F	G	H	I	J	K	L
1	품 목		2015년 1분기	2015년 2분기	2015년 3분기	2015년	2016년 1분기	2016년 2분기	2016년 3분기	2016년	2017년 1분기	2017년 2분기
2	MDF (원/m³)	내수	282,698	279,722	283,030	287,140	286,505	285,325	283,737	285,131	289,480	290,777
3	PB (원/m³)	내수	228,216	226,097	225,192	228,339	229,943	225,540	227,263	228,643	238,801	241,225
4	강화마루 (원/평)	내수	34,575	34,027	33,715	33,658	32,597	32,741	32,855	32,915	32,202	32,405
5												

여기서 주의할 점이 하나 보입니다. 바로 강화마루의 2015년 1분기 가격(C4)~2015년 4분기 가격(F4) 데이터의 모습이 다른 셀들과는 차이가 있습니다. 이를 클릭해 보니 숫자 앞에 여백이 있습니다. 이런 현상은 회사의 사업보고서 작성 과정에서 틀을 맞추기 위해 생기는데, 엑셀로 옮겨와서 분석할 때는 여백으로 인해 오류가 나는 경우가 종종 있습니다. 따라서 이러한 여백을 모두 없애주겠습니다.

여백이 생긴 셀을 클릭한 후, 우측 그림처럼 빈칸만 드래그한 후 복사(Ctrl+C)해둡니다. 그 상태에서 다시 Ctrl+F를 눌러 '찾기/바꾸기' 기능 창을 엽니다. 바꾸기 탭으로 들어가 '찾을 내용'에 붙여넣기(Ctrl+V)를 누릅니다. 그러면 아까 복사해둔 여백이 그대로 복사됩니다.

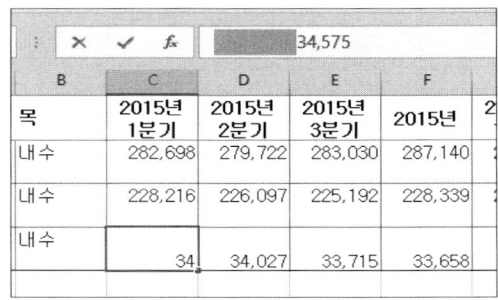

그리고 '바꿀 내용'에는 마우스 커서만 클릭해두고 아무것도 입력하지 않습니다. 여백을 없애주기 위해서이므로 아무것도 입력하지 않아야 하기 때문입니다. '모두 바꾸기'를 누르면 4개의 셀에 적용되어 여백이 모두 사라지게 됩니다.

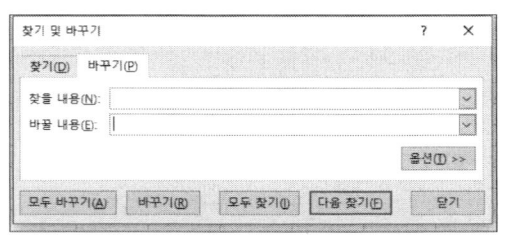

어백을 없애면 아래 그림처럼 모두 동일한 셀의 모습이 됩니다. 글씨체와 날짜 방식도 바꾸어 주었습니다.

A	B	C	D	E	F	G	H	I	J	K	L
품 목		1Q15	2Q15	3Q15	4Q15	1Q16	2Q16	3Q16	4Q16	1Q17	2Q17
MDF (원/㎥)	내수	282,698	279,722	283,030	287,140	286,505	285,325	283,737	285,131	289,480	290,7
PB (원/㎥)	내수	228,216	226,097	225,192	228,339	229,943	225,540	227,263	228,643	238,801	241,2
강화마루 (원/평)	내수	34,575	34,027	33,715	33,658	32,597	32,741	32,855	32,915	32,202	32,4

② 가격 변동률 구하기

가격 추이를 파악하기 위한 방식은 두 가지가 있습니다. 바로 숫자와 그림입니다. 숫자는 앞서 매출액 성장률을 구할 때 활용했던 성장률 공식을 통해 가격 변동률을 산출해보는 것이고, 그림은 그래프를 그려 보는 것입니다.

먼저, 숫자로 가격의 변동 폭을 파악해 보겠습니다. 숫자 표 아래에 변동률을 입력하기 위한 틀을 만듭니다. 품목과 날짜만 복사하여 그대로 붙여넣으면 됩니다. 그리고 1Q16 MDF 가격에 해당하는 셀에 “(G2-C2)/C2×100”을 입력하고 엔터를 누릅니다. 또는 “(G2/C2-1)×100”을 입력해도 됩니다. 결과 값으로 1.346667이 나옵니다.

	A	B	C	D	E	F	G	H	I	J	K	L
1	품 목		1Q15	2Q15	3Q15	4Q15	1Q16	2Q16	3Q16	4Q16	1Q17	2Q17
2	MDF (원/㎥)	내수	282,698	279,722	283,030	287,140	286,505	285,325	283,737	285,131	289,480	290,777
3	PB (원/㎥)	내수	228,216	226,097	225,192	228,339	229,943	225,540	227,263	228,643	238,801	241,225
4	강화마루 (원/평)	내수	34,575	34,027	33,715	33,658	32,597	32,741	32,855	32,915	32,202	32,405
5												
6												
7												
8	품 목		1Q15	2Q15	3Q15	4Q15	1Q16	2Q16	3Q16	4Q16	1Q17	2Q17
9	MDF (원/㎥)	내수					=(G2-C2)/C2*100					
10	PB (원/㎥)	내수										
11	강화마루 (원/평)	내수										
12												

G9 셀을 클릭하고 우측 하단 작은 초록색 네모박스를 잡고 오른쪽으로 쭉 드래그합니다. 그러면 2Q17까지 자동으로 값이 생성됩니다.

품목		1Q15	2Q15	3Q15	4Q15	1Q16	2Q16	3Q16	4Q16	1Q17	2Q17
MDF (원/m³)	내수					1.346667	2.00306	0.249797	-0.69966	1.038376	1.910803
PB (원/m³)	내수										

이 상태에서 다시 한번 초록 네모 박스를 잡고 아래로 드래그합니다. 이제는 모든 셀에 결과 값이 입력됩니다.

품목		1Q15	2Q15	3Q15	4Q15	1Q16	2Q16	3Q16	4Q16	1Q17	2Q17
MDF (원/m³)	내수					1.346667	2.00306	0.249797	-0.69966	1.038376	1.910803
PB (원/m³)	내수					0.756739	-0.24635	0.91966	0.133135	3.852259	6.954421
강화마루 (원/평)	내수					-5.7209	-3.77935	-2.55079	-2.2075	-1.21177	-1.02624

가독성을 높여주기 위해 소수점 뒷자리를 조정하겠습니다. 셀 영역을 선택한 상황에서 마우스 우클릭 후, '셀 서식'으로 들어갑니다. '표시 형식'에서 숫자로 들어간 후 소수 자릿수를 2로 바꿔 주고, 1,000 단위 구분을 클릭한 후, 음수는 빨간색으로 표시되게 합니다.

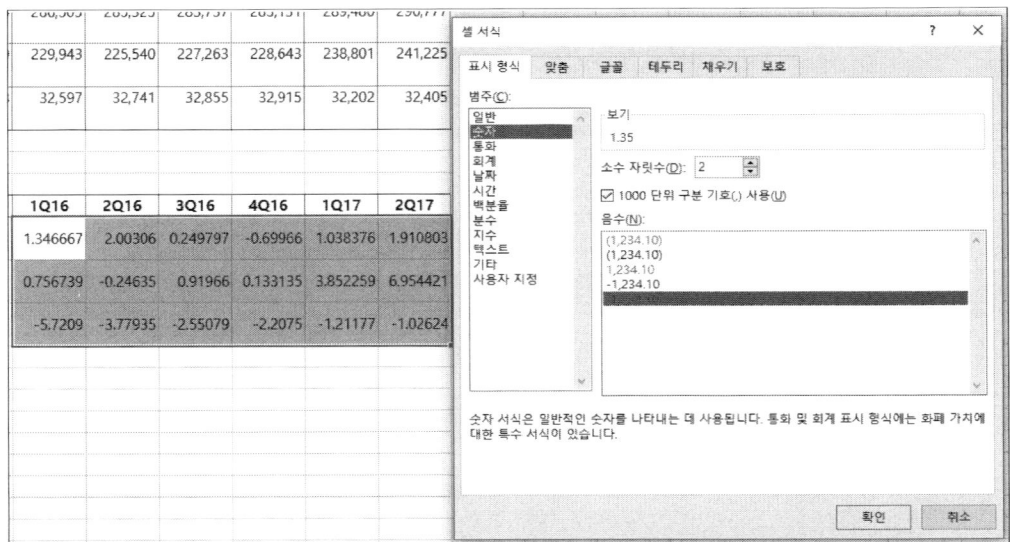

136   내 꿈은 전업투자자

확인을 누르면 다음의 그림처럼 모든 셀이 같은 형식으로 변형됩니다.

품 목		1Q15	2Q15	3Q15	4Q15	1Q16	2Q16	3Q16	4Q16	1Q17	2Q17
MDF (원/m³)	내수					1.35	2.00	0.25	-0.70	1.04	1.91
PB (원/m³)	내수					0.76	-0.25	0.92	0.13	3.85	6.95
강화마루 (원/평)	내수					-5.72	-3.78	-2.55	-2.21	-1.21	-1.03

③ 그래프 그리기

변동 폭을 그림으로 표현하면 가격 추이가 한눈에 들어옵니다. MDF, PB, 강화마루 데이터를 개별 그래프로 표현할 수도 있고, 하나의 그래프에 표현할 수도 있습니다.

1) 1차트 1그래프

MDF의 가격을 드래그하여 영역을 선택한 후 상단 메뉴바 '삽입'의 차트 영역에서 꺾은선형 모양을 클릭합니다. 일반적으로 가격 추이는 꺾은선형으로, 매출액과 같이 규모를 나타낼 때는 막대 그래프를 이용하지만 이는 본인의 취향대로 선택하면 됩니다.

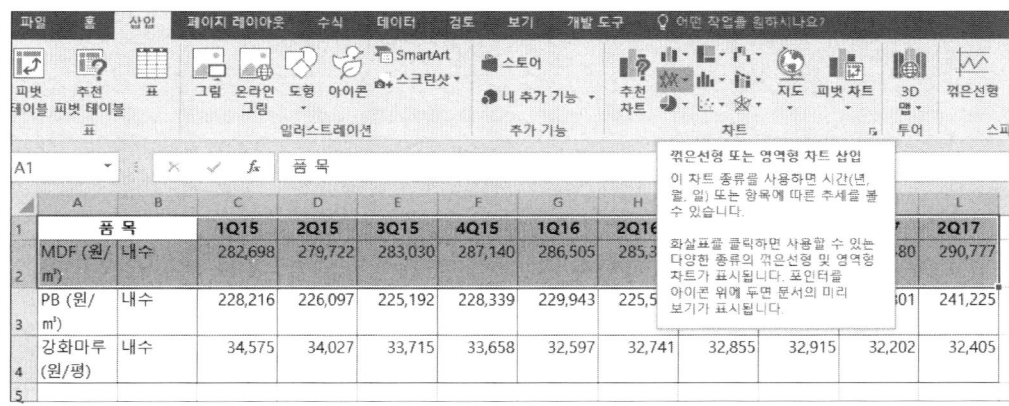

꺾은선형을 클릭하면 다양한 모양의 꺾은선형 그래프 모양이 나옵니다. 가장 기본 꺾은선형 그래프인 첫 번째 그래프를 클릭합니다.

※그래프의 종류: 막대든 꺾은선이든 모든 그래프는 크게 ①개별 데이터를 나타내는 방식, ②누적 값으로 나타내는 방식, ③3D 방식으로 나타내는 방식으로 구분됩니다. 기업분석 시에는 개별 데이터를 나타내는 방식을 주로 사용하고, 그래프 모양만 2D든 3D든 선택하면 됩니다.

가장 기본형 꺾은선형 그래프를 클릭하면 아래 그림처럼 그래프가 자동으로 그려집니다.

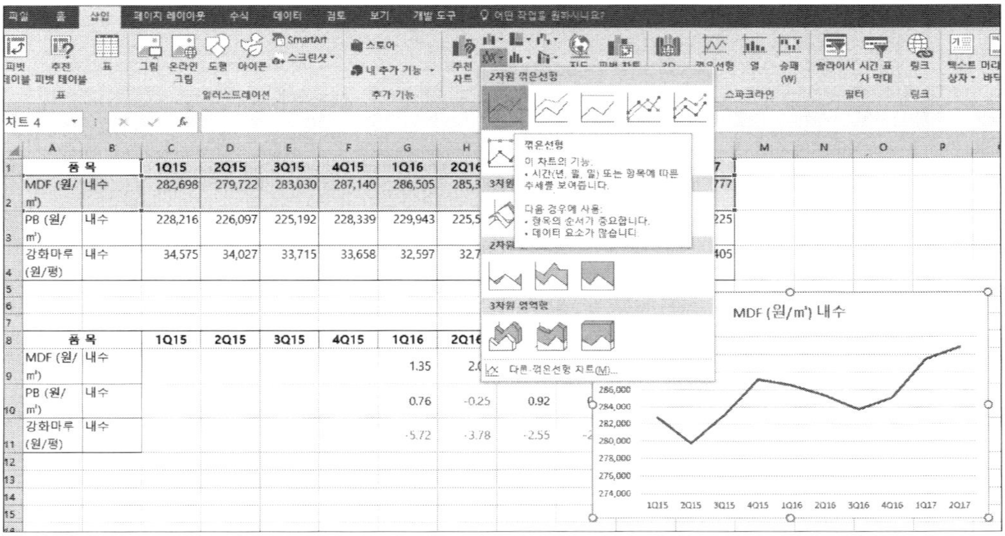

만들어진 그래프를 그대로 봐도 상관없지만, 조금 더 가독성을 높이기 위해서 그래프를 편집할 수 있습니다.

▶ 데이터 편집

그래프에 마우스 커서를 가져다 놓고 우클릭 후 '데이터 선택'을 클릭합니다. 그러면 다음 그림과 같은 편집 창이 나타납니다. 현재 데이터 계열의 제목이 'MDF(원/m³)내수'로 되어 있으므로 이를 그냥 MDF(원/m3)로 바꿔 보겠습니다. 좌측 '범례 항목(계열)'박스에서 'MDF(원/m³)'내수를 클릭하고, '편집'을 누릅니다.

편집을 누르면 계열 이름과 계열 값을 편집할 수 있는 창이 뜹니다. 직접 키보드로 편집하고 싶은 영역을 입력하거나, 마우스로 드래그하여 지정해도 됩니다.

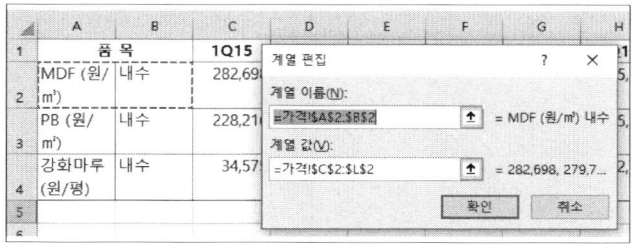

현재 계열 이름이 A2~B2까지 선택되어 있습니다.

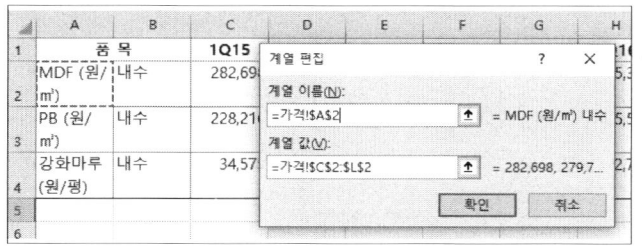

이를 마우스로 A2만 클릭하여 바꿔주어도 되고, 직접 'MDF'라고 입력해도 됩니다.

확인을 누르면 아래 그림처럼 바뀝니다. 현재 그래프는 제목이 정해지지 않아 데이터 계열의 이름으로 대체된 상태입니다. 이를 그래프 편집을 통해 데이터계열 항목의 이름도 표시되고, 그래프 자체의 제목도 바꿔 보겠습니다.

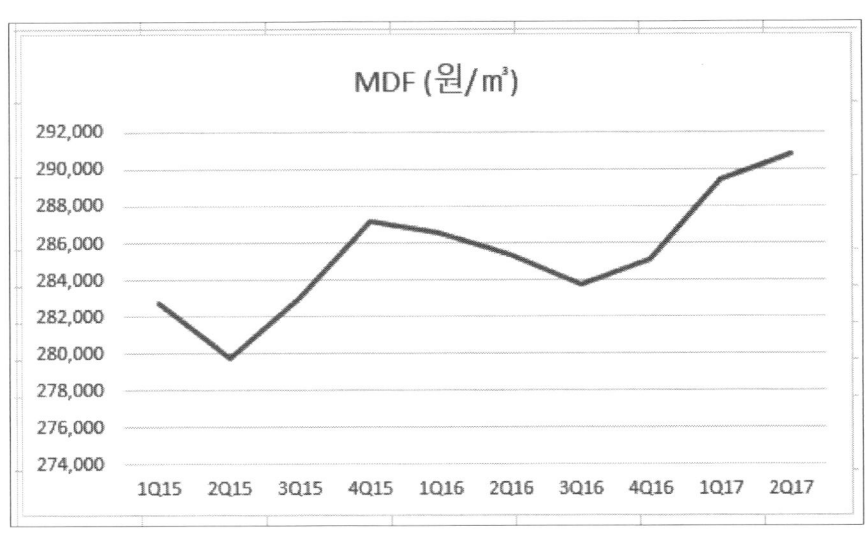

▶ **그래프 서식 편집**

그래프를 선택한 상태에서 상단 메뉴바를 보면 [차트 도구]가 새롭게 생성된 모습을 확인할 수 있습니다. [차트 도구] 하단 메뉴로는 디자인과 서식이 있습니다. 디자인에서는 차트의 형태나 색상, 레이아웃 등을 편집할 수 있으며 서식에서는 서체나 글씨 크기 등을 편집할 수 있습니다.

먼저 디자인으로 들어가 '빠른 레이아웃'을 선택합니다. 다양한 모양의 레이아웃이 나오므로 맘에 드는 양식을 선택하면 됩니다. 저는 보통 3번째 레이아웃을 선호합니다. 3번째 레이아웃을 적용하면 좀 전까지 없었던 데이터 계열의 범례가 그래프 아래쪽에 나타납니다.

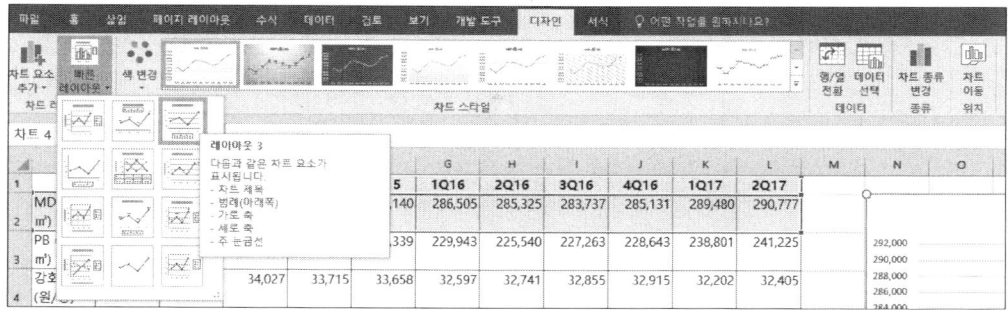

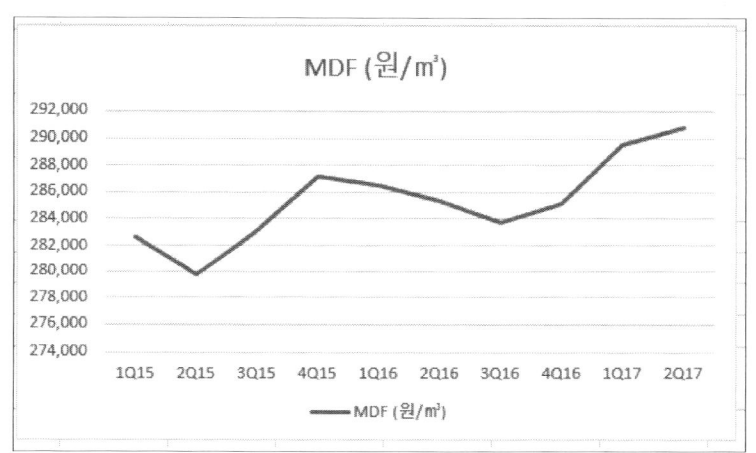

이 상태에서 편집을 멈출 수도 있고, 그래프 색상이나 글씨 크기, 그래프의 타이틀, 가로축의 단위 등을 바꿀 수 있습니다. 상단 메뉴바 [차트 도구]의 [서식]에서 그래프의 색상이나 굵기 등을 바꿀 수 있습니다. 제목을 바꾸고 싶으면 제목을 클릭한 후 그대로 원하는 제목으로 바꿔 주면 됩니다.

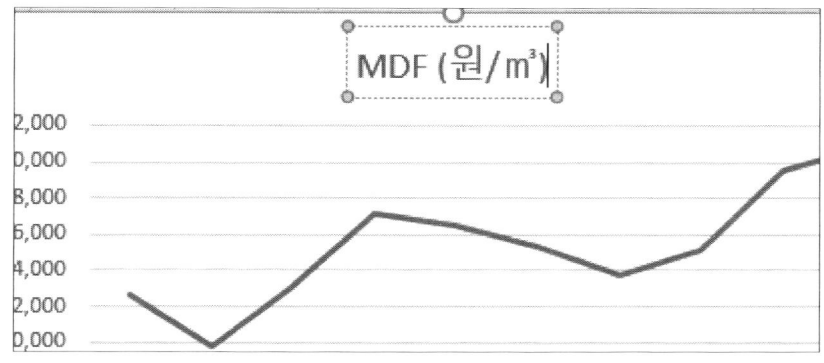

가로축을 조절하고 싶으면 가로축을 선택한 후 마우스 우클릭 후 '축 서식'을 선택합니다. 엑셀 2016버전의 경우 우측에 편집 창이 뜨며, 2010버전은 클릭한 위치에서 바로 편집 창이 뜹니다.

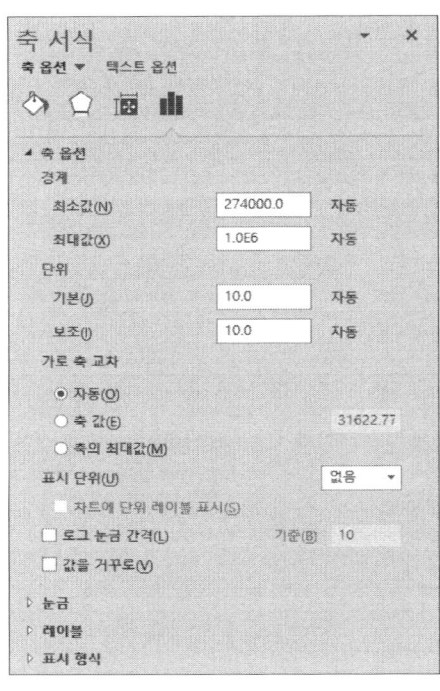

축의 최솟값, 축 간격을 어떻게 설정하느냐에 따라 그래프의 느낌이 크게 달라집니다. 기본적으로 엑셀이 자동으로 축의 최솟값과 단위를 결정해주지만, 때로는 그 양식이 차트의 의미를 제대로 전달해주지 못할 때가 있습니다. 숫자로 느껴지는 변화에 비해 그래프의 굴곡이 평이하다면, 최솟값을 높여주면 변화가 좀 더 뚜렷해지는 경향이 있습니다. 또한 그래프의 단위를 줄여 주면 눈금선이 많아져, 그래프에 해당하는 값을 파악하기 용이합니다.

그 밖에 [눈금], [레이블], [표시형식]에서 축의 세부 디자인도 변경할 수 있습니다. 특별히 어려운 기능은 없으므로 직접 하나씩 클릭해 보면서 변화를 살펴보면 금방 익숙해질 수 있습니다.

2) 1차트 2그래프

두 번째로 하나의 차트에 두 가지 그래프를 그리는 방법을 알아보겠습니다. 기본적인 방법은 하나의 그래프를 그렸을 때와 마찬가지로 그래프를 그릴 영역을 선택한 후, 메뉴 바 [차트]에서 원하는 그래프를 클릭하면 됩니다.

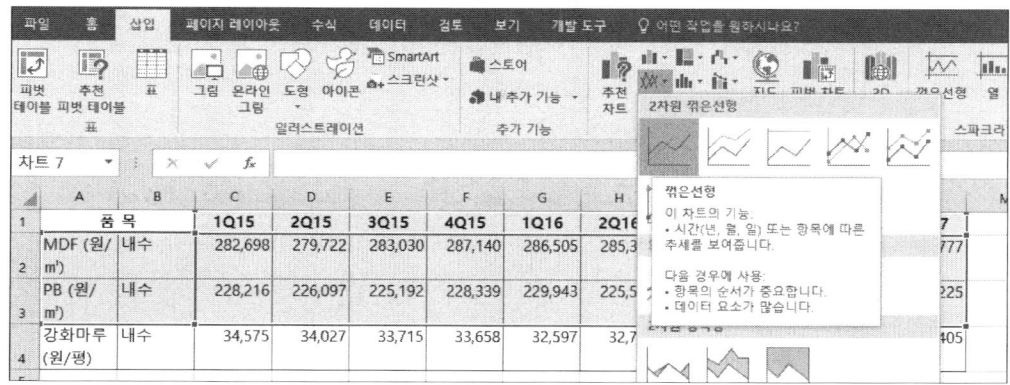

두 가지 그래프가 그려진 차트의 초기 모습은 다음 그림과 같습니다. 하나의 그래프를 그렸을 때보다 변화의 정도가 잘 나타나지 않습니다. 두 그래프 값들의 수치상 차이가 크다면, 축의 최솟값과 최댓값 사이의 범위가 넓어지고 눈금 단위도 커지기 때문입니다.

그래프의 변화를 두드러지게 하는 방법은 좀 전에 배웠던 [축 서식]에서 최솟값을 올려주는 방법과 두 그래프의 축을 각각 만들어주는 방법이 있습니다.

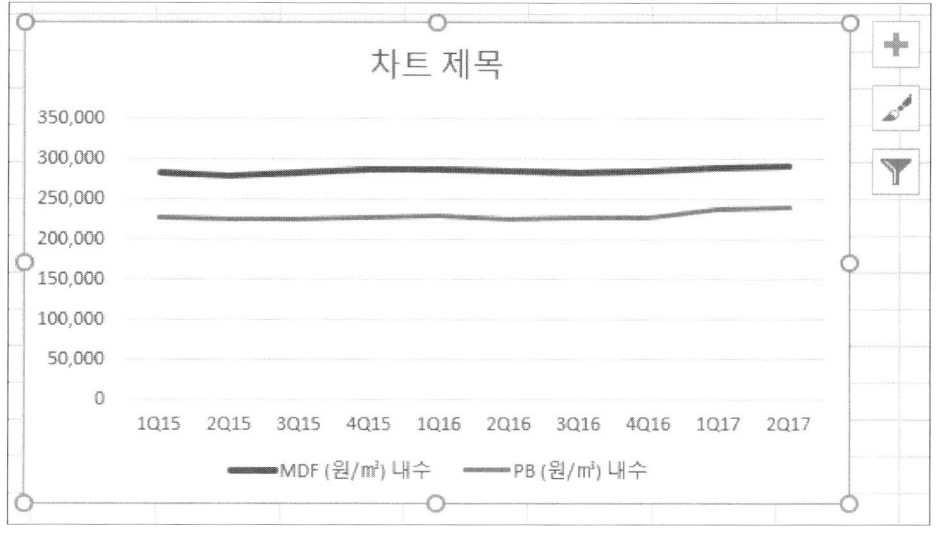

먼저, 축 서식에서 최솟값을 올려보겠습니다. 오른쪽 축을 선택한 후, 마우스 우클릭하여 "축 서식"을 클릭합니다. 현재 상태의 축 옵션을 보면 최솟값은 0, 최댓값은 350,000으로 설정되어 있습니다. 여기서 최솟값을 그래프의 최솟값에 가장 가까운 200,000으로 바꾸면 다음 그림의 모습처럼 그래프의 굴곡이 조금 더 뚜렷해집니다.

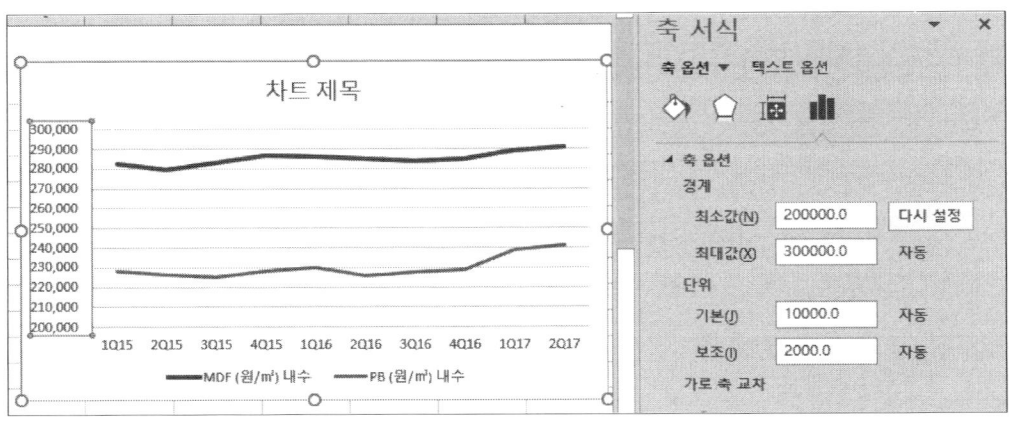

처음 모습보다는 그래프의 굴곡이 조금 더 가팔라졌지만, 여전히 큰 변화는 없어 보입니다. 다시 Ctrl+Z를 눌러 원래 모습으로 되돌립니다. 다른 방식으로 그래프의 굴곡을 키워보겠습니다. 두 개의 그래프 중, 하나를 선택해 마우스 우클릭 후 "데이터 계열 서식"을 클릭합니다.

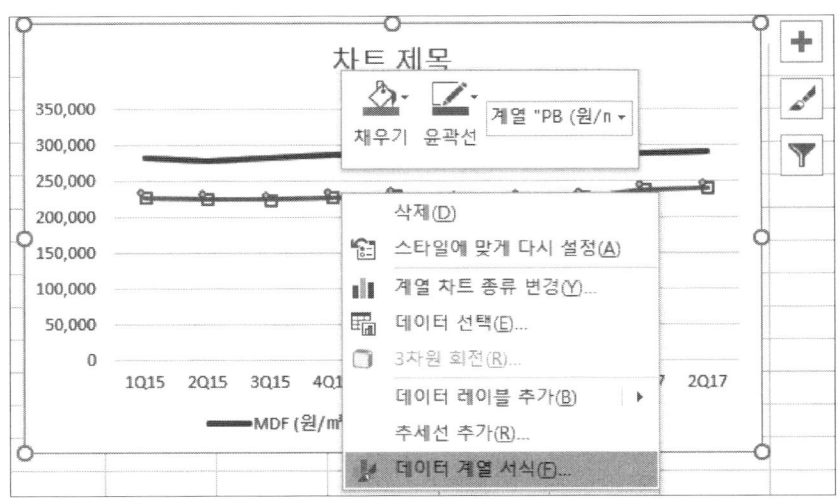

편집 창이 새롭게 나타나면 계열 옵션에서 보조 축을 선택합니다. 그러면 아래 그림처럼 우측에 새로운 축이 생겨 해당 그래프는 그 축에 맞춰 다시 그려지게 됩니다. 또한 좌측 기본 축도 하나의 그래프만 나타내주면 되므로 축 값이 그에 맞춰 바뀌게 됩니다.

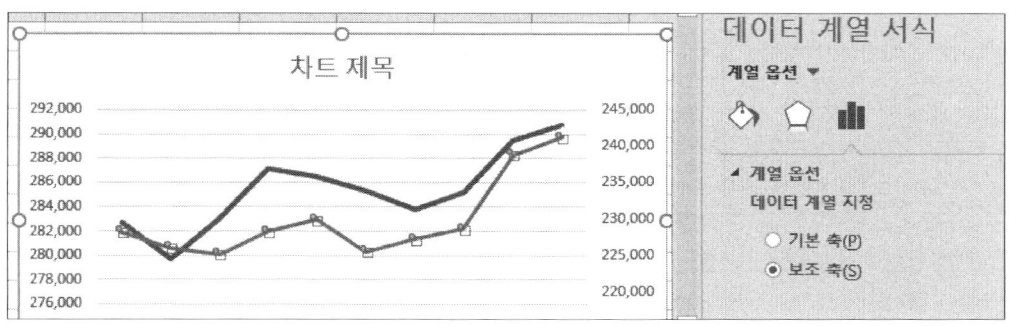

데이터계열을 구분하고 차트의 이름을 '소재 가격 추이'로 바꾸고 완성한 1차트 2그래프의 모습은 다음과 같습니다. 가장 처음의 그래프보다 경사가 훨씬 뚜렷해졌습니다.

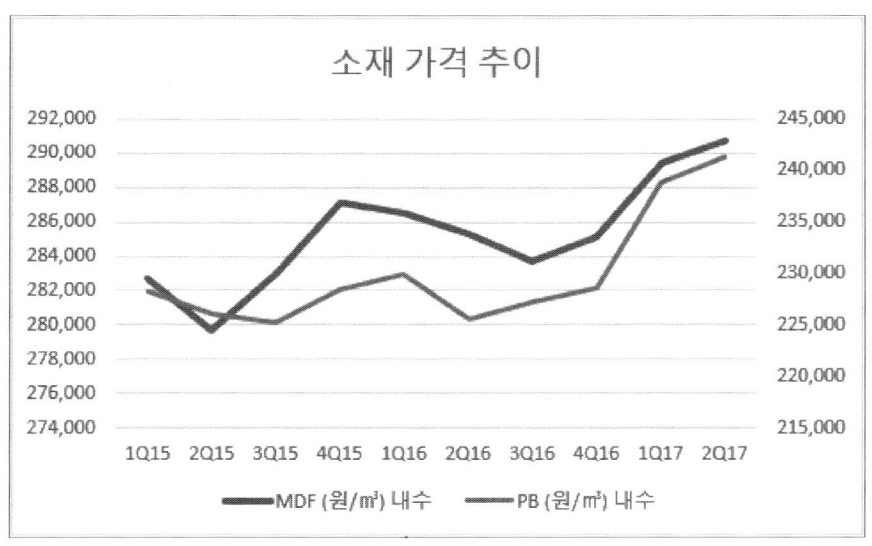

3) 가로축 직접 지정

남아 있는 강화마루 항목도 그래프로 그려 보겠습니다. 아까와 마찬가지로 강화마루의 데이터를 선택한 후 상단 메뉴바 [삽입]에서 꺾은선형 차트를 선택합니다.

	품목		1Q15	2Q15	3Q15	4Q15	1Q16	2Q16	3Q16	4Q16	1Q17	2Q17
2	MDF (원/m³)	내수	282,698	279,722	283,030	287,140	286,505	285,325	283,737	285,131	289,480	290,777
3	PB (원/m³)	내수	228,216	226,097	225,192	228,339	229,943	225,540	227,263	228,643	238,801	241,225
4	강화마루 (원/평)	내수	34,575	34,027	33,715	33,658	32,597	32,741	32,855	32,915	32,202	32,405

그러면 다음 그림처럼 차트가 나타납니다. 가로 항목 축 레이블에 이전 그래프처럼 1Q15~2Q17의 시기가 아닌 1, 2, 3으로 숫자만 쓰여 있습니다. 이는 이전 소재 그래프는 시기까지 선택이 되었지만, 이번에는 시기가 선택되지 않았기 때문입니다.

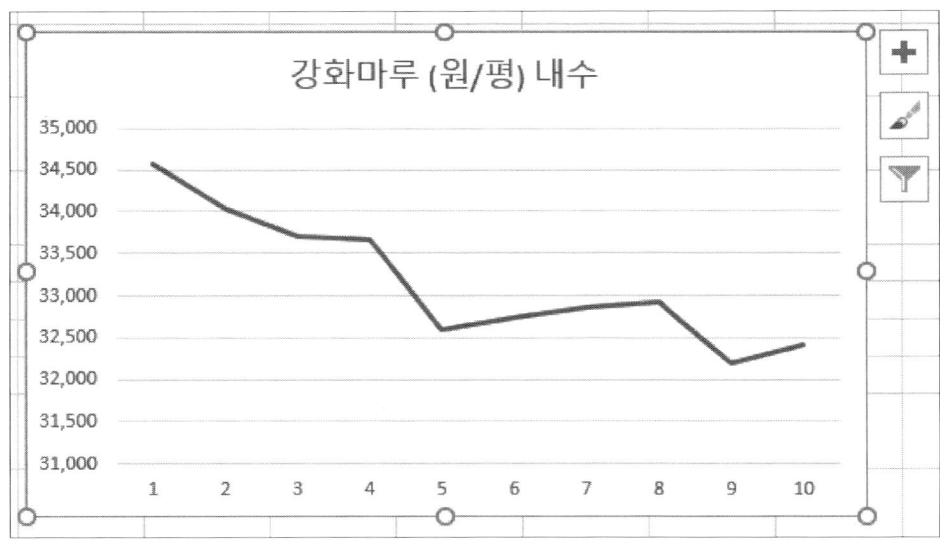

시기를 넣어 주기 위해 차트를 선택한 후 마우스 우클릭, "데이터 선택"을 클릭합니다.

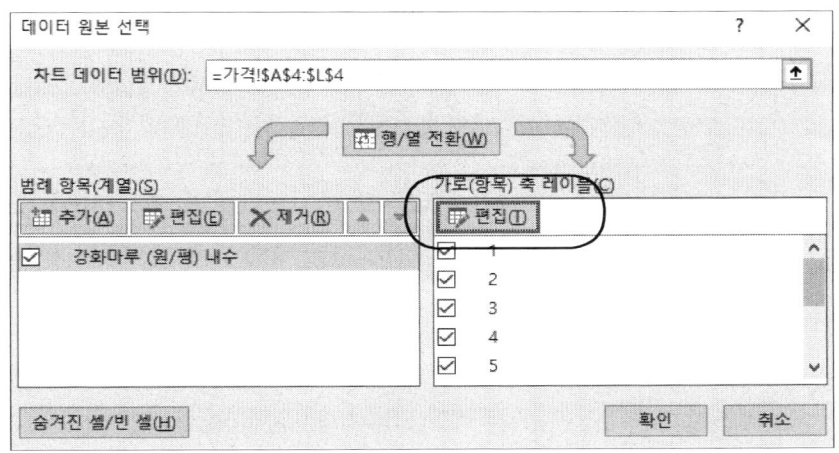

우측 "가로(항목) 축 레이블에서 편집을 클릭합니다. 그러면 작은 편집창이 새롭게 나타납니다.

축 레이블 범위를 입력하는 칸에 마우스 커서를 가져다 놓은 후 원하는 영역을 드래그합니다. 엑셀 Sheet에서 시기가 있는 데이터의 영역이 C1~L1까지이니, 그 부분을 마우스로 드래그한 후 확인을 누릅니다.

소재와 마찬가지로 좌측 박스에서 범례항목도 '강화마루(원/평)'으로 바꾸어 주었습니다. 직접 입력해도 되고, A4 셀을 마우스로 지정해도 됩니다. 그리고 확인 버튼을 누릅니다.

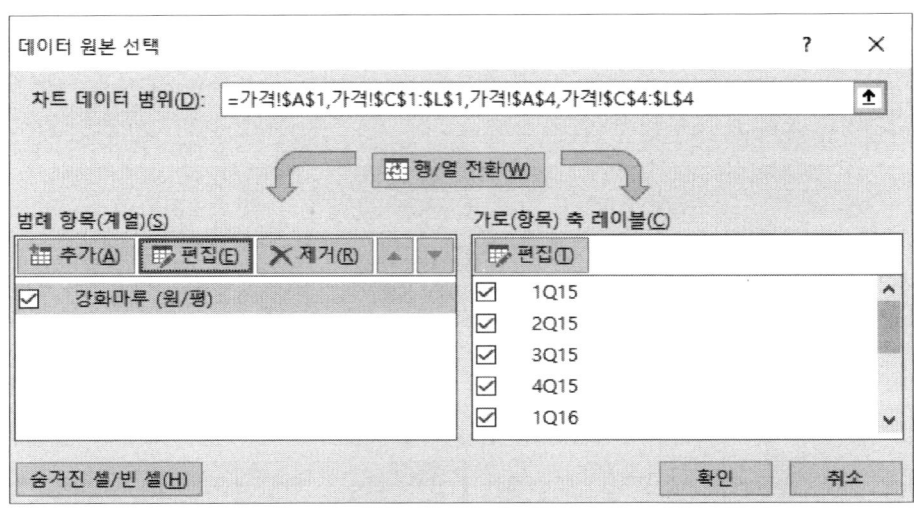

앞서 MDF와 PB 그래프가 그려진 차트의 제목을 '소재 가격 추이'라고 하였으므로, 강화마루 차트의 제목은 '마루 가격 추이'로 바꿔 보겠습니다. 모든 편집을 마치고 두 개의 차트와 변동율표를 나란히 둔 모습은 다음과 같습니다.

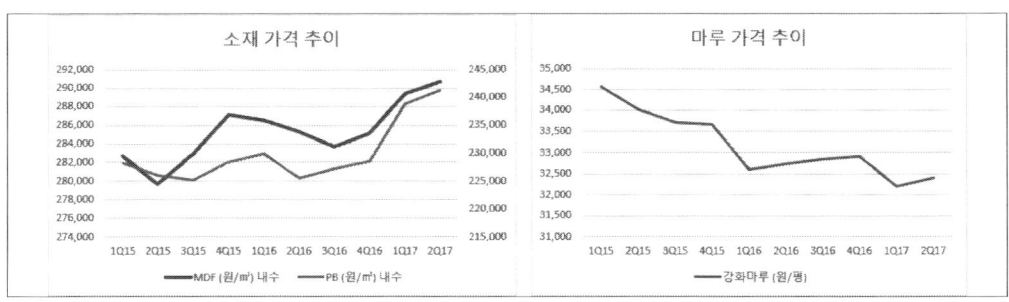

품 목		1Q15	2Q15	3Q15	4Q15	1Q16	2Q16	3Q16	4Q16	1Q17	2Q17
MDF (원/m³)	내수					1.35	2.00	0.25	-0.70	1.04	1.91
PB (원/m³)	내수					0.76	-0.25	0.92	0.13	3.85	6.95
강화마루 (원/평)	내수					-5.72	-3.78	-2.55	-2.21	-1.21	-1.03

그래프를 그리기 전 산출해 놓은 가격 변화율 표와 함께 비교해가며 가격 추이를 분석해 보겠습니다.

④ 데이터 분석

먼저, MDF와 PB의 경우 2015년 2분기를 저점으로 2Q17 현재까지 전반적인 상승 추세에 있습니다. 특히 올해 들어 가격 추이는 최근 3개년 중 가장 높은 수준을 유지하고 있습니다. 사업보고서(2016.12)의 사업의 내용 중 '가. 업계의 현황'에 따르면, '부동산 및 건설시장의 침체 현상 등이 최근 몇 년 대비 호조세로 전환되며 목재 관련 업계의 실적이 호전되고 있습니다.'라고 나와 있습니다. 또한 목차에서 V. 이사의 경영진단 및 분석 의견(연말 사업보고서에만 나옵니다)을 살펴보면, '최근 건자재시장은 신규 분양 및 재건축 아파트와 리모델링 시장 규모가 증가하고, 생활 수준의 향상과 환경적 영향을 고려하는 소비자 성향으로 친환경 제품의 수요가 증가하고 있습니다.'라는 시황 설명이 쓰여 있습니다. 이를 통해 현재 목재 소재의 가격은 탄탄한 수요와 친환경 소재로의 수요 변동으로 인해 상승 추세에 있다는 것을 알 수 있습니다. 동화기업을 포함하여 국내 경쟁업체들이 추가 증설을 하지 않는다면, 공급 증가로 인한 가격 하락 압력은 낮을 것으로 보입니다. 또한 친환경 소재로의 수요 변화 트렌드도 얼마간은 이어질 것으로 보이므로 소재 부문의 가격 하락 가능성은 크지 않아 보입니다.

그러나, 마루 가격의 경우 2년째 하락 중입니다. 우리는 앞서 PART 2 사업보고서 쉽게 보기에서 소재와 마루의 시장 점유율을 살펴본 바 있습니다(p85 참고). 소재 부문과 달리 동화기업의 마루 시장 점유율은 3년째 소폭 하락 중이며, 기타/수입 브랜드의 점유율이 올라오고 있습니다. 이를 통해 시장 경쟁 심화로 인한 가격 하락으로 추측할 수 있으며, 시장 내 점유율 회복과 가격 상승을 위해 동화기업이 어떤 노력을 기울일지에 주목해야 할 것 같습니다.

03.
판매량(Q)

 판매량을 알아보기 위해서는 사업보고서의 사업의 내용 중, '생산 및 설비' 부분을 확인하면 됩니다. 앞서 '사업보고서 쉽게 보기'에서 생산능력과 생산실적 및 가동률의 의미와 가동률이 높을 때 증설을 고려할 수 있다는 것을 알아보았습니다. 이번 파트에서는 조금 더 구체적으로 동화기업의 최근 3개년 생산실적과 가동률 추이를 살펴보겠습니다.

 판매량 데이터를 취합하기 위해 전자공시시스템에서 동화기업의 분기보고서(2015.03)를 클릭하여 Ⅱ. 사업의 내용, '5. 생산 및 설비'를 찾습니다. 엑셀 파일에서도 판매량 데이터 취합 및 분석을 위한 새로운 Sheet를 만들고 Sheet 제목을 '판매량'으로 바꾸겠습니다.

① Web에서 Excel로

 이전 파트의 가격 데이터의 경우 하나의 표만 엑셀에서 시기별로 정리하면 되었으나, 판매량 데이터의 경우 생산능력, 생산실적, 가동률이라는 3개의 표를 모두 가져와 정리해야 합니다. 가격 파트보다 작업의 빈도가 늘어나나 가장 기본적인 취합과 정리 방법은 똑같습니다.

5. 생산 및 설비
가. 생산능력 및 생산능력의 산출근거 (국내)

생산능력(capa)				
사업부문	품 목	2015년 1분기	2014년	2013년
소재사업(MDF,PB)	MDF (㎥)	115,200	467,200	462,080
	PB (㎥)	144,000	584,000	576,000
하우징사업(강화마루)	강화마루 (평)	495,000	1,980,000	1,980,000

생산능력의 산출 근거
산출기준 : 각 사업부의 공정별 Design capa 기준으로 산출하였습니다.

나. 생산실적 (국내)

사업부문	품 목	2015년 1분기	2014년	2013년
소재사업(MDF,PB)	MDF (㎥)	127,330	505,739	312,514
	PB (㎥)	140,720	562,781	550,274
하우징사업(강화마루)	강화마루 (평)	413,462	1,800,283	1,419,337

다. 당해 사업연도의 가동률 (국내)

2015년 1월 1일 ~ 2015년 3월 31일까지				(단위 : 시간, %)
사업소(사업부문)		가동가능시간	실제가동시간	평균가동률 (%)
소재사업	MDF	4,320	4,014	92.9
	PB	4,320	4,040	93.5
하우징사업	강화마루	1,440	1,048	72.8

생산능력 표부터 마우스로 드래그하여 복사(Ctrl+C)한 후, 엑셀의 A1 셀에 붙여넣습니다(Ctrl+V). 그리고 다시 사업보고서로 돌아와 생산실적 표를 드래그한 후 몇 개의 행을 띄고 붙여넣습니다. 마지막으로 가동률도 같은 방법으로 엑셀에 붙여넣습니다.

분기보고서(2015.03)의 데이터를 다 엑셀로 불러왔다면, 2015.06 반기보고서부터 가장 최근에 발간된 보고서까지 같은 방식으로 모두 엑셀로 데이터를 끌어옵니다. 복사와 붙여넣기를 완료하면 다음 그림과 같은 모습이 됩니다.

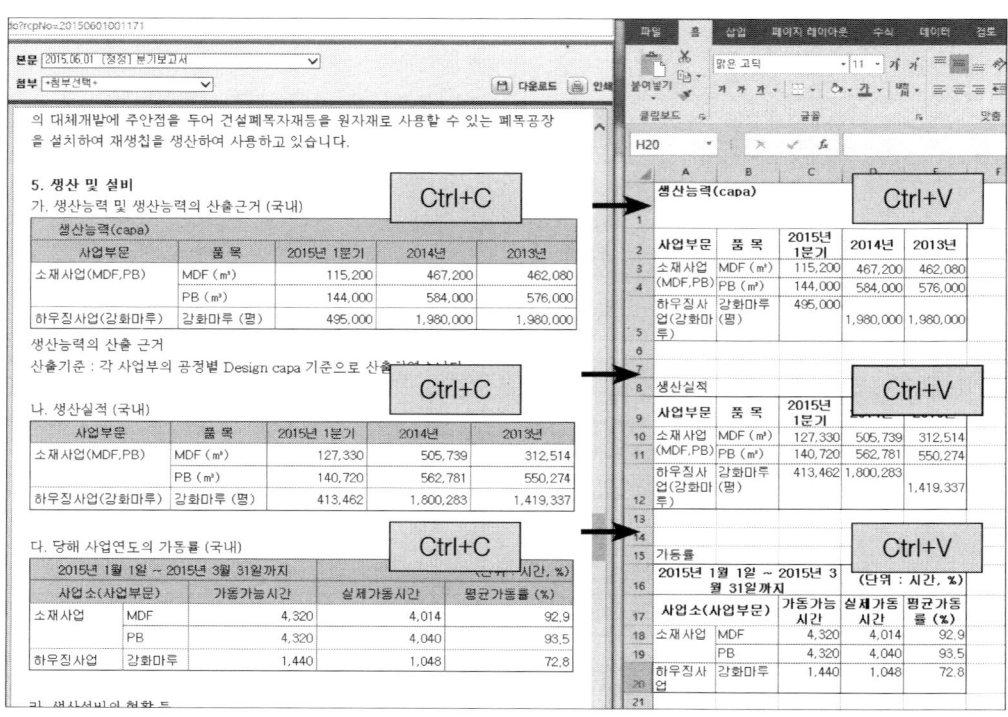

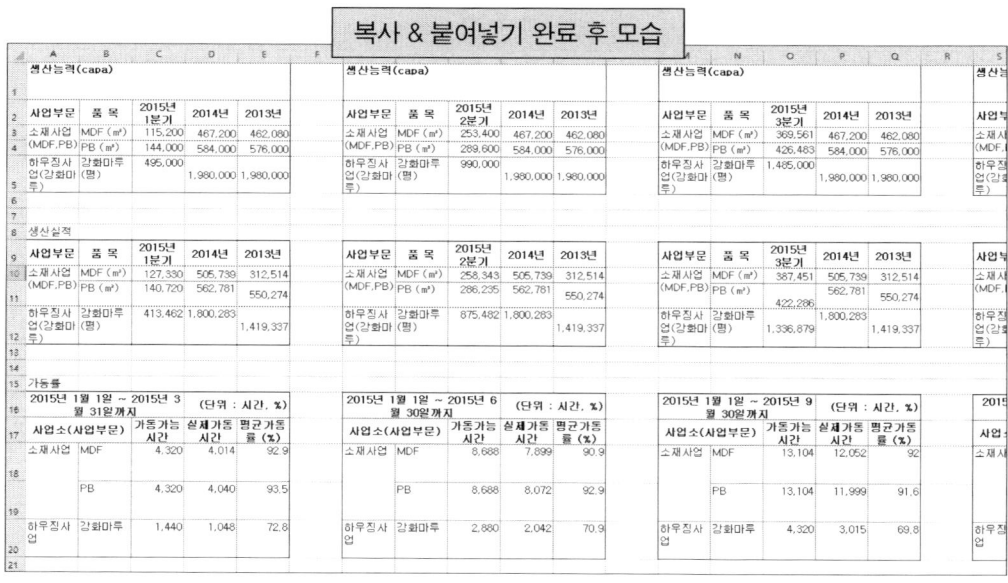

② 데이터 정리

지금부터는 그동안 익혔던 엑셀의 기본 기능을 모두 써먹을 때입니다. 현재 엑셀 자료에는 셀이 여러 개로 병합된 부분도 많고, 숫자 앞에 빈칸이 들어간 경우도 있습니다. 또한, 정리할 데이터도 많고, 정리 후에 표 편집과 분기 데이터 산출을 위한 계산도 필요합니다. 병합된 셀을 풀고, 빈칸을 없애는 작업부터 진행할 예정이니 앞서 배웠던 기능을 생각하면서 따라오시면 됩니다.

▶ 영역 지정 후, 병합된 셀 풀기.
숫자행 드래그, 상단 메뉴 [홈] → [병합하고 가운데 맞춤] 해제

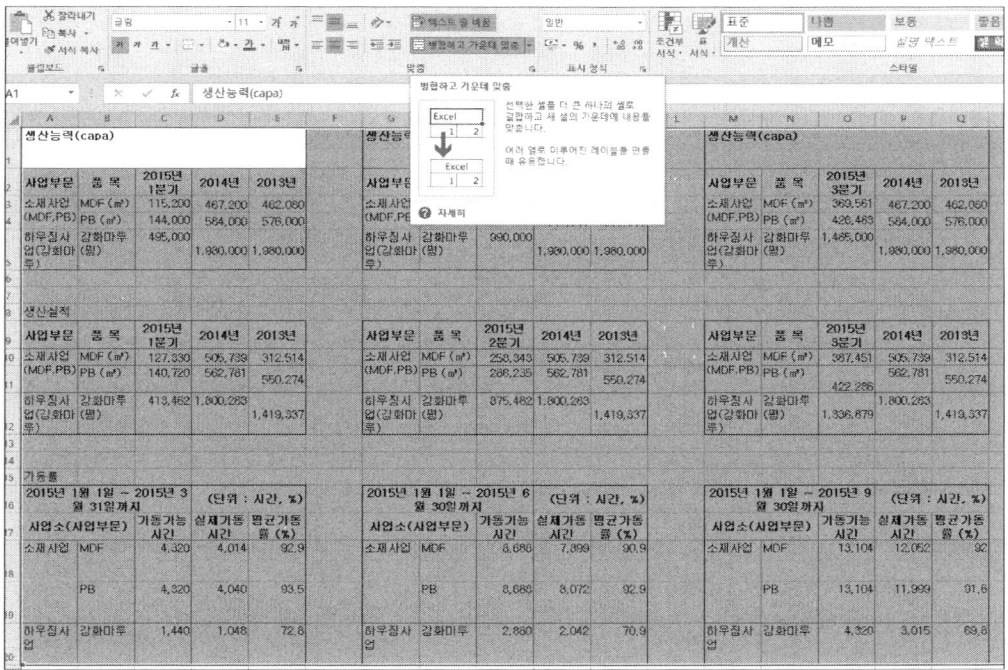

▶ **텍스트 줄 바꿈 해제**

영역 지정된 상태에서 상단 메뉴 [홈] → [텍스트 줄 바꿈] 해제

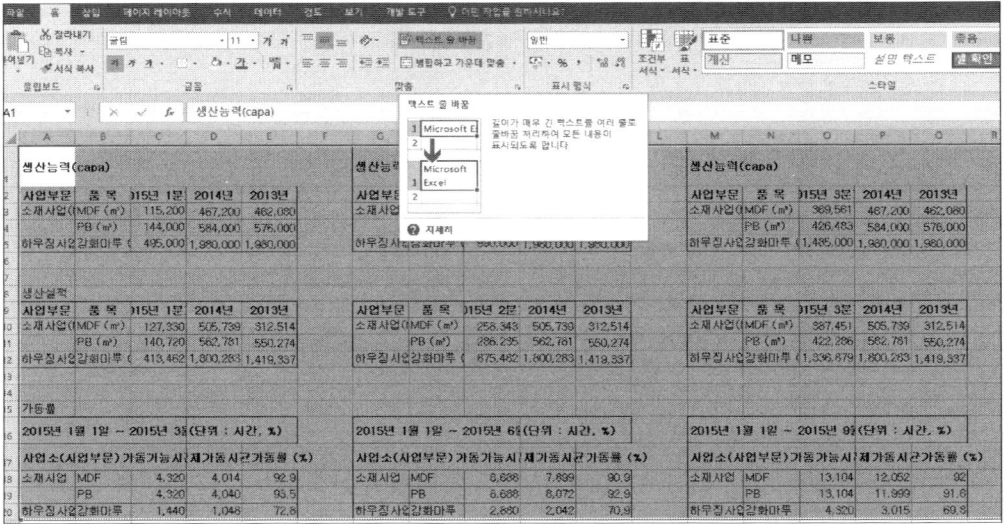

▶ **필요한 데이터만 순서대로 나열하기**

영역 지정 마우스 드래그 → 잘라내기(Ctrl+X) → 붙여넣기(Ctrl+V) 혹은 드래그 한 상태 그대로 마우스로 끌고 와도 됩니다.

	A	B	C	D	E	F	G	H	I	J	K
1	생산능력(capa)						생산능력(capa)				
2	사업부문	품 목	2015년 1분	2015년 2분	2013년		사업부문	품 목		2014년	2013년
3	소재사업	MDF (m³)	115,200	253,400	462,080		소재사업	MDF (m³)		467,200	462,080
4		PB (m³)	144,000	289,600	576,000			PB (m³)		584,000	576,000
5	하우징사업	강화마루	495,000	990,000	1,980,000		하우징사업	강화마루 (평)		1,980,000	1,980,000
6											
7											
8	생산실적										
9	사업부문	품 목	2015년 1분	2015년 2분	2013년		사업부문	품 목		2014년	2013년
10	소재사업	MDF (m³)	127,330	258,343	312,514		소재사업	MDF (m³)		505,739	312,514
11		PB (m³)	140,720	286,235	550,274			PB (m³)		562,781	550,274
12	하우징사업	강화마루	413,462	875,482	1,419,337		하우징사업	강화마루		1,800,283	1,419,337
13											
14											
15	가동률										
16	2015년 1월 1일 ~ 2015년 3월(단위 : 시간, %)						2015년 1월 1일 ~ 2015년 6월(단위 : 시간, %)				
17	사업소(사업부문)		가동가능시?	제가동시	평균가동률(%)		사업소(사업부문)		가동가능시?	제가동시	평균가동률(%)
18	소재사업	MDF	4,320	4,014	92.9		소재사업	MDF	8,688	7,899	90.9
19		PB	4,320	4,040	93.5			PB	8,688	8,072	92.9
20	하우징사업	강화마루	1,440	1,048	72.8		하우징사업	강화마루	2,880	2,042	70.9
21											

나머지 데이터도 이와 같은 방법으로 2015년 2분기 자료 이후부터 쭉 붙어 나가면 됩니다.

▶ 가동률 부분 주의

가동률 표에서 필요한 자료는 '평균 가동률'입니다. 그런데 위의 두 표와 다르게 평균 가동률 항목이 한 표 내에서는 가장 마지막인 세 번째 영역에 있습니다. 먼저 세 번째 영역에서 가장 앞으로 끌고 옵니다(잘라내기, 붙여넣기 해도 됩니다). 중간에 알림창이 하나 뜰텐데, '확인'을 누릅니다.

15	가동률					
16	2015년 1월 1일 ~ 2015년 3월(단위 : 시간, %)					
17	사업소(사업부문)		가동가능시	제가동시	평균가동률 (%)	
18	소재사업	MDF	4,320	4,014	92.9	
19		PB	4,320	4,040	93.5	
20	하우징사업	강화마루	1,440	1,048	72.8	
21						

마우스 드래그

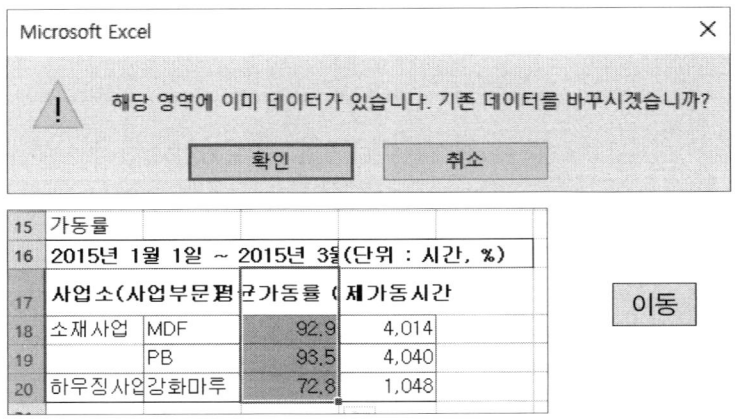

다른 표에 있는 '평균 가동률'도 차례로 갖고와 2015년 1분기 자료 이후부터 붙여넣습니다.

생산능력과 생산실적, 그리고 가동률까지 데이터 정리를 마친 모습은 다음 그림과 같습니다. 표의 색깔이나 양식은 개인의 취향대로 조금씩 다를 수 있습니다. 데이터만 차례대로 잘 나열되어 있으면 됩니다. 생산능력과 생산실적은 누적 기준으로 작성되었으며 가동률 역시 누적 시간 기준으로 산출되어 있습니다.

	A	B	C	D	E	F	G	H	I	J	K	L
1	생산능력(capa)											
2	사업부문	품목	1Q15	2Q15	3Q15	4Q15	1Q16	2Q16	3Q16	4Q16	1Q17	2Q17
3	소재사업(M	MDF (㎥)	115,200	253,400	369,561	511,000	127,400	254,800	383,600	512,400	126,000	253,400
4		PB (㎥)	144,000	289,600	426,483	584,000	145,600	291,200	438,400	585,600	144,000	289,600
5	하우징사업	강화마루 (편	495,000	990,000	1,485,000	1,980,000	495,000	990,000	1,485,000	1,980,000	495,000	990,000
6												
7												
8	생산실적											
9	사업부문	품목	1Q15	2Q15	3Q15	4Q15	1Q16	2Q16	3Q16	4Q16	1Q17	2Q17
10	소재사업(M	MDF (㎥)	127,330	258,343	387,451	516,755	133,886	262,899	392,189	530,256	130,653	268,458
11		PB (㎥)	140,720	286,235	422,586	566,830	144,684	293,900	412,343	557,600	142,961	293,856
12	하우징사업	강화마루 (편	413,462	875,482	1,336,879	1,867,149	458,770	953,723	1,369,209	1,756,318	415,657	791,208
13												
14												
15												
16	가동률											
17	사업소(사업부문)		1Q15	2Q15	3Q15	4Q15	1Q16	2Q16	3Q16	4Q16	1Q17	2Q17
18	소재사업	MDF	92.9	90.9	92	91.80%	92.5	91.2	90.4	91.6	94	93.4
19		PB	93.5	92.9	91.6	92.10%	94.7	94.5	88.2	89.4	93.7	94.3
20	하우징사업	강화마루	72.8	70.9	69.8	67.60%	68	68.2	65.6	65.4	68	68

데이터 정리가 끝났으니 지금부터는 생산능력과 생산실적도 분기 단위로 나누어 보겠습니다. 가동률 역시 PART 2 사업보고서 쉽게 보기에서 배웠던 다른 방법으로 새롭게 산출해 보겠습니다. 회사 입장에서는 연간 실적이 중요하겠지만, 사실 투자자들은 분기 실적에 상당히 예민하게 반응합니다. 2~3년의 장기간에 걸쳐 투자수익을 보는 사람보다는 단기간에 매매를 자주 하는 사람이 훨씬 많기 때문입니다. 이는 일반투자자나 기관투자자나 크게 다르지 않습니다. 빠른 시일 내에 수익을 얻고 싶고, 괜찮은 종목을 발견하면 다른 종목으로 옮겨가고 싶은 마음이 들기 마련입니다. 따라서 분기 단위로 실적을 파악해야 돈의 흐름에 좀 더 민첩하게 반응할 수 있을 것입니다.

분기 데이터 산출을 위해 생산능력과 생산실적표를 드래그해서 우측 빈 칸에 붙여넣습니다. A1셀부터 L12셀까지 드래그하면 됩니다.

그리고 사업부문별 실적을 구할 때 했던 방식 그대로 복사본에서 계산하고 결과 값은 원본 자료에 입력하도록 하겠습니다. 2Q15 MDF의 생산능력 셀인 D3에 수식 "=R3-Q3"을 입력하고 엔터를 누릅니다. 결과 값으로 138,200이 산출됩니다.

	1Q15	2Q15	3Q15	4Q15	1Q16	2Q16	3Q16	4Q16	1Q17	2Q17		사업부문	품 목	1Q15	2Q15
	115,200	=R3-Q3	369,561	511,000	127,400	254,800	383,600	512,400	126,000	253,400		소재사업(M	MDF (㎡)	115,200	253,400
	144,000	289,600	426,483	584,000	145,600	291,200	438,400	585,600	144,000	289,600			PB (㎡)	144,000	289,600
	495,000	990,000	1,485,000	1,980,000	495,000	990,000	1,485,000	1,980,000	495,000	990,000		하우징사업/강화마루		495,000	990,000

D3셀을 지정하고 D5셀까지 드래그하여 계산식을 그대로 적용합니다.

	A	B	C	D	E	F	G	H	I	J	K	L
1	생산능력(capa)											
2	사업부문	품 목	1Q15	2Q15	3Q15	4Q15	1Q16	2Q16	3Q16	4Q16	1Q17	2Q17
3	소재사업(M	MDF (㎡)	115,200	138,200	369,561	511,000	127,400	254,800	383,600	512,400	126,000	253,400
4		PB (㎡)	144,000	145,600	426,483	584,000	145,600	291,200	438,400	585,600	144,000	289,600
5	하우징사업	강화마루 (평	495,000	495,000	1,485,000	1,980,000	495,000	990,000	1,485,000	1,980,000	495,000	990,000
6												

그리고 바로 D3~D5까지 선택된 상태에서 F열까지 드래그합니다. 이제는 모든 2015년 자료가 분기 값으로 바뀌었습니다.

	A	B	C	D	E	F	G	H	I	J	K	L
1	생산능력(capa)											
2	사업부문	품 목	1Q15	2Q15	3Q15	4Q15	1Q16	2Q16	3Q16	4Q16	1Q17	2Q17
3	소재사업(M	MDF (㎡)	115,200	138,200	116,161	141,439	127,400	254,800	383,600	512,400	126,000	253,400
4		PB (㎡)	144,000	145,600	#VALUE!	#VALUE!	145,600	291,200	438,400	585,600	144,000	289,600
5	하우징사업	강화마루 (평	495,000	495,000	495,000	495,000	495,000	990,000	1,485,000	1,980,000	495,000	990,000
6												

그런데, E4와 F4셀에 오류표시가 나타났습니다. 오류를 해결하기 위해서 우측의 누적 데이터를 다시 클릭해 보니, S4 셀에 아래 그림처럼 숫자 앞에 아주 약간의 여백이 있음을 찾았습니다. 간단하게 Baskspace로 여백을 지워줍니다.

f_x	426,483

이와 같이 눈에 잘 띄지 않는 셀오류도 상당히 많습니다. 수식을 입력하는 과정이나 데이터를 정리하는 과정에서 자연스럽게 찾을 수 있으며, 엑셀 정리를 자주 하다 보면 이러한 오류를 찾는 자신만의 요령도 생길 것입니다. 오류를 고쳐가면서 다른 셀들에도 같은 작업을 반복합니다. 완료

된 모습은 다음과 같습니다.

	A	B	C	D	E	F	G	H	I	J	K	L
1	생산능력(capa)											
2	사업부문	품 목	1Q15	2Q15	3Q15	4Q15	1Q16	2Q16	3Q16	4Q16	1Q17	2Q17
3	소재사업(M	MDF (㎥)	115,200	138,200	116,161	141,439	127,400	127,400	128,800	128,800	126,000	127,400
4		PB (㎥)	144,000	145,600	136,883	157,517	145,600	145,600	147,200	147,200	144,000	145,600
5	하우징사업(	강화마루 (편	495,000	495,000	495,000	495,000	495,000	495,000	495,000	495,000	495,000	495,000
6												
7												
8	생산실적											
9	사업부문	품 목	1Q15	2Q15	3Q15	4Q15	1Q16	2Q16	3Q16	4Q16	1Q17	2Q17
10	소재사업(M	MDF (㎥)	127,330	131,013	129,108	129,304	133,886	129,013	129,290	138,067	130,653	137,805
11		PB (㎥)	140,720	145,515	136,051	144,544	144,684	149,216	118,443	145,257	142,961	150,895
12	하우징사업(	강화마루 (편	413,462	462,020	461,397	530,270	458,770	494,953	415,486	387,109	415,657	375,551
13												

이렇게 새롭게 산출된 분기 생산능력과 생산실적을 기반으로 가동률도 새로 산출해 보겠습니다. 이미 시간 기준 가동률이 나와있으나, 앞서 사업보고서에서 잠깐 언급하였 던 "생산실적/생산능력"으로 가동률을 산출해보는 것도 판매량 분석에 도움이 됩니다. 다음의 그림처럼 현재의 가동률 표 아래에 새로운 가동률 표 양식을 만듭니다. 위의 표 양식을 그대로 복사하였습니다.

	A	B	C	D	E	F	G	H	I	J	K	L
16	가동률											
17	사업소(사업부문)		1Q15	2Q15	3Q15	4Q15	1Q16	2Q16	3Q16	4Q16	1Q17	2Q17
18	소재사업	MDF	92.9	90.9	92	91.80%	92.5	91.2	90.4	91.6	94	93.4
19		PB	93.5	92.9	91.6	92.10%	94.7	94.5	88.2	89.4	93.7	94.3
20	하우징사업	강화마루	72.8	70.9	69.8	67.60%	68	68.2	65.6	65.4	68	68
21												
22												
23	가동률											
24	사업소(사업부문)		1Q15	2Q15	3Q15	4Q15	1Q16	2Q16	3Q16	4Q16	1Q17	2Q17
25	소재사업	MDF										
26		PB										
27	하우징사업	강화마루										

그리고 새로운 표의 1Q15 MDF 셀에 수식 "=C10/C3×100"을 입력하고 엔터를 누릅니 다. 결과 값으로 110.53이 나옵니다(소수점 자리는 조절해주었습니다). 값이 나오면 그 상태 에서 우측의 2Q17 MDF 셀(L25)까지 드래그하여 한 번에 값을 입력합니다. 그리고 다시 아래로 드래그하여 모든 제품의 가동률을 입력합니다.

	A	B	C	D	E	F	G
1	생산능력(capa)						
2	사업부문	품 목	1Q15	2Q15	3Q15	4Q15	1Q16
3	소재사업(M	MDF (m³)	115,200	138,200	116,161	141,439	127,400
4		PB (m³)	144,000	145,600	136,883	157,517	145,600
5	하우징사업(	강화마루 (편	495,000	495,000	495,000	495,000	495,000
6							
7							
8	생산실적						
9	사업부문	품 목	1Q15	2Q15	3Q15	4Q15	1Q16
10	소재사업(M	MDF (m³)	127,330	131,013	129,108	129,304	133,886
11		PB (m³)	140,720	145,515	136,051	144,544	144,684
12	하우징사업(	강화마루 (편	413,462	462,020	461,397	530,270	458,770
13							
14							
15							
16	가동률						
17	사업소(사업부문)		1Q15	2Q15	3Q15	4Q15	1Q16
18	소재사업	MDF	92.9	90.9	92	91.80%	92.5
19		PB	93.5	92.9	91.6	92.10%	94.7
20	하우징사업	강화마루	72.8	70.9	69.8	67.60%	68
21							
22							
23	가동률						
24	사업소(사업부문)		1Q15	2Q15	3Q15	4Q15	1Q16
25	소재사업	MDF	=C10/C3*100				
26		PB					
27	하우징사업	강화마루					
28							

가동률											
사업소(사업부문)		1Q15	2Q15	3Q15	4Q15	1Q16	2Q16	3Q16	4Q16	1Q17	2Q17
소재사업	MDF	110.53	94.80	111.15	91.42	105.09	101.27	100.38	107.19	#VALUE!	108.17
	PB										
하우징사업	강화마루										

가동률											
사업소(사업부문)		1Q15	2Q15	3Q15	4Q15	1Q16	2Q16	3Q16	4Q16	1Q17	2Q17
소재사업	MDF	110.53	94.80	111.15	91.42	105.09	101.27	100.38	107.19	#VALUE!	108.17
	PB	97.72	99.94	99.39	91.76	99.37	102.48	80.46	98.68	#VALUE!	103.64
하우징사업	강화마루	83.53	93.34	93.21	107.13	92.68	99.99	83.94	78.20	83.97	75.87

그런데 중간중간 또 오류가 나온 곳이 보입니다. 해당 부분을 찾아 클릭해 보면 대개 숫자의 앞 뒤로 여백이 있는 경우가 많습니다. Backspace로 여백을 없애줍니다.

모든 계산을 마치고 오류를 없애고 나면 다음 그림처럼 됩니다.

가동률										
사업소(사업부문)		1Q15	2Q15	3Q15	4Q15	1Q16	2Q16	3Q16	4Q16	1Q17	2Q17
소재사업	MDF	92.9	90.9	92	91.80%	92.5	91.2	90.4	91.6	94	93.4
	PB	93.5	92.9	91.6	92.10%	94.7	94.5	88.2	89.4	93.7	94.3
하우징사업	강화마루	72.8	70.9	69.8	67.60%	68	68.2	65.6	65.4	68	68

가동률										
사업소(사업부문)		1Q15	2Q15	3Q15	4Q15	1Q16	2Q16	3Q16	4Q16	1Q17	2Q17
소재사업	MDF	110.53	94.80	111.15	91.42	105.09	101.27	100.38	107.19	103.69	108.17
	PB	97.72	99.94	99.39	91.76	99.37	102.48	80.46	98.68	99.28	103.64
하우징사업	강화마루	83.53	93.34	93.21	107.13	92.68	99.99	83.94	78.20	83.97	75.87

시간 기준 가동률과 비교해 보면, 새롭게 산출된 가동률이 전반적으로 조금씩 높다는 것을 알 수 있습니다. 어떤 기준의 가동률이 실제 회사의 가동률에 더 가까울지는 알 수 없으나, 하우징 부문의 매출이 크게 빠지는 것은 아니라는 점에서 직접 산출한 가동률이 실제 판매량과 좀 더 유의미한 관련이 있다고 생각됩니다. 또한 이렇게 직접 가동률을 산출할 수 있어야 회사가 가동률을 사업보고서에 표시하지 않아도 파악할 수 있습니다.

판매량 분석에 들어가기에 앞서, 분기 생산실적의 추이만 차트를 그려 보겠습니다. 왜냐하면, 표의 수치상으로 생산능력은 크게 변화가 없는데 소재 사업의 생산실적은 조금씩 증가하는 것으로 보이기 때문입니다. 물론 기업이 생산한다고 하여 모두 100%는 판매로 이어지는 것은 아닙니다. 하지만, 재고와 원재료 부담이 있기 때문에 기업은 판매할 수 있는 만큼만 생산하려고 하므로 생산실적의 추이를 통해 판매량 변화를 추측할 수 있습니다. 이를 시각적으로 한 번에 이해하기 위해 각각의 제품별로 생산실적 그래프를 그려 보았습니다(그래프 그리는 법은 가격 파트의 p137를 참고해주세요).

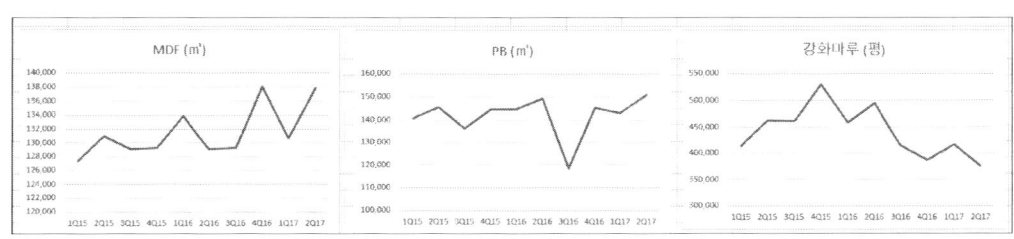

③ 데이터 분석

정리와 계산을 완료한 '생산능력', '생산실적', '가동률' 표를 통해 본격적으로 동화기업의 판매량을 분석해 보겠습니다.

생산능력(capa)										
사업부문	품목	1Q15	2Q15	3Q15	4Q15	1Q16	2Q16	3Q16	4Q16	1Q17	2Q17
소재사업	MDF (㎥)	115,200	138,200	116,161	141,439	127,400	127,400	128,800	128,800	126,000	127,400
	PB (㎥)	144,000	145,600	136,883	157,517	145,600	145,600	147,200	147,200	144,000	145,600
하우징사업	강화마루(평)	495,000	495,000	495,000	495,000	495,000	495,000	495,000	495,000	495,000	495,000

생산실적										
사업부문	품목	1Q15	2Q15	3Q15	4Q15	1Q16	2Q16	3Q16	4Q16	1Q17	2Q17
소재사업	MDF (㎥)	127,330	131,013	129,108	129,304	133,886	129,013	129,290	138,067	130,653	137,805
	PB (㎥)	140,720	145,515	136,051	144,544	144,684	149,216	118,443	145,257	142,961	150,895
하우징사업	강화마루(평)	413,462	462,020	461,397	530,270	458,770	494,953	415,486	387,109	415,657	375,551

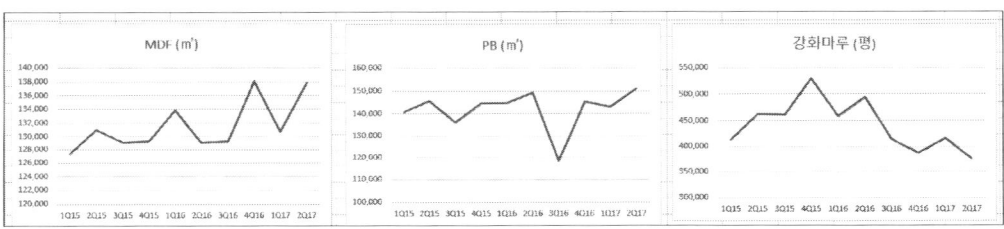

가동률										
사업소(사업부문)		1Q15	2Q15	3Q15	4Q15	1Q16	2Q16	3Q16	4Q16	1Q17	2Q17
소재사업	MDF	92.9	90.9	92	91.80%	92.5	91.2	90.4	91.6	94	93.4
	PB	93.5	92.9	91.6	92.10%	94.7	94.5	88.2	89.4	93.7	94.3
하우징사업	강화마루	72.8	70.9	69.8	67.60%	68	68.2	65.6	65.4	68	68

가동률										
사업소(사업부문)		1Q15	2Q15	3Q15	4Q15	1Q16	2Q16	3Q16	4Q16	1Q17	2Q17
소재사업	MDF	110.53	94.80	111.15	91.42	105.09	101.27	100.38	107.19	103.69	108.17
	PB	97.72	99.94	99.39	91.76	99.37	102.48	80.46	98.68	99.28	103.64
하우징사업	강화마루	83.53	93.34	93.21	107.13	92.68	99.99	83.94	78.20	83.97	75.87

먼저, MDF의 경우 생산능력은 일정한데 생산실적은 꾸준히 증가하고 있습니다. 동화기업은 해외 법인의 생산 CAPA를 제외하고 국내 공장의 생산능력 및 실적만 사업보고서에 기재하였으므로, 사업보고서 사업의 내용에 언급되어있던 베트남VRG동화의 증설 물량은 이번 표에 전혀 반영되지 않은 상황입니다. 그럼에도 불구하고 판매량이 우상향

하고 있다는 것은 국내 판매가 상당히 견조하다는 것을 의미합니다. 국내 가동률도 3년째 100% 안팎을 유지하고 있어, 국내 공장 증설을 고려하지 않을까 고민됩니다. 그러나 이미 베트남에 크게 투자하고 있고, 과거 금융위기와 건설 경기 침체로 영향을 받은 바가 있다고 사업보고서에 쓰여 있어(p73 참고) 국내 투자는 보수적으로 집행할 가능성이 높아 보입니다.

PB의 경우 2016년 3분기를 제외하고는 안정적인 수준이 유지되고 있습니다. PB는 MDF와 비슷한 용도로 사용되며 같은 시황 속에 있는데, 3분기에 유독 판매량이 하락한 것이 이상합니다. 2016년 3분기 PB 생산실적 하락에 대해서는 2016년 사업보고서의 '이사의 경영진단 및 분석의견'에서 찾아볼 수 있습니다.

나. 대성목재공업 PB공장 Upgrade 투자
① 투자목적
노후화된 컨트롤시스템(PLC) 업그레이드를 통한 생산성 안정화 및 친환경 PB 생산능력 증가 필요했습니다. 해당 투자로 인해 최근 친환경 보드의 수요가 증가하는 추세에 대응하기 위해 투자를 진행했으며, 고친환경 PB의 생산능력이 향상되었습니다.
② 투자금액
대성목재공업 자체자금 약 71억원

③ 일정
'15년 6월 발주 , '16년 8월 설치공사(1개월휴동), '16년 9월 1일 정상가동

'이사의 경영진단 및 분석의견'을 보면 주요 연결자회사인 대성목재공업이 2016년 8월 한 달 동안 고(高)친환경 PB 생산능력 확대를 위한 공사로 휴동하였음을 알 수 있습니다. 음식점으로 비유하자면, 한 달 동안 내부 인테리어 개선을 위해 영업하지 못했다는 것과 같습니다. 일시적인 요인이며, 향후 사업 확대를 위한 투자라 판단됩니다. PB 부문의 생산능력이 2016년 3분기 이후에도 수치적으로는 크게 변화된 부분이 없으므로 기존 제품 생산 라인을 고(高)친환경 제품 생산라인으로 교체하는 투자였을 것으로 짐작

할 수 있습니다. Q 증가보다는 P 상승에 초점을 맞춘 것으로 보입니다. 앞서 가격 파트에서도 PB 가격이 2016년 4분기부터 의미 있게 우상향하고 있는 것을 확인하였는데 친환경 제품의 비중 확대 영향이었던 것으로 파악됩니다. 고부가가치 제품일수록 기술적 진입장벽이 높으므로 향후 프리미엄 시장 내 지배력 확대를 계획하고 있는 것으로 보입니다. PB의 매출과 영업이익 확대가 기대됩니다.

반면, 강화마루의 경우 2015년 4분기부터 지속 감소추세에 있습니다. 소재 쪽 가격과 판매가 안정적으로 유지되고 있다는 점에서 전방 시황이 우호적인 것으로 보임에도 판매량이 계속 하락한다는 점은 시장 경쟁이 심화되거나 수요가 다른 제품으로 옮겨간다고 추론할 수 있습니다. 마루 시장의 상황 역시 사업보고서의 '이사의 경영진단 및 분석 의견'에서 찾아볼 수 있습니다.

사진출처: 동화기업 홈페이지

> 당사는 2016년 연결 매출액 6,907억원, 영업이익 828억원을 기록했습니다.
> 세계 경기침체와 내수심리 위축 등 안팎으로 어려운 상황이 지속되는 가운데서도 이 같은 성과를 이룰 수 있었던 것은 국내 주택시장의 회복세에 따른 보드 판매량 증가와 함께 베트남 법인의 실적 호조, 혁신활동을 통한 원가 경쟁력 강화 등이 더해졌기 때문입니다. 최근 건자재시장은 신규 분양 및 재건축 아파트와 리모델링시장 규모가 증가하고, 생활수준의 향상과 환경적 영향을 고려하는 소비자 성향으로 친환경 제품의 수요가 증가하고 있습니다. 그에 따라 가구회사에서도 친환경 보드로 가구를 생산하여 판매하는 비중을 늘리고 있습니다. <u>마루시장에서는 최근 강마루가 합판마루를 대체하며 성장하여 강화마루, 강마루, 합판마루, PCV 바닥재간의 경쟁이 다각화 되고 있습니다. 당사는 강마루 수요증가에 대응하여 강마루를 가공하여 판매하고 있으며, '2016년에는 2년여의 기간동안 연구개발하여 기존 강화마루와 강마루 사이의 특징을 가지는 새로운 마루인 나투스진을 출시하여 시장의 좋은 반응을 얻고 있습니다.</u> 또한 PVC바닥재(동화자연리움)도 판매하는 등 마루 뿐만 아니라 화학 바닥재 시장까지 진출하였고, 도어, 몰딩, 천장재등의 제품 포트폴리오를 다각화 하였습니다. 건장재의 수요는 신축되는 주택 및 상업용 건설시장에 공급되는 신규수요와 이사 및 리모델링에 의해 교체되는 교체수요로 이루어져 있습니다. 따라서 주택건설 수요의 변동은 건장재 신규수요의 변동을 가져오는 것과 동시에 리모델링시장의 성장으로 인해 건장재 수요가 추가적으로 발생될 수 있습니다.

최근 마루 시장은 강마루의 수요가 올라가면서 강화마루와의 경쟁이 심화되고 있는 것으로 보입니다. 동화기업도 시장 수요 변화에 대응하고자 강화마루와 강마루 사이의 특징을 가지는 '나투스진'이라는 신제품을 출시하였다고 설명되어 있습니다. 앞서 사업 부문별 손익을 살펴보았을 때, '하우징사업'의 경우 매출액 감소 대비 영업이익 감소폭이 훨씬 커 그 이유로 소재 가격 상승, 마케팅비 증가, 연구개발비 증가 등을 추론한 적이 있습니다(p131 참고). 이번 신제품 출시로 인한 하우징 사업부의 연구개발 비용 및 신제품 마케팅 비용 증가가 손익 악화의 주요 원인임을 알 수 있었습니다. 앞으로 신제품 판매를 늘려 매출과 손익 모두 끌어올리는지를 지켜봐야 할 것 같습니다.

04.
비용(C)

회사가 지출하는 전반적인 비용을 알아보기 위해서는 사업보고서의 두 부분을 살펴보아야 합니다. 첫 번째는 Ⅱ.사업의 내용에서 "라. 주요 원재료 등의 가격변동추이"이며, 두 번째는 (연결)재무제표 주석에서 "비용의 성격별 분류"입니다. 먼저 원재료의 경우 일반적으로 제품 생산을 위한 비용 중 가장 많은 비중을 차지하고 있으며, 원재료 가격 추이에 따라 판가가 변동되기도 하므로 원재료 가격 추이를 파악하는 것은 회사의 손익 전망에 있어 굉장히 중요합니다. 두 번째 "비용의 성격별 분류"에는 매출원가 및 판매관리비에 포함되는 모든 비용이 항목별로 나와 있습니다. 회사마다 매출원가와 판매관리비를 나눠 주는 회사도 있고, 합쳐서 총금액만 공시해주는 회사도 있습니다. 회사가 집행하는 비용은 매년 또는 매 분기 크게 변화가 없는 것이 일반적이지만(서서히 증가 혹은 감소), 어떤 이벤트가 있거나 갑자기 장사가 너무 잘되면 크게 증가할 수도 있고, 내부 구조조정 등으로 인해 크게 감소할 수도 있습니다.

① 원재료 가격 추이

원재료 가격 추이를 알아보기 위해 사업보고서의 Ⅱ.사업의 내용에서 "라. 주요 원재료 등의 가격변동추이"를 찾습니다. 원재료 가격 변동 추이 표 바로 위에 원재료 매입액도 나와 있는데, 매입액을 원재료 가격으로 나누면 원재료 매입량을 산출할 수 있습니다. 그러나 매입 항목의 내용이 자주 바뀌어 정확한 산출이 어렵기 때문에 책에서 이는 진행하지 않도록 하겠습니다. 다만, 그러한 방식으로 원재료 매입량을 구하여 판매량과 연관 지어 생각할 수 있다는 것만 알아 두면 좋습니다.

지금까지 해왔던 방식 그대로 사업보고서에서 원재료 가격 표를 마우스로 드래그 한 후, 엑셀에 새로운 Sheet를 만들고 A1 셀에 붙여넣습니다. 꼭 A1 셀이 아니어도 됩니다. 책에서는 설명의 편의를 위해 A1 셀에 붙이는 것으로 통일하였습니다.

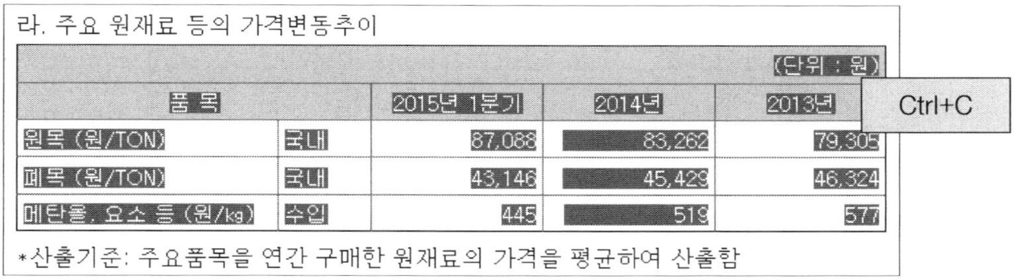

라. 주요 원재료 등의 가격변동추이

(단위 : 원)

품 목		2015년 1분기	2014년	2013년
원목 (원/TON)	국내	87,088	83,262	79,305
폐목 (원/TON)	국내	43,146	45,429	46,324
메탄올, 요소 등 (원/kg)	수입	445	519	577

*산출기준: 주요품목을 연간 구매한 원재료의 가격을 평균하여 산출함

Ctrl+C

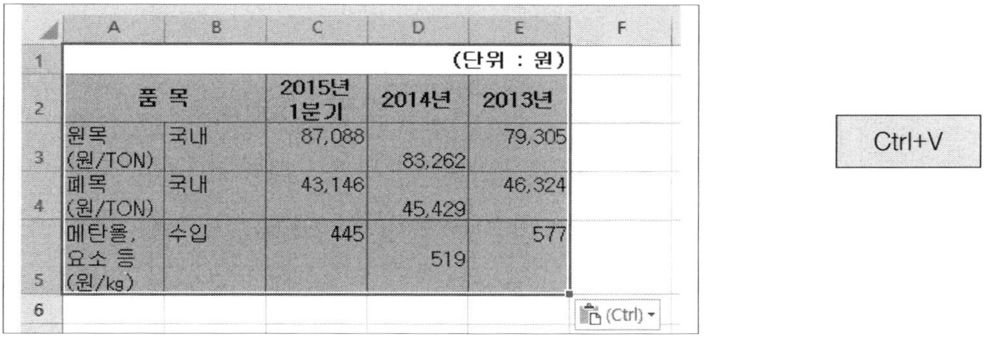

(단위 : 원)

품 목		2015년 1분기	2014년	2013년
원목 (원/TON)	국내	87,088	83,262	79,305
폐목 (원/TON)	국내	43,146	45,429	46,324
메탄올, 요소 등 (원/kg)	수입	445	519	577

(Ctrl)
Ctrl+V

2015.03 분기보고서부터 2017.06 반기보고서 혹은 마지막에 제출된 사업보고서까지 복사와 붙여넣기를 반복합니다. 완료하면 다음 그림처럼 됩니다.

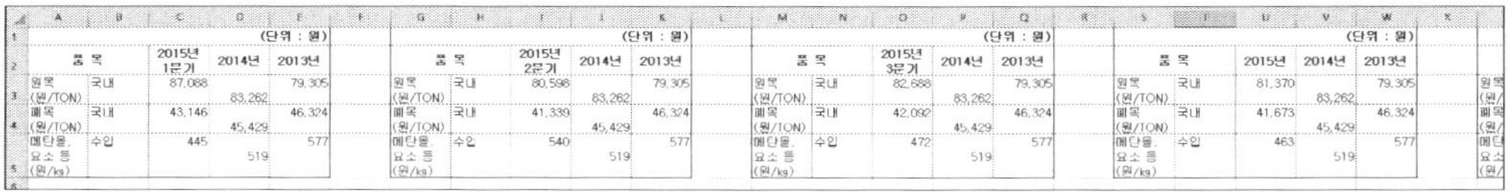

(단위 : 원)

품 목		2015년 1분기	2014년	2013년
원목 (원/TON)	국내	87,088	83,262	79,305
폐목 (원/TON)	국내	43,146	45,429	46,324
메탄올, 요소 등 (원/kg)	수입	445	519	577

(단위 : 원)

품 목		2015년 2분기	2014년	2013년
원목 (원/TON)	국내	80,598	83,262	79,305
폐목 (원/TON)	국내	41,339	45,429	46,324
메탄올, 요소 등 (원/kg)	수입	540	519	577

(단위 : 원)

품 목		2015년 3분기	2014년	2013년
원목 (원/TON)	국내	82,688	83,262	79,305
폐목 (원/TON)	국내	42,092	45,429	46,324
메탄올, 요소 등 (원/kg)	수입	472	519	577

(단위 : 원)

품 목		2015년	2014년	2013년
원목 (원/TON)	국내	81,370	83,262	79,305
폐목 (원/TON)	국내	41,673	45,429	46,324
메탄올, 요소 등 (원/kg)	수입	463	519	577

그리고 다시 불필요한 부분을 지워주면서 시기별로 나열하고, 날짜도 보기 편한 방식으로 바꾸어 줍니다. 또한 개별 셀에 빈칸이 있는 부분들을 찾아 빈칸도 없애줍니다.

	A	B	C	D	E	F	G	H	I	J	K	L	M
1			(단위 : 원)										
2	품	목	1Q15	2Q15	3Q15	4Q15	1Q16	2Q16	3Q16	4Q16	1Q17	2Q17	
3	원목 (원/TON)	국내	87,088	80,598	82,688	81,370	75,416	74,674	74,385	74,064	72,849	64,400	
4	폐목 (원/TON)	국내	43,146	41,339	42,092	41,673	38,177	37,433	35,773	34,734	32,149	31,997	
5	메탄올, 요소 등 (원/kg)	수입	445	540	472	463	423	393	386	388	450	432	
6													

빈칸까지 없애주고 원하는 글씨체와 색상으로 바꾸어 주면 자료 정리가 마무리됩니다.

	A	B	C	D	E	F	G	H	I	J	K	L
1	(단위 : 원)											
2	품 목		1Q15	2Q15	3Q15	4Q15	1Q16	2Q16	3Q16	4Q16	1Q17	2Q17
3	원목 (원/TON)	국내	87,088	80,598	82,688	81,370	75,416	74,674	74,385	74,064	72,849	64,400
4	폐목 (원/TON)	국내	43,146	41,339	42,092	41,673	38,177	37,433	35,773	34,734	32,149	31,997
5	메탄올, 요소 등 (원/kg)	수입	445	540	472	463	423	393	386	388	450	432
6												

② 원재료 가격 변동률 구하기

원재료 가격표 아래에 비슷한 표 양식을 새로 만들고, 1Q16부터 변동률을 구하면 됩니다. 1Q16 자료에 해당하는 셀(G9)을 선택하고 수식 "=(G3-C3)/C3×100", 혹은 "=(G3/C3-1)×100"을 입력하고 엔터를 누릅니다. 결과 값으로 -3.40254이 산출됩니다.

	A	B	C	D	E	F	G	H	I	J	K	L
1	(단위 : 원)											
2	품 목		1Q15	2Q15	3Q15	4Q15	1Q16	2Q16	3Q16	4Q16	1Q17	2Q17
3	원목 (원/TON)	국내	87,088	80,598	82,688	81,370	75,416	74,674	74,385	74,064	72,849	64,400
4	폐목 (원/TON)	국내	43,146	41,339	42,092	41,673	38,177	37,433	35,773	34,734	32,149	31,997
5	메탄올, 요소 등 (원/kg)	수입	445	540	472	463	423	393	386	388	450	432
6												
7												
8	품 목		1Q15	2Q15	3Q15	4Q15	1Q16	2Q16	3Q16	4Q16	1Q17	2Q17
9	원목 (원/TON)	국내					=(G3-C3)/C3*100					
10	폐목 (원/TON)	국내										
11	메탄올, 요소 등 (원/kg)	수입										

소수점 뒷자리와 표시 형식을 바꾸고 2Q17 자료인 L9 셀까지 드래그합니다. 그리고 L11까지 입력되도록 그 상태 그대로 아래로 드래그합니다.

결과 값 대부분이 마이너스인것으로 보아 최근 몇 분기 동안 원재료 가격이 지속 하락 중이었던것으로 보입니다. 수치와 함께 가격 동향을 한눈에 파악하기 위해 차트도 그려주겠습니다.

③ 차트 그리기

원재료 세 항목을 모두 한 차트에 그려주어도 되지만, 세 항목을 비교하려는 목적이 아니고 뚜렷한 추세 파악이 중요하기 때문에 개별 차트로 그려주겠습니다(차트 그리는 법은 p152를 참고하세요).

축의 최솟값을 올려주면 변화가 뚜렷해집니다. 그래프의 색깔은 그래프를 클릭한 상태에서 [홈], [차트 도구], [서식]에서 도형 윤곽선에서 바꾸면 됩니다. 색깔, 굵기, 모양까지도 바꿀 수 있습니다.

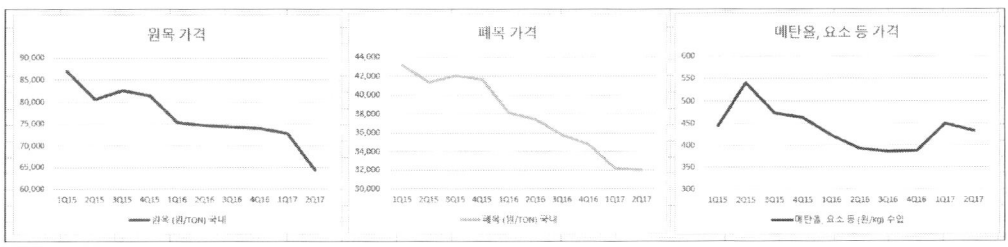

Part 3. 엑셀을 통한 실전 기업분석

차트를 살펴보면 원목과 폐목 가격은 지속 하락 추세이며, 메탄올 등의 가격만 소폭 올라가는 모습입니다. 자료가 2015년 1분기부터 시작되어 최근 트렌드와 현재 가격 수준을 파악하기는 용이하나, 현재의 원재료 가격이 역사상 어느 정도 수준이며 앞으로 더 하락할 수 있을지를 파악하긴 조금 어렵게 느껴집니다. 가격은 빠질 만큼 빠지면 오르고, 오를 만큼 오르면 내려가기 마련입니다. 따라서 향후 가격을 전망하는 데는 장기간에 걸친 데이터 취합이 필요합니다. 책에서는 설명의 편이를 위해 약 3개년 자료만 취합하였으나, 자료 취합과 분석이 익숙해지면 좀 더 정확한 전망을 위하여 장기간에 걸쳐 자료를 정리하는 습관을 들이시길 바랍니다.

④ 비용의 성격별 분류

원재료 매입에 들어간 비용을 포함하여 회사가 집행한 모든 비용을 한눈에 보기 위해 주석을 살펴보겠습니다. 우리는 동화기업을 연결 기준으로 보고 있으므로, 사업보고서 목차에서도 '연결재무제표 주석'에 들어갑니다. 그리고 Ctrl+F를 누르고 "성격별" 혹은 "비용의 성격" 등을 검색하여 해당 항목을 찾습니다.

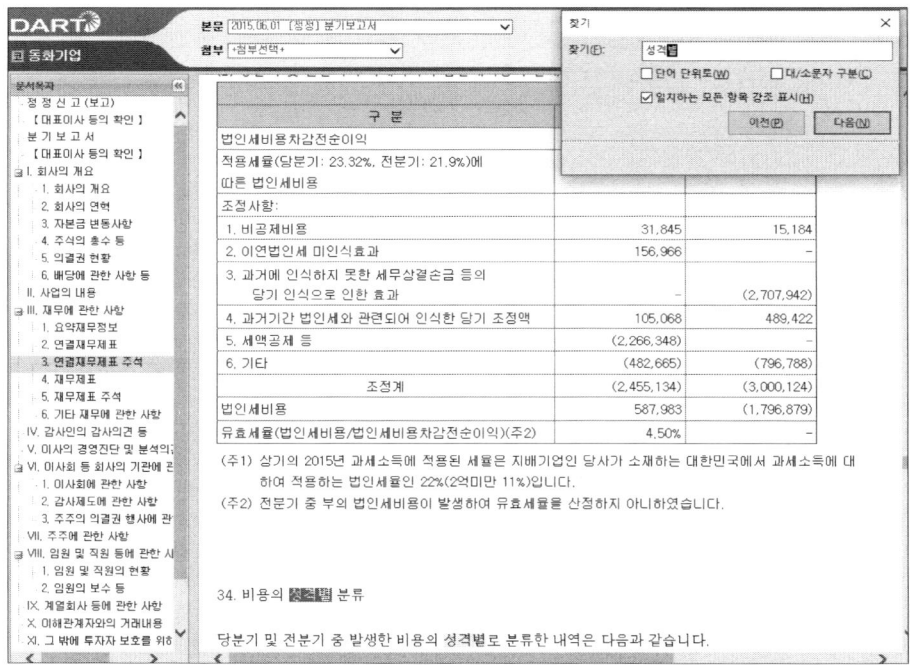

간혹 어떤 회사는 주석에 비용의 성격별 분류를 기재하지 않는 경우도 있습니다. 그럴 경우에는 그냥 손익계산서에 나와 있는 매출원가와 판매관리비를 파악하는 것으로 만족할 수밖에 없습니다.

엑셀에 새로운 Sheet를 만들고 비용 항목을 모두 드래그한 후 복사와 붙여넣기를 시기별로 반복합니다.

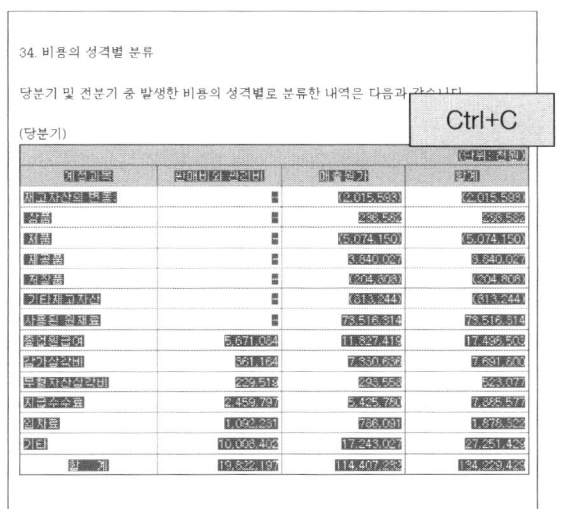

모든 사업보고서의 비용 항목의 복사·붙여넣기를 완료한 모습은 아래 그림과 같습니다.

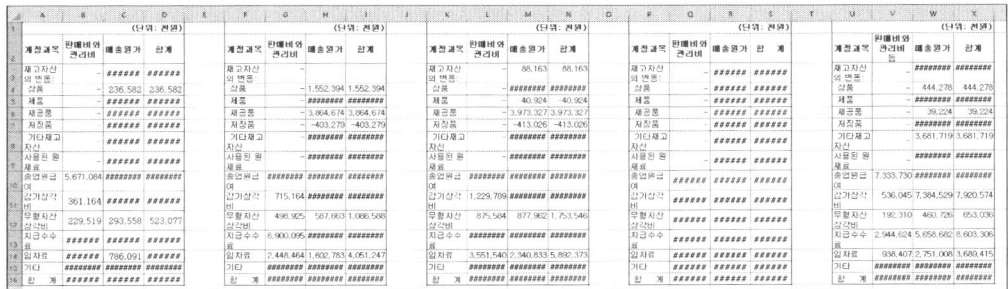

Part 3. 엑셀을 통한 실전 기업분석   171

동화기업은 매출원가와 판매 관리비를 나누어서 기재했습니다. 이를 모두 정리해서 파악하는 것도 좋겠지만, 같은 항목이더라도 매출원가와 판매관리비로 나누어질 수 있다는 것 정도만 파악하고 우리는 합계만 정리하도록 하겠습니다. 비용이 어떤 항목으로 분류되는지보다는 전체 비용이 얼마나 집행되고 있는지만 잘 알아도 되기 때문입니다. '합계' 부문만 남기고 나머지는 지워가면서 시기별로 나열해줍니다. 그동안 계속 했던 작업이기 때문에 이제는 익숙해지셨을 것으로 생각합니다.

	A	B	C	D	E	F	G	H	I	J	K
1	(단위: 천원)										
2	계정과목	합계	합계	합계	합 계	합계	합계	합계	합 계	합 계	합계
3	재고자산의 변동:	######		88,163	######	########			4,026,958		
4	상품	236,582	1,552,394	########	######	444,278	539,905	967,061	726,242	207,707	759,588
5	제품	######	########	-40,924	######	########	-655,186	6,248,643	4,683,908	3,121,662	4,447,602
6	재공품	######	3,864,674	3,973,327	######	39,224	91,467	91,164	99,503	43,806	30,934
7	저장품	######	-403,279	-413,026	######	########	########	########	########	200,120	-654,307
8	기타재고자산	######	########	########	######	3,681,719	-523,343	3,304,894	2,731,533	731,880	638,657
9	사용된 원재료	######	########	########	######	########	########	########	########	########	########
10	종업원급여	########	########	########	######	########	########	########	########	########	########
11	감가상각비	######	########	########	######	7,920,574	########	########	########	8,049,054	########
12	무형자산상각비	523,077	1,086,588	1,753,546	######	653,036	1,216,672	1,946,571	2,602,064	724,889	1,506,433
13	지급수수료	######	########	########	######	8,603,306	########	########	########	8,172,997	########
14	임차료	######	4,051,247	5,892,373	######	3,689,415	4,717,111	7,049,059	8,409,049	2,221,947	5,474,924
15	기타	######	########	########	######	########	########	########	########	########	########
16	합 계	######	########	########	######	########	########	########	########	########	########
17											

비용의 성격별 항목도 전부 누적 기준으로 기재되어 있으므로 이 역시 분기 단위로 나누어야 합니다. A1 셀부터 K16 셀까지 드래그하여 복사한 후, 바로 옆 빈 셀에 붙여넣습니다. 그리고 다시 원본 표로 돌아와 재고 자산의 변동 아래의 '상품' 항목부터 분기 값을 계산합니다. 재고자산의 변동 총액은 데이터가 있는 곳도 있고 없는 곳도 있으므로 계산에서 제외하겠습니다.(상품~기타재고자산까지 합친 금액이 '재고자산의 변동' 입니다) 2Q15 상품 항목인 C4 셀에 복사본의 3Q15 상품금액에서 2Q15 상품금액을 빼는 수식을 입력합니다.

	A	B	C	D	E	F	G	H	I
1	합계								
2	계정과목	1Q15	2Q15	3Q15	4Q15	1Q16	2Q16	3Q16	4Q16
3	재고자산의 변동	-2,015,593		88,163	-3,630,439	-1,153,327			4,026,958
4	상품	236,582	=Q4-P4	-1,332,554	-813,300	444,278	539,905	967,061	726,242
5	제품	-5,074,150	-4,058,783	-40,924	-2,585,435	-1,862,517	-655,186	6,248,643	4,683,908

값이 산출되면 이를 아래로 쭉 복사하여 다른 항목의 분기 값도 산출합니다. 그리고 전체 열을 복사하여 다른 시기에도 같은 수식을 적용해줍니다.

모든 항목의 분기 값 산출을 완료하였으면 용이한 표 읽기를 위해 단위를 변환해줄 것입니다. 계산이 완료된 표 전체를 드래그하고 복사(Ctrl+C)를 합니다.

	A	B	C	D	E	F	G	H	I	J	K	
1	합계											천원
2	계정과목	1Q15	2Q15	3Q15	4Q15	1Q16	2Q16	3Q16	4Q16	1Q17	2Q17	
3	재고자산의 변동	-2,015,593		88,163	-3,630,439	-1,153,327			4,026,958			
4	상품	236,582	1,315,812	-2,884,948	519,254	444,278	95,627	427,156	-240,819	207,707	551,881	
5	제품	-5,074,150	1,015,367	4,017,859	-2,544,511	-1,862,517	1,207,331	6,903,829	-1,564,735	3,121,662	1,325,940	
6	재공품	3,840,027	24,647	108,653	-18,358	89,224	52,243	-303	8,339	43,806	-12,872	
7	저장품	-204,808	-198,471	-9,747	-185,155	-3,456,031	-464,048	-216,235	-77,914	200,120	-854,427	
8	기타재고자산	-813,244	-1,165,174	-120,242	-1,489,892	3,681,719	-4,205,062	3,828,237	-573,361	731,890	-93,223	
9	사용된 원재료	73,516,314	16,845,762	137,629,947	78,623,627	73,920,215	51,824,479	76,464,538	79,999,711	60,304,046	85,344,194	
10	종업원급여	17,498,503	22,060,877	21,567,540	18,848,169	20,791,058	26,412,086	23,295,415	33,816,414	25,475,164	26,551,957	
11	감가상각비	7,691,800	7,781,807	8,202,601	7,354,020	7,920,574	7,938,207	8,032,891	5,231,288	8,049,054	8,733,207	
12	무형자산상각비	523,077	563,511	666,958	631,846	653,036	563,636	729,899	655,493	724,889	781,544	
13	지급수수료	7,885,577	10,784,396	8,070,355	8,900,574	8,603,306	14,366,025	12,209,957	-598,512	8,172,997	11,453,904	
14	임차료	1,878,322	2,172,925	1,841,126	2,018,217	3,689,415	1,027,696	2,331,948	1,359,930	2,221,947	3,252,977	
15	기타	27,251,429	87,859,869	-23,591,005	44,023,786	29,249,440	51,338,250	18,395,001	40,184,516	41,194,807	30,266,595	
16	합 계	134,229,429	149,061,328	155,499,097	157,181,037	143,673,715	150,156,470	152,902,333	161,200,410	150,448,079	167,301,677	

그리고 그 상태 그대로 아무 이동 없이 붙여넣기(Ctrl+V)를 하고, 오른쪽 하단 붙여넣기 옵션 박스에서 '값만'을 선택합니다.

그러면 계산된 분기 값이 아무런 수식에 엮이지 않은 채 입력됩니다. 이렇게 순수 숫자로만 이루어진 표를 다시 한번 선택하고 복사한 후, 이번에는 아래쪽 빈 곳에다가 붙여넣습니다. 그리고 빈칸 아무 곳에나 100,000을 입력해 둡니다. 천 원 단위를 억 원으로 바꾸어 주려면 100,000으로 나누어 주면 되고, 백만 단위를 억 원으로 바꾸어 주려면 100으로 나누면 됩니다. 일반적으로 사업보고서 안의 수치는 천 원이나 백만으로 공시되며 회사 규모가 아주 큰 경우만 억 원으로 기재됩니다. 따라서 단위를 변환할 때 필요한 수치를 외워 두면 나중에 일일이 고민하거나 생각하지 않아도 됩니다.

	A	B	C	D	E	F	G	H	I	J	K	L	M
1	합계											전원	
2	계정과목	1Q15	2Q15	3Q15	4Q15	1Q16	2Q16	3Q16	4Q16	1Q17	2Q17		
3	재고자산의 변동	-2,015,593		88,163	-3,630,439	-1,153,327			4,026,958				
4	상품	236,582	1,315,812	-2,884,948	519,254	444,278	95,627	427,156	-240,819	207,707	551,881		
5	제품	-5,074,150	1,015,367	4,017,859	-2,544,511	-1,862,517	1,207,331	6,903,829	-1,564,735	3,121,662	1,325,940		
6	재공품	3,840,027	24,647	108,653	-18,358	39,224	52,243	-303	8,339	43,806	-12,872		
7	저장품	-204,808	-198,471	-9,747	-185,155	-3,456,031	-464,048	-216,235	-77,914	200,120	-854,427		
8	기타재고 자산	-813,244	-1,165,174	-120,242	-1,489,832	3,681,719	-4,205,062	3,828,237	-573,361	731,880	-93,223		
9	사용된 원재료	73,516,314	16,845,762	137,629,947	78,623,627	73,920,215	51,824,479	76,464,538	79,999,711	60,304,046	85,344,194		
10	종업원급여	17,498,503	22,060,877	21,567,540	18,848,169	20,791,056	26,412,086	23,295,415	33,816,414	25,475,164	26,551,957		
11	감가상각비	7,691,800	7,781,807	8,202,601	7,854,020	7,920,574	7,938,207	8,032,891	8,231,288	8,049,054	8,733,207		
12	무형자산상각비	523,077	563,511	666,958	631,846	653,036	563,636	729,899	655,493	724,889	781,544		
13	지급수수료	7,885,577	10,784,396	8,070,355	8,900,574	8,603,306	14,366,025	12,209,957	-598,512	8,172,997	11,453,904		
14	임차료	1,878,322	2,172,925	1,841,126	2,018,217	3,689,415	1,027,696	2,331,948	1,359,990	2,221,947	3,252,977		
15	기타	27,251,429	87,859,869	-23,591,005	44,023,786	29,249,440	51,338,250	18,895,001	40,184,516	41,194,807	30,266,595		
16	합계	134,229,429	149,061,328	155,499,097	157,181,637	143,673,715	150,156,470	152,902,333	161,200,410	150,448,079	167,301,677		
17													
18													
19	계정과목	1Q15	2Q15	3Q15	4Q15	1Q16	2Q16	3Q16	4Q16	1Q17	2Q17		
20	재고자산의 변동	-2,015,593		88,163	-3,630,439	-1,153,327			4,026,958				100000
21	상품	236,582	1,315,812	-2,884,948	519,254	444,278	95,627	427,156	-240,819	207,707	551,881		
22	제품	-5,074,150	1,015,367	4,017,859	-2,544,511	-1,862,517	1,207,331	6,903,829	-1,564,735	3,121,662	1,325,940		
23	재공품	3,840,027	24,647	108,653	-18,358	39,224	52,243	-303	8,339	43,806	-12,872		
24	저장품	-204,808	-198,471	-9,747	-185,155	-3,456,031	-464,048	-216,235	-77,914	200,120	-854,427		
25	기타재고 자산	-813,244	-1,165,174	-120,242	-1,489,832	3,681,719	-4,205,062	3,828,237	-573,361	731,880	-93,223		
26	사용된 원재료	73,516,314	16,845,762	137,629,947	78,623,627	73,920,215	51,824,479	76,464,538	79,999,711	60,304,046	85,344,194		
27	종업원급여	17,498,503	22,060,877	21,567,540	18,848,169	20,791,056	26,412,086	23,295,415	33,816,414	25,475,164	26,551,957		
28	감가상각비	7,691,800	7,781,807	8,202,601	7,854,020	7,920,574	7,938,207	8,032,891	8,231,288	8,049,054	8,733,207		
	무형자산상각비	523,077	563,511	666,958	631,846	653,036	563,636	729,899	655,493	724,889	781,544		

본격적으로 단위를 변환해주기 위해 B4 상품 셀에 수식 "=B21/M20"을 입력한 후 키보드 기능키 F4를 눌러 숫자 100,000를 고정해줍니다. 그리고 엔터를 누릅니다.

4	상품	=B21/$M$20	1,315,81

값이 산출되면 다시 그 셀을 잡고 우측과 아래쪽으로 전부 드래그하여 모든 셀의 단위를 바꾸어 줍니다. 완료된 모습은 아래와 같습니다. 원재료와 종업원 급여, 기타 항목의 값이 가장 큽니다.

	A	B	C	D	E	F	G	H	I	J	K	L
1	합계											억원
2	계정과목	1Q15	2Q15	3Q15	4Q15	1Q16	2Q16	3Q16	4Q16	1Q17	2Q17	
3	재고자산의 변동	-2,015,593		88,163		-1,153,327			4,026,958			
4	상품	2	13	-29	5	4	1	4	-2	2	6	
5	제품	-51	10	40	-25	-19	12	69	-16	31	13	
6	재공품	38	0	1	0	0	1	0	0	0	0	
7	저장품	-2	-2	0	-2	-35	-5	-2	-1	2	-9	
8	기타재고 자산	-8	-12	-1	-15	37	-42	38	-6	7	-1	
9	사용된 원재료	735	168	1,376	786	739	518	765	800	603	853	
10	종업원급여	175	221	216	188	208	264	233	338	255	266	
11	감가상각비	77	78	82	79	79	79	80	82	80	87	
12	무형자산상각비	5	6	7	6	7	6	7	7	7	8	
13	지급수수료	79	108	81	89	86	144	122	-6	82	115	
14	임차료	19	22	18	20	37	10	23	14	22	33	
15	기타	273	879	-236	440	292	513	189	402	412	303	
16	합계	1,342	1,491	1,555	1,572	1,437	1,502	1,529	1,612	1,504	1,673	

⑤ 데이터 분석

산출된 모든 데이터를 기반으로 동화기업의 비용을 분석해 보겠습니다.

품 목		1Q15	2Q15	3Q15	4Q15	1Q16	2Q16	3Q16	4Q16	1Q17	2Q17
원목 (원/TON)	국내					-13.40	-7.35	-10.04	-8.98	-3.40	-13.76
폐목 (원/TON)	국내					-11.52	-9.45	-15.01	-16.65	-15.79	-14.52
메탄올, 요소 등 (원/kg)	수입					-4.94	-27.22	-18.22	-16.20	6.38	9.92

먼저 원재료 가격은 최근 몇 년 동안 계속 하락 추세에 있었습니다. 분기별로 두 자릿수씩 하락하고 있어 회사 손익에 긍정적이었을 것으로 추정됩니다. 원목과 폐목은 MDF나 PB 등의 재료이므로 동화기업의 소재 사업의 손익과 함께 볼 필요가 있습니다. 메탄올, 요소의 경우 모두 원유에서 파생되는 제품들이므로 유가의 영향을 받고 있습니다. 유가가 올라간다면 원가 부담으로 이어질 수도 있습니다.

사업의 내용 중 원재료가격 바로 위에 나와 있는 원재료 매입액에서 어떤 원재료의 비중이 가장 높은지도 알아 두어야 합니다. 특정 원재료 가격이 급격히 하락하였다 하더라도 실제로 회사의 전체 원재료 내 비중이 높지 않다면 손익에 큰 영향은 주지 않기 때문입니다. 동화기업의 소재 사업부의 경우 보통 원목의 매입 비중이 40% 안팎으로 가장 높으며 그다음 메탄올 등의 화학제품이 30% 내외, 폐목은 10% 내외를 차지합니다. 원목 가격 하락이 소재 사업의 손익에 긍정적인 영향을 미쳤을 것으로 예상됩니다.

다. 주요 원재료 등의 현황

2016년 1월 1일 ~ 2016년 12월 31일까지				(단위 : 백만원, %)	
사업부문	매입유형	품목	용도	매입액	비율
소재사업	원재료	원목 등	MDF제조	51,915	38.1
		폐목 등	PB제조	20,182	14.8
		메탄올, 요소 등	수지	47,569	34.9
	부재료	원지	표면재	16,464	12.1
	합 계		-	136,130	100.0
하우징사업	원재료	원지	마루판제조	101	1.8
		강마루HPM	마루판제조	5,623	101.0
		원지(강마루용)	마루판제조	1,467	26.3
	부재료	기타	-	-	0.0
	합 계		-	7,191	100.0

건장재 사업에서는 강마루 HPM이 80% 내외로 압도적인 비중을 차지하고 있습니다. 이는 자체 생산한 보드에다가 원목 무늬 필름인 HPM(High Pressure Melamine)을 붙이는 가공방식 때문으로 예상됩니다. 원목 가격은 하락하였지만, MDF나 PB 가격은 상승하고 있어 건장재 사업의 실제 이익에는 원목 가격 하락으로 인한 효과가 크지 않았을 것 같습니다.

비용의 성격별 분류 내역을 보면 원재료의 비중이 가장 높고, 종업원 급여와 기타 항목의 지출이 많다는 것을 알 수 있습니다. 종업원 급여는 2년 새에 100억 원 가까이 증가하였는데 임금 상승과 더불어 신규 채용을 확대했을 것으로 보입니다.

	A	B	C	D	E	F	G	H	I	J	K	L
1	합계											억원
2	계정과목	1Q15	2Q15	3Q15	4Q15	1Q16	2Q16	3Q16	4Q16	1Q17	2Q17	
3	재고자산의 변동	-2,015,593		88,163		-1,153,327			4,026,958			
4	상품	2	13	-29	5	4	1	4	-2	2	6	
5	제품	-51	10	40	-25	-19	12	69	-16	31	13	
6	재공품	38	0	1	0	0	1	0	0	0	0	
7	저장품	-2	-2	0	-2	-35	-5	-2	-1	2	-9	
8	기타재고 자산	-8	-12	-1	-15	37	-42	38	-6	7	-1	
9	사용된 원재료	735	168	1,376	786	739	518	765	800	603	853	
10	종업원급여	175	221	216	183	208	264	233	338	255	266	
11	감가상각비	77	78	82	79	79	79	80	82	80	87	
12	무형자산상각비	5	6	7	6	7	6	7	7	7	8	
13	지급수수료	79	108	81	89	86	144	122	-6	82	115	
14	임차료	19	22	18	20	37	10	23	14	22	33	
15	기타	273	879	-236	440	292	513	189	402	412	303	
16	합 계	1,342	1,491	1,555	1,572	1,437	1,502	1,529	1,612	1,504	1,673	

종업원에 관한 현황은 사업보고서의 Ⅷ. 임원 및 직원 등에 관한 사항 중, '1. 임원 및 직원의 현황'에서 알 수 있습니다. 2015년 1분기 말 기준 동화기업의 총 직원은 618명, 1인 평균 급여액은 1,746만 원이었으나, 2017년 반기 말 기준 총 직원은 682명, 1인 평균 급여액은 3,361만 원으로 대폭 증가하였습니다. 임직원 수와 급여가 모두 증가하면서 회사의 비용도 증가하였으나, 사업이 잘되어 새로운 인력이 필요하고 인력 투입으로 회사의 실적이 좋아지는 선순환 구조가 될 수 있다는 점에서 100억 원 가량의 비용 증가는 큰 부담은 아니라고 생각됩니다.

(기준일: 2015.03.31) (단위: 천원)

사업부문	성별	직원수				평균 근속연수	연간급여 총액	1인평균 급여액	비고
		정규직	계약직	기타	합계				
사무직	남	221	3	-	224	7년 6개월	3,931,255	17,550	-
생산직	남	311	-	-	311	16년 6개월	5,901,043	18,974	-
사무직	여	81	2	-	83	6년 6개월	960,040	11,566	-
생산직	여	-	-	-	-	-	-	-	-
합계		613	5	-	618	-	10,792,338	17,463	-

(기준일: 2017.06.30) (단위: 천원)

사업부문	성별	직원수				합계	평균 근속연수	연간급여 총액	1인평균 급여액	비고
		기간의 정함이 없는 근로자		기간제 근로자						
		전체	(단시간 근로자)	전체	(단시간 근로자)					
사무직	남	232	-	5	-	237	7년 6개월	8,896,160	37,537	-
생산직	남	359	-	-	-	359	18년 6개월	11,926,571	33,222	-
사무직	여	80	-	6	-	86	7년 5개월	2,100,054	24,419	-
생산직	여	-	-	-	-	-	-	-	-	-
합계		671	-	11	-	682	-	22,922,785	33,611	-

반면, '기타' 항목은 체크할 필요가 있어 보입니다. 지급수수료와 감가상각비보다 지출 규모가 큰데 단순히 '기타'라고만 표기되어 있어 외부 투자자 입장에서 향후 예측이 어렵기 때문입니다.

동화기업의 비용 집행 내용을 전반적으로 살펴보았으며, 비용 총액은 증가하고 있음에도 분기별 영업이익률은 꾸준히 10% 초반대를 유지하고 있어 비용관리를 잘 하고 있다고 판단됩니다. 보통 고정비 효과로 인해 매출이 증가하는 것보다 비용이 증가하는 폭이 더 작아 매출 증가에 따른 수익성 개선을 기대하지만, 이는 매출에 갑자기 큰 변화가 있을 때 주로 나타납니다. 동화기업의 경우 매출이 점진적으로 증가하고 있어 수익성 개선이 눈에 띄게 이루어지진 않지만, 안정적인 매출 상승과 비용 관리 면에서 의의가 있다고 생각합니다.

05.
실적 분석

　동화기업의 사업보고서도 살펴보았고, 사업 부문별 실적 및 P, Q, C 분석도 마쳤으니 이제는 이를 종합하여 다음 분기 및 연간 실적을 추정할 차례입니다. 동화기업의 사업 부문별로 실적을 추정하여 이를 합쳐 전사 실적을 예상할 수 있습니다. 물론 실적 추정 방법은 사람마다 기관마다 다를 수 있습니다. 모회사와 종속회사별로 계산할 수도 있고, 수주 계약 잔액을 계산할 수도 있고, 전체 시황을 고려하여 성장률을 곱해줄 수도 있습니다. 우리가 책에서 배우는 사업 부문별 실적 합산 방법을 잘 익힌 후 이를 기반으로 다른 방식으로 응용하는 것이 좋습니다. 그럼 먼저 동화기업의 메인 사업부인 소재 사업부터 실적을 추정해보겠습니다.

　① 소재 사업

　먼저 소재 사업의 2Q17 매출액은 전년동기 대비 15% 이상 증가하였고 영업이익률은 16.6%를 기록하였습니다. 앞서 2016년 연간 사업보고서를 살펴보면서 베트남 VRG동화가 증설 중임을 알았고, 엑셀로 데이터를 정리하면서 소재 가격은 전반적으로 상승 중이라는 것을 파악했습니다. 또한 원재료 부문을 살펴보면서 주요 원재료인 원목 가격이 지속 하락 중이라는 것 역시 알 수 있었습니다. 따라서 향후 실적 전망을 위해서 체크해야 할 사항은 VRG동화의 증설이 마무리되고 가동에 들어갔는지, 가동 중이면 가동률은 어느 정도일지, 가격은 앞으로도 지속 상승할 수 있을지, 영업이익률을 얼마나 유지될 수 있을지입니다. 국내 사업의 경우 이미 Full 가동 중에 있어 Q의 변동이 클 수 없으므로 P가 지속 상승한다면 매출이 증가할 것이고, 아니라면 현재 매출 수준이 유지되거나 하락할 수 있습니다.

구분		1Q15	2Q15	3Q15	4Q15	1Q16	2Q16	3Q16	4Q16	1Q17	2Q17
소재사업	매출	1,225	1,286	1,339	1,416	1,286	1,330	1,341	1,383	1,341	1,532
	영업손익	190	211	209	67	194	233	204	159	205	255
	이자수익	1	2	1	7	1	3	2	2	3	4
	이자비용	27	25	22	51	23	23	21	21	19	23
	감가상각비	70	71	74	80	74	74	75	78	75	82
	상각비	1	1	2	10	4	4	4	4	4	4
	매출액YoY					4.99	3.41	0.11	-2.34	4.26	15.23
	영업이익률	15.51	16.44	15.58	4.73	15.07	17.52	15.25	11.52	15.26	16.62

먼저, VRG동화의 증설 스케줄을 파악해 보겠습니다. 2017.06 반기보고서의 '나. 사업부분의 구분'을 살펴보면, VRG동화의 생산 CAPA는 기존 생산 능력의 60%가 증가되었고, 2017년 5월부터 상업생산에 들어갔다고 기재되어 있습니다. 즉, 2017년 2분기 실적에는 VRG동화의 증설 물량의 매출이 일부 반영되었음을 알 수 있습니다. 2017년 2분기에 처음으로 1,500억 원대 매출을 시현하였는데, VRG동화의 역할이 컸을 것으로 보입니다.

나. 사업부분의 구분
*소재사업군 (MDF, PB, MFB, 화학등)
1986년 동화기업이 MDF 생산을 시작한 이래 1995년을 전후하여 고성장을 기록하였습니다. MDF 산업의 성장요인은 가구재료로서의 탁월한 외관,물성,가공성을 지녔고 합판,목재의 대체재로 가장 유력했다는 점 등, 시기적으로 우리나라 목재 수요 패턴의 변화 국면과 잘 맞아 떨어졌다는 점등이 지속적인 성장의 바탕을 이룬 것입니다. MDF의 경우 국내생산 업체들간의 경쟁이 치열하며, PB의 경우 수입산 저가 제품들과의 치열한 경쟁이 이루어지고 있습니다.
당사에 이에 대비하여 원가경쟁력 강화에 힘쓰고 있으며, 국내에는 2013년 아산 MDF공장을 최신식 설비로 증설투자하였으며, 또한 베트남에 VRG Dongwha를 설립하여 기존 베트남 시장에서의 수입산 MDF를 대체하고 있으며, 높은영업이익을 바탕으로 기존 설비외 두번째 MDF생산라인을 추가로 증설하였습니다. 공사기간은 '15년 7월부터 '17년 3월말까지 진행되었으며, 4월부터 시험생산, 5월부터 상업생산을 진행하고 있습니다. VRG DongWha의 생산 Capa는 약 60% 수준이 증가되었으며, 친환경 시장의 성장을 예측하여 친환경보드의 생산, 판매 비중을 늘리고있는 추세입니다.

그렇다면 VRG동화의 증설 전 매출과 2분기 매출을 알아보겠습니다. 2017.06 반기보고서의 '주요 제품별 현황'을 살펴봅니다. 소재 사업의 제품 매출 중, '해외(베트남)'부분이 VRG동화의 매출로 추정됩니다. 2015년과 2016년 2개 사업연도 연속 1,100억 원 초반대의 매출을 기록한 것으로 보아 증설 전 최대 매출이 1,100억 원대 초반이었던 것으로 예상됩니다. 2017년 반기 누적 기준 매출액은 569억 원이었으며 1분기 분기보고서 확인 결과 1분기 매출액은 234억 원이었으므로 2분기 매출액은 335억 원입니다. 2분기 매출액이 확실히 1분기 대비 큰 폭으로 증가하였습니다. VRG동화의 분기별 매출 추이를 좀 더 구체적으로 확인하기 위해 2015.03 분기보고서부터 '주요 제품별 현황'의 실적도 정리해 보았습니다.

(책에서는 설명의 편의를 위하여 '주요 제품별 현황'을 정리하는 부분은 '부록 4. 데이터 행이 안 맞을 때'에 따로 기재하였습니다. 처음부터 세부 항목을 다 보려고 하면 어려움을 느낄 수 있기 때문입니다. 사업보고서를 엑셀로 정리하는 것에 익숙해지면 엑셀에 있는 다양한 정보들을 정리해 보는 것이 좋습니다.)

4. 주요 제품 및 원재료
가. 주요 제품등의 현황 (단위: 백만원)

사업부문	매출유형	품목	용도	주요상표등	매출액 (2017년 2분기)	비율(%)	매출액 (2016년)	매출액 (2015년)
소재사업	제품	MDF	내수	건축자재등	동화에코보드	57,463	15.0	105,331	99,170
		PB(동화기업)	내수	건축자재등	동화에코보드	25,988	6.8	54,547	47,754
		PB(대성목재)	내수	건축자재등	동화에코보드	32,911	8.6	56,323	59,169
		가공보드(MFB)	내수	MFB	동화디자인보드	37,751	9.8	72,907	79,893
		표면재(LPM,테고등)	내수/수출	표면재 등	-	12,231	3.2	26,604	29,986
		화학	내수	수지	-	15,472	4.0	26,861	29,053
		해외(베트남)	현지내수	-	-	56,904	14.8	113,817	111,465
		해외(호주)	현지내수	-	동화타스코	28,502	7.4	48,004	38,980
		제품소계	-	-	-	267,222	69.6	504,394	495,469
	상품기타	-	내수	-	-	1,444	0.4	3,572	4,985
	임대/용역	-	-	-	-	7,562	2.0	15,066	15,377
	기타	공동부문	-	-	-	11,075	2.9	10,929	10,798
		소계	-	-	-	287,303	74.8	533,961	526,629

사업부문	매출유형	품목	용도	주요상표등	1Q15	2Q15	3Q15	4Q15	1Q16	2Q16	3Q16	4Q16	1Q17	2Q17
소재사업	제품	MDF	내수	건축자재등	동화예코보드	237	237	257	262	249	263	264	277	282	293
		PB(동화기업)	내수	건축자재등	동화예코보드	111	120	121	126	121	126	160	138	130	130
		PB(대성목재)	내수	건축자재등	동화예코보드	146	144	155	147	145	144	120	154	160	169
		가공보드(MFB)	내수	MFB	동화디자인보드	203	202	190	204	188	184	182	174	188	190
		표면재	내수/수출	표면재 등	-	78	79	79	64	62	58	91	55	55	67
		(LPM,테고등)				0	0	0	0	0	0	0	0	0	0
		화학	내수	수지	-	66	80	70	74	67	68	57	76	78	77
		해외(베트남)	현지내수	-	-	250	281	297	287	268	290	286	294	234	335
		해외(호주)	현지내수	-	동화타스코	83	96	106	105	113	106	124	138	144	141
		기타			-	0	0	10	-10	0	0	0	0	0	0
		제품소계				1,173	1,239	1,284	1,259	1,213	1,239	1,284	1,307	1,271	1,401
	상품기타	-	내수	-		13	10	15	12	9	13	6	7	8	6
	임대/용역	-	-	-		39	37	40	38	38	36	39	37	39	37
	기타	-	-	-		0	0	0	108	25	41	11	31	23	88
	소 계					1,225	1,286	1,339	1,416	1,286	1,330	1,341	1,383	1,341	1,532
하우징사업	제품	강화마루	내수	건축장식	동화자연마루	115	127	123	95	44	162	93	78	104	92
		공사수입		마루시공		24	31	32	15	7	60	29	17	17	34
		디자인월	내수	건축장식	동화디자인월	24	25	32	31	29	29	25	27	28	24
	상품	강마루,	내수	건축장식	동화자연마루	86	99	211	-102	71	88	89	94	85	89
		원목마루 등				0	0	0	0	0	0	0	0	0	0
		해외기타	현지내수			0	0	0	238	151	-18	67	72	3	6
		기타상품				0	0	0	0	0	0	0	0	62	63
	임대/용역					0	0	0	1	0	0	0	-1	0	0
	기타	-	-	-		32	42	-74	15	0	0	1	-1	0	0
	소 계					281	325	324	293	302	322	304	286	298	308
미디어사업	신문발행 및 광고		내수	-	한국일보/코리아타임즈	87	183	169	224	133	209	185	224	138	222
	소 계					87	183	169	224	133	209	185	224	138	222
합 계						1,593	1,794	1,833	1,934	1,721	1,861	1,829	1,893	1,778	2,063

'주요 제품별 현황'을 정리한 표를 살펴보면 통상적으로 1분기 매출이 연중 가장 저조합니다. 국내뿐만 아니라 해외 부문의 매출도 1분기가 다른 분기보다는 실적이 적게 나온 것으로 보아 1분기가 계절적 비수기로 보입니다. 2016년 2분기 베트남 매출액이 290억 원, 2015년 2분기에는 281억 원이었다는 것을 감안하면 이번 2분기 335억 원의 매출 중 실제 증설로 인한 효과는 약 40억 원 내외였을 것으로 추정됩니다. 가동 초기 단계라 그런지 기대보다는 매출 기여 폭이 작은 편입니다.

증설 전 CAPA가 Full 가동이었다는 점을 고려하면 60% 증설로 인해 매출은 최대 현재의 60%까지는 증가할 수 있습니다. 1,100억 원의 60%의 금액은 약 660억 원입니다. 660억 원을 단순 12개월로 나누면 월 매출은 약 55억 원입니다. VRG동화의 증설 부분이 5월부터 상업생산에 들어갔다면 2개월분의 매출이 2분기 실적에 반영된 것인데, 2개월 동안 가능한 최대 매출은 약 110억 원입니다. 따라서 초기가동률은 약 40%(40÷110≒0.36) 정도인 것으로 추정됩니다. 초기 가동률은 일반적으로 낮은 편이며 점차 가동률이 올라가는 양상을 보입니다. 따라서 3분기부터 본격적으로 매출에 기여한다고 보고 3분기 가동률이 약 70% 정도라 가정한다면, 하반기에는 약 230억 원(55×6×0.7)의 매출이 전년동기대비 추가로 발생할 것으로 예상할 수 있습니다. 하지만 만약 가동률이 70%가 안나온다면 실적 기여 효과는 더 낮아질 것입니다.

한편, 동화기업은 2분기에 VRG동화의 증설 완공 및 가동 외에 또 다른 이슈가 있었습니다. 반기보고서의 '가. 당사의 영업 개황'을 살펴보면, 2017년 4월 공업용 접착제 제조회사인 태양합성을 인수하였습니다. 좀 더 구체적으로 확인해 보기 위해 관련 공시가 있는지 찾아보겠습니다.

> **2. 회사의 현황**
>
> 가. 당사의 영업개황
> 당사는 2013년 10월 1일을 기일로 인적분할의 방법으로 목재사업과 자동차사업 부문으로 구조 개편을 실시 하였습니다. 당사는 현재 국내에서 MDF, PB, MFB, 화학, 건장재 등의 사업을 영위하고 있습니다.
> 뿐만 아니라, 해외 사업으로는 베트남에서 MDF 제조판매하는 VRG DongWha, 건장재 판매 및 유통을 담당하는 Dongwha Vietnam과 호주에서 제재목, 데크재 등을 제조판매하는 Dongwha Timbers 등으로 구성되어 있으며, 2015년도에는 한국일보사를 인수하여 미디어사업군까지 사업을 확장하였습니다.
> <u>2017년 4월에는 공업용 접착제등을 제조 판매하는 태양합성(주)를 인수해서 화학사업부문도 확장하였습니다.</u>
> 현재 연결대상 회사의 주요사업은 MDF 제조판매(동화기업,VRG Dongwha), PB 제조판매(동화기업, 대성목재공업) MFB(가공보드)제조판매(동화기업), 바닥재, 벽장재 등 건장재 제조판매(동화기업), 공업용 접착제등을 제조 판매(태양합성), 건장재 판매 및 유통(Dongwha Vietnam), 제재목, 데크재 제조판매(Dongwha Timbers), 신문/광고업(한국일보사, 코리아타임스, 대구한국일보사)등의 사업을 영위하고 있습니다.

DART로 돌아와 정기공시에 사업보고서만 체크되어 있는 것을 모두 해제하고 다시 검색하니 모든 보고서가 검색됩니다. 2017년 4월 14일 날짜로 '타법인 주식 및 출자증권 취득 결정'이라는 공시가 보입니다. 이를 클릭해봅니다.

7	동화기업	임원·주요주주특정증권등소유상황보고서	송지수	2017.05.29
8	동화기업	주식등의대량보유상황보고서(일반)	DONGWHAINT…	2017.05.26
9	동화기업	분기보고서 (2017.03)	동화기업	2017.05.15
10	동화기업	주식등의대량보유상황보고서(일반)	DONGWHAINT…	2017.05.11
11	동화기업	임원·주요주주특정증권등소유상황보고서	송지수	2017.04.26
12	동화기업	임원·주요주주특정증권등소유상황보고서	송지수	2017.04.19
13	동화기업	타법인주식및출자증권취득결정	동화기업	2017.04.14
14	동화기업	[기재정정]주식등의대량보유상황보고서(일반)	DONGWHAINT…	2017.04.13
15	동화기업	연결재무제표기준영업(잠정)실적(공정공시)	동화기업	2017.04.11

타법인 주식 및 출자증권 취득결정

1. 발행회사	회사명(국적)	태양합성 주식회사	대표이사	이정섭
	자본금(원)	680,000,000	회사와 관계	-
	발행주식총수(주)	68,000	주요사업	공업용 접착제 및 세정제 등의 제조판매
-최근 6월 이내 제3자 배정에 의한 신주 취득 여부		아니오		
2. 취득내역	취득주식수(주)	68,000		
	취득금액(원)	40,500,000,000		
	자기자본(원)	629,502,142,572		
	자기자본대비(%)	6.43		
	대기업 여부	해당		
3. 취득후 소유 주식수 및 지분 비율	소유주식수(주)	68,000		
	지분비율(%)	100		
4. 취득방법		현금취득		
5. 취득목적		사업다각화 및 수익성 제고		
6. 취득예정일자		2017-04-20		
7. 자산양수의 주요사항보고서 제출대상 여부		해당사항없음		
-최근 사업연도말 자산총액(원)		1,210,934,199,104	취득가액/자산총액(%)	3.34
8. 우회상장 해당 여부		해당사항없음		
-향후 6월이내 제3자배정 증자 등 계획		해당사항없음		
9. 발행회사(타법인)의 우회상장 요건 충족여부		해당사항없음		
10. 이사회결의일(결정일)		2017-04-14		
-사외이사 참석 여부	참석(명)	1		
	불참(명)	0		

[발행회사의 요약 재무상황]

(단위 : 백만원)

구분	자산총계	부채총계	자본총계	자본금	매출액	당기순이익
당해년도	42,119	13,710	28,409	680	33,771	3,900
전년도	32,217	6,709	25,508	680	31,997	3,500
전전년도	31,154	8,546	22,608	680	31,452	2,550

동화기업은 2017년 4월 14일 태양합성 주식회사의 지분 100%를 405억 원에 인수하였습니다. 지분율이 100%이므로 인수 후부터 동화기업의 연결실적으로 반영될 것입니다. 태양합성의 매출액과 당기순이익은 3년 연속 성장하고 있으며, 지난해 순이익률은 11%에 이르렀습니다. 태양합성에 대해 좀 더 구체적인 정보를 알고 싶다면, 전자공시시스템에 태양합성을 검색하여 감사보고서를 찾아보면 됩니다. 감사보고서의 재무제표와 손익계산서 및 주석 등을 통해 회사의 대략적인 재무와 실적 추이를 알 수 있습니다. 감사보고서를 검색해서 손익계산서를 살펴보니 지난해에는 매출 338억 원, 영업이익 49억 원, 2015년에는 매출액 320억 원 영업이익 42억 원을 기록하였습니다.

　태양합성이 올해 평년 수준의 매출액인 약 320억 원대 매출을 기록한다고 가정하면, 남은 하반기에 매출 약 160억 원, 영업이익 약 20억 원을 동화기업 연결 실적에 기여할 것으로 보입니다.

　동화기업과 대성목재를 포함한 국내 매출의 경우 증설이 없는 상황에서 이미 Full 가동 중이므로 Q 증가는 제한적일 것으로 보입니다. 따라서 P 상승이 실적 개선의 중요한 요인이라 판단됩니다. 소재 가격 추이는 지난해 하반기부터 지속 상승 중이며, 최근 대성목재공업이 친환경 제품 비중 증가를 위한 투자를 진행하기도 하여 제품 Mix 개선으로 인해 가격 하락보다는 유지 혹은 상승 추세가 지속될 것으로 기대할 수 있습니다. 가격이 탄탄하게 유지된다고 가정한다면, 동화기업의 국내 소재 부문 실적은 최소 전년 동기 수준 이상은 가능할 것으로 보입니다. 더욱이 목재 보드 사업의 경우 건설 경기에 2~2년 반 정도 후행하는데, 최근 몇 년 동안 건설 경기가 상당히 좋았다는 것은 기사 한두 개만 검색해도 알 수 있습니다. 신정부(문재인 정부) 출범 이후 부동산 가격을 잡기 위해 여러 대책이 나오면서 잠시 주춤하곤 있으나, 이미 분양을 완료하고 건설 중인 아파트의 경우 외벽 공사를 마무리하고 실내 인테리어 과정에서는 목재 보드가 반드시 들어가게 됩니다. 따라서 수급 상황은 안정적일 것으로 예상됩니다. 소재 사업의 경우 일반적으로 1분기 매출이 가장 저조한 모습을 보였으며, 2, 3, 4분기는 유사한 수준이 유지되었으므로 하반기 국내 부문의 경우 지난해 하반기 매출에서 소폭 상승한 수준을 예상할 수 있습니다.

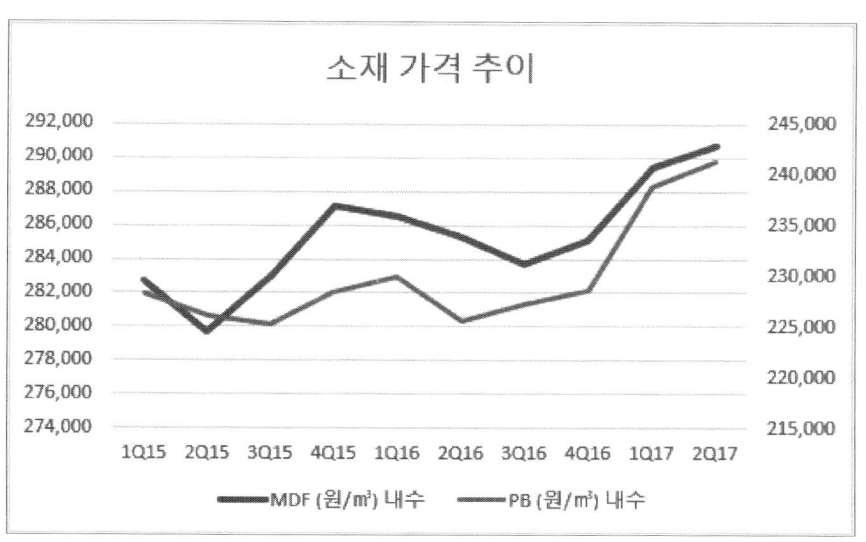

　원자재 가격은 최근 몇 년 동안 지속 하락 중이었으나 실제 동화기업의 소재 사업 영업이익률은 큰 변동이 없었습니다. 원자재 가격 하락에도 불구하고 임직원 수 증가 및 증설 이후 추가 비용 투입, 신제품 개발과 마케팅비 등이 원자재 가격 하락분을 상쇄한 것으로 보입니다. 따라서 원자재 가격이 현 수준 이상 떨어진다 하더라도 당장의 이익 개선으로 이어질 수 있을지는 모르겠습니다. 태양합성의 신규 연결 반영으로 인한 비용도 일부 발생할 수 있으며, 베트남 VRG동화 역시 증설 이후 인력을 더 필요로 할 수 있기 때문입니다. 원자재 가격이 올라가게 되면 이익률에 부담은 있을 수 있지만, 급등하는 것만 아니라면 미리 구매해 놓은 원자재도 있을 테니 바로 영향을 주진 않을 것으로 보입니다. 따라서 영업이익률은 큰 변동은 없을 것으로 보이며 분기별 편차는 있겠으나 작년과 재작년 수준인 11%대는 적어도 유지할 것으로 보입니다.

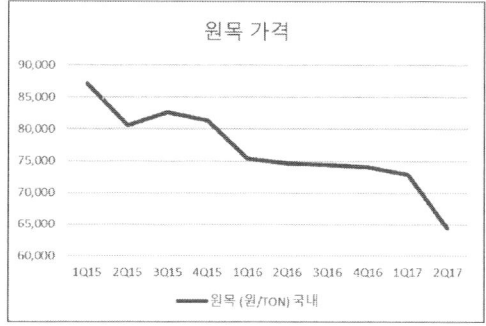
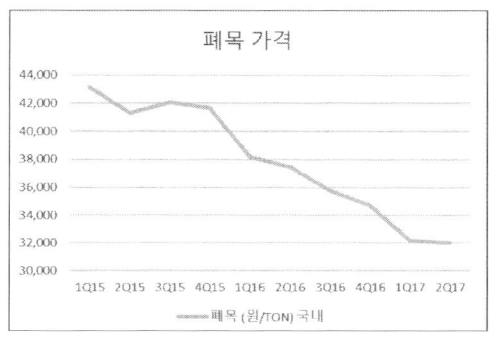

② 하우징 사업

하우징 사업의 경우 매 분기 300억 원 내외의 매출을 꾸준히 일으키고 있습니다. 그러나 시장 경쟁 심화로 인해 영업이익률은 2016년부터 한 자릿수대로 내려오더니 올해 상반기에는 3%대를 기록하였습니다.

구분		1Q15	2Q15	3Q15	4Q15	1Q16	2Q16	3Q16	4Q16	1Q17	2Q17
하우징사업	매출	281	325	324	293	302	322	304	286	298	308
	영업손익	32	39	39	-28	24	17	8	-14	11	10
	이자수익	0	0	0	2	0	0	0	0	0	0
	이자비용	2	1	1	14	4	4	4	4	3	4
	감가상각비	3	3	3	6	3	4	3	3	3	4
	상각비	0	0	0	3	1	1	1	1	1	1
	매출액YoY					7.25	-0.69	-6.32	-2.64	-1.21	-4.44
	영업이익률	11.42	12.12	12.14	-9.61	7.81	5.25	2.73	-4.77	3.57	3.34

지난해 말 신제품인 '나투스진'을 출시하였고 반기 정도 판매가 진행되었으나 아직까지 크게 손익에 기여한 것은 없어 보입니다. 신제품을 출시하면서 매출 하락에는 방어하고 있으나, 이익 개선이 가능하기까지는 좀 더 지켜볼 필요가 있어 보입니다. 특히, 2년 연속 4분기에는 영업적자가 발생하였는데, 올해 4분기에도 적자가 발생할 가능성은 열어두는 것이 좋을 것 같습니다.

> *건장재사업군(강화마루, 강마루, 디자인월등)
> 국내 강화마루 시장은 동화기업와 한솔홈데코 및 중국산 강화마루가 경쟁하는 시장의 형태를 보이고 있습니다. 강화마루 산업의 경쟁요소는 디자인, 시공 방법, 소비자 가격, 유통망 확보이며 소판 제조기술 및 표면가공 기술력 보유가 경쟁요소 입니다. 강화마루 사업은 제품을 생산공급하기 위하여 제조설비와 제품의 수직계열화가 요구되므로 신규진입은 어려울 것으로 제기되었으나, 최근에는 강마루가 급성장하여 강화마루, 강마루, 합판마루, PCV 바닥재간의 경쟁이 다각화 되고 있습니다. 당사는 강마루 수요증가에 대응하여 '16년 12월 신제품인 나투스진을 출시하여 판매하고 있으며, 마루 뿐만 아니라 PVC바닥재(동화자연리움) 시장까지 진출하였고, 천장재, 도어등의 제품 포트폴리오를 다각화 하였습니다. 건장재의 수요는 신축되는 주택 및 상업용 건설시장에 공급되는 신규수요와 이사 및 리모델링에 의해 교체되는 교체수요로 이루어져 있습니다. 따라서 주택건설 시장의 성장은 건장재 신규수요의 변동을 가져오는 것과 동시에 리모델링시장의 성장으로 인해 건장재 수요가 추가적으로 발생될 수 있습니다.
> 당사는 유통판매와 특판 건설 시장을 접목한 영업망을 구축하여, 직판 및 관급공사, 건설사 수주 확대를 통한 매출확대를 이루고 있습니다.

또한 반기보고서의 사업의 내용 중 건장재사업군을 살펴보면, 건설사 수주 확대를 위해 노력하고 있다는 문구가 나옵니다. [부록 3 주석 쉽게 보기를 보셨다면, 주석에 장기 공급 계약 등에 대한 내용이 있었다는 것을 알고 계실 겁니다. 실제로 건설사 수주가 확대되었는지를 확인하기 위해 연결재무제표 주석에서 '건설 계약'을 검색해봅니다.

반기 기준 계약 잔액은 68억 원으로 전년 같은 시기 115.6억 원과 비교했을 때는 저조합니다. 물론 상반기에 공사 수익으로 인식된 금액은 더 크지만 하반기로 넘어갈 금액 자체는 지난해보다 적어 조금은 보수적인 전망이 필요해 보입니다.

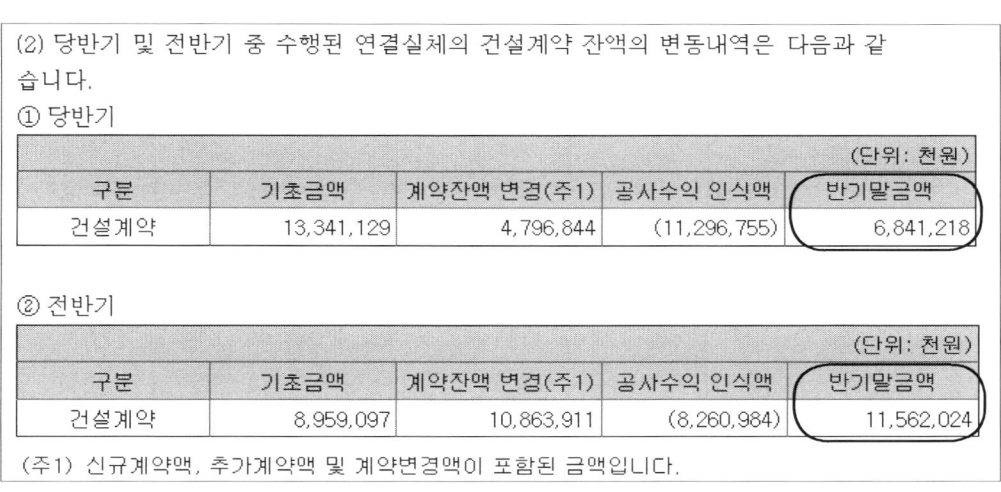

③ 미디어 사업

미디어 사업의 경우 매출은 조금씩 증가하고 있으나, 영업이익은 분기별 편차가 좀 더 심해진 것 같습니다. 한국일보나 코리아타임즈 모두 주요 수익원이 광고라는 것을 고려하면 광고 계통의 계절적 매출 추이와 유사한 추이를 보일 것으로 예상됩니다. 일반적으로 여름 휴가철 이후 9월부터는 광고 계통이 성수기 시즌으로 들어가기 때문에 하반기 실적은 상반기보다는 좋아질 것으로 예상됩니다. 다만, 미디어 사업 자체의 성장성을 높이 볼 수 없으므로 이 역시 보수적인 전망이 필요해 보입니다.

구분		1Q15	2Q15	3Q15	4Q15	1Q16	2Q16	3Q16	4Q16	1Q17	2Q17
미디어사업	매출	87	183	169	224	133	209	185	224	138	222
	영업손익	7	10	2	17	31	-15	3	-11	43	-19
	이자수익	2	0	1	-0	1	1	1	2	4	4
	이자비용	0	0	9	-9	0	-0	0	0	0	0
	감가상각비	1	2	2	2	2	2	2	2	2	2
	상각비	0	0	0	0	0	0	0	0	0	0
	매출액YoY					53.46	13.85	9.11	0.20	3.74	6.53
	영업이익률	8.39	5.52	1.35	7.52	23.53	-7.29	1.64	-5.07	31.20	-8.60

　　종합하자면 하반기에는 먼저 매출액의 경우 소재부문에서 전년동기대비 약 390억 원 증가(VRG동화 약 230억 원, 태양합성 약 160억 원), 하우징 사업에서 지난해 하반기 매출액인 590억 원을 밑도는 실적, 미디어 사업은 지난해 하반기 매출에서 상반기 평균 수준의 성장률인 5%를 곱한 약 430억 원의 매출을 합친 금액 정도 기록할 것으로 전망됩니다.

　　영업이익의 경우 소재 부문은 하반기 11%대 중반의 영업이익률, 하우징부문은 3분기 약 3%대 이익률, 4분기 영업적자를 기록할 것으로 보입니다. 미디어부문 역시 3분기 흑자, 4분기 적자로 연간으로는 소폭 흑자를 기록할 것으로 예상됩니다.

　　이렇게 근거와 자료를 기반으로 직접 동화기업의 실적을 추정해 본 후 과연 시장에서는 동화기업에 대해 어떻게 전망하고 있는지를 애널리스트 보고서를 통해 비교할 수 있습니다. 각 기관별 애널리스트들의 실적 추정치를 평균 낸 값을 보통 시장 컨센서스라고 표현하는데, 이용하는 HTS의 기업정보나 포털사이트의 금융 코너에서 이를 확인할 수 있습니다. 컨센서스를 확인한 후, 애널리스트 보고서도 함께 읽으면서 실적 추정의 근거도 파악해 보십시오. 애널리스트 자체 분석일 수도 있으나, 해당 기업의 IR 담당자와 이야기를 나눈 후 보고서를 썼을 가능성이 훨씬 높습니다. 사업보고서에는 없는 이야기가 애널리스트 보고서에 실려 있는 경우도 많은데, 이를 그냥 읽기 보다는 직접 사업보고서의 자료를 분석해본 후 읽으면 훨씬 이해가 잘 되는 부분이 많을 것입니다. 아는 만큼 보인다고 했습니다. 같은 내용이라도 어떻게 해석하고 받아들이느냐에 따라 결과는 크게 달라집니다.

[부록 4]
데이터 표 행이 다를 때

엑셀로 데이터를 정리하다 보면, 매 분기 표의 항목이 달라지는 경우도 정말 많습니다. 일회적으로 생겼다가 없어지는 항목도 있고, 다른 항목으로 합쳐지는 경우도 있습니다. 이런 경우는 매우 비일비재하니 당황하지 말고 바뀐대로 데이터를 맞춰가며 정리하면 됩니다. 우리는 동화기업의 '주요 제품별 현황'을 통해 이를 연습해보겠습니다.

상장된 대부분 회사는 제품 상세 항목별 매출액도 알려줍니다. 이를 통해 주요 사업 부문의 구체적인 실적 동향을 알 수 있고, 향후 예측에도 유리합니다. 동화기업의 경우 친절하게도 사업 부문별 손익과 사업 부문별 상세 매출 항목 모두 사업보고서에 기재하였습니다. 그러나 여러가지 이유로 상세 항목을 기재하지 않는 회사도 많으니 그때 그때 유연하게 대처하며 사업보고서에서 얻을 수 있는 정보를 최대한 많이 활용하는 것이 좋습니다.

① Web에서 Excel로

DART로 돌아와 동화기업의 2015.03 분기보고서를 검색하여 Ⅱ.사업의 내용 중 다음 그림과 같은 '주요 제품의 현황'을 찾습니다.

4. 주요 제품 및 원재료
가. 주요 제품등의 현황   (단위 : 백만원)

사업부문	매출유형	품목	용도	주요상표등	매출액 (2015년 1분기)	비율(%)	매출액 (2014년)	매출액 (2013년)
소재사업	제품	MDF	내수	건축자재등	동화에코보드	23,673	14.9%	83,079	51,533
		PB(동화기업)	내수	건축자재등	동화에코보드	11,063	6.9%	45,581	44,777
		PB(대성목재)	내수	건축자재등	동화에코보드	14,605	9.2%	63,265	55,756
		가공보드(MFB)	내수	MFB	동화디자인보드	20,275	12.7%	83,077	85,648
		표면재 (LPM,테고등)	내수/수출	표면재 등	-	7,804	4.9%	25,424	27,843
		화학	내수	수지	-	6,622	4.2%	27,219	24,941
		해외(베트남)	현지내수	-	-	24,982	15.7%	94,182	19,899
		해외(호주)	현지내수	-	동화타스코	8,267	5.2%	34,490	23,038
		기타	-	-	-		0.0%		
		제품소계	-	-	-	117,291	73.6%	456,316	333,435
	상품기타	-	내수	-	-	1,256	0.8%	6,119	19,589
	임대/용역	-	-	-	-	3,949	2.5%	24,824	18,672
	기타	-	-	-	-		0.0%		14,793
	소 계	-	-	-	-	122,496	76.9%	487,259	386,489
하우징사업	제품	강화마루	내수	건축장식	동화자연마루	11,483	7.2%	28,858	38,906
		공사수입	내수	마루시공	-	2,424	1.5%	24,803	9,090
		디자인윌	내수	건축장식	동화디자인윌	2,401	1.5%	8,720	7,208
	상품	강마루, 원목마루 등	내수	건축장식	동화자연마루	8,632	5.4%	29,868	15,443
	기타					3,209	2.0%	14,849	19,741
	소 계	-	-	-	-	28,149	17.7%	107,098	90,388
미디어사업		신문발행 및 광고	내수	-	한국일보/ 코리아타임스	8,695	5.5%		
	소 계	-	-	-	-	8,695	5.5%	-	-
합 계		-	-	-	-	159,340	100.0%	594,357	476,877

그리고 엑셀에 자료 정리를 위한 새로운 Sheet를 만들어주겠습니다. 새로운 데이터 정리를 시작할 준비가 되었으니 다시 분기보고서로 돌아와 '주요 제품의 현황'을 복사 (Ctrl+C)하여 새로운 Sheet에 붙여넣습니다. 그리고 반기보고서(2017.06)(혹은 가장 최근 보고서)까지 복사와 붙여넣기를 반복합니다.

완료한 모습은 다음 그림과 같습니다. 이를 다시 불필요한 부분을 지우고 시기별로 나열해주겠습니다.

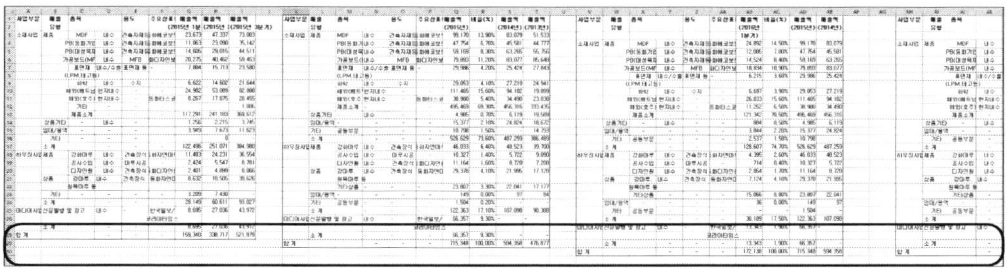

　시기별로 나열하다 보니 표의 구성이 조금씩 다름을 발견하게 됩니다. 어떤 분기에는 전 분기에 없었던 새로운 매출이 발생하여 새로운 항목이 생기기도 하고, 어떤 분기에는 다시 이와 관련된 매출이 발생하지 않아 항목이 없어지기도 합니다. 전체 표의 행 개수도 자꾸 달라집니다.

　이를 정리하기 위해서는 정리 기준이 되는 표의 '구분'에 필요한 항목을 추가로 입력해 주면 됩니다. 가령 2015년 3분기까지는 소재 사업의 제품 유형 중 '기타' 항목이 있었으나, 2015년 4분기 자료에는 '기타'가 사라졌습니다. 또한 2015년 3분기까지는 하우징 사업의 상품 중 '기타상품'이 없었지만, 2015년 4분기 자료에는 '기타상품'이 새롭게 생겼습니다. 아마 2015년 3분기에 소재 사업에서 '기타 제품' 매출이 일회적으로 발생하였고 이후에는 기타로 분류할 만한 매출이 없었거나 다른 항목으로 합쳐졌을 것입니다. 또한 2015년 4분기부터는 하우징사업의 '기타상품' 매출이 새롭게 발생하여 항목이 추가되었습니다. 따라서 이를 어느 정도 맞춰주면서 표를 정리해야 합니다.

2015년 3분기 자료까지는 기존 정리 방법대로 정리하고, 2015년 4분기 자료에서 소재사업의 '제품 기타' 항목이 필요한 부분 아래의 자료를 마우스 드래그한 후 한 행 아래로 내려 '기타' 항목이 들어갈 자리를 만들어 줍니다. 그리고 2015년 3분기까지 정리한 자료에도 하우징사업의 상품 부문에 '기타 상품'이 들어갈 공간을 만들어줍니다. 다음의 그림을 참고하면서 시행해보십시오.

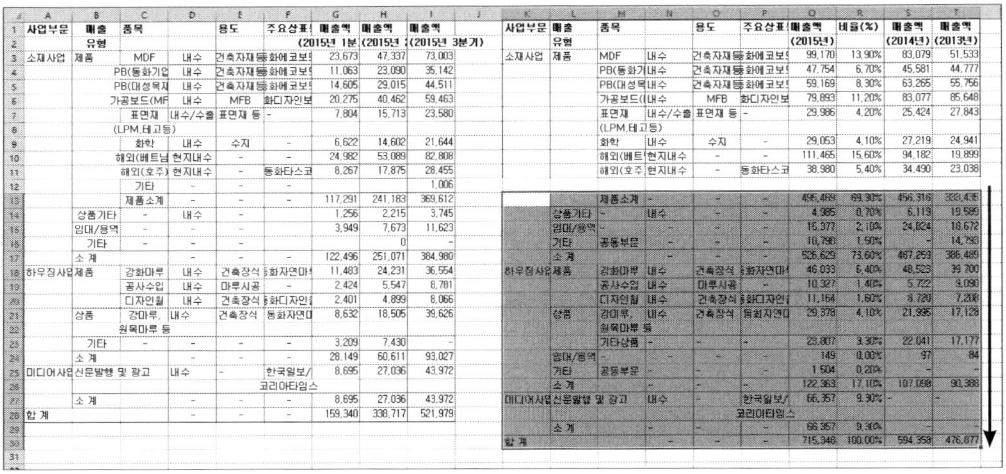

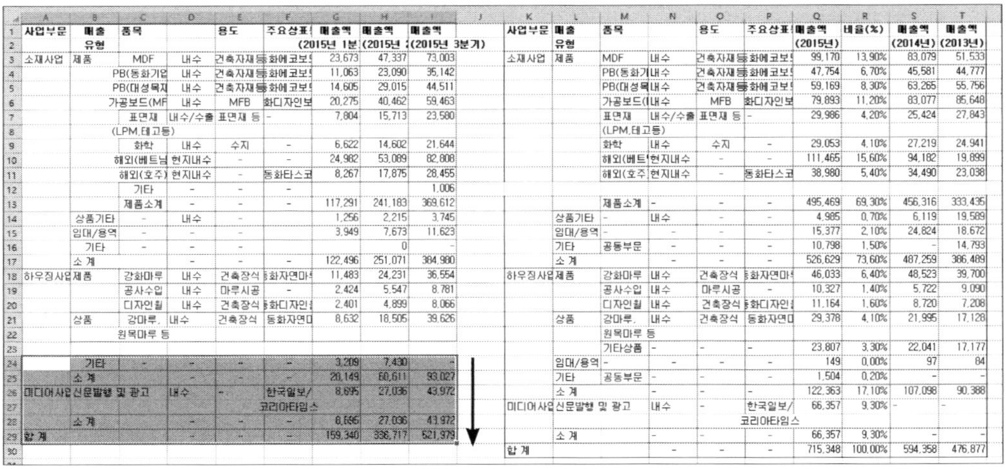

빈 행을 만들었다면 항목에 해당하는 이름을 다시 써 넣습니다. 2015년 4분기 자료의 구분의 경우 자료를 정리하는 과정에서 지워지나 설명의 편이를 위해 입력하였습니다.

품목	용도	주요상표	매출액 (2015년 1분)	매출액 (2015년)	매출액 (2015년 3분기)	사업부문	매출 유형	품목	용도	주요상표	매출액 (2015년)	비율(%)	매출액 (2014년)
MDF	내수	건축자재등	화에코보	23,673	47,337	73,003	소재사업	제품	MDF	내수	건축자재등	화에코보	99,170	13.90%	83,079
PB(동화기업)	내수	건축자재등	화에코보	11,063	23,090	35,142			PB(동화기	내수	건축자재등	화에코보	47,754	6.70%	45,581
PB(대성목재)	내수	건축자재등	화에코보	14,605	29,015	44,511			PB(대성목	내수	건축자재등	화에코보	59,169	8.30%	63,268
가공보드(MF	내수	MFB	화디자인보	20,275	40,462	59,463			가공보드(	내수	MFB	화디자인보	79,893	11.20%	83,077
표면재 (LPM,테고등)	내수/수출	표면재 등	-	7,804	15,713	23,580			표면재 (LPM,테고등)	내수/수출	표면재 등	-	29,986	4.20%	25,424
화학	내수	수지	-	6,622	14,602	21,644			화학	내수	수지	-	29,053	4.10%	27,219
해외(베트남	현지내수	-	-	24,982	53,089	82,808			해외(베트	현지내수	-	-	111,465	15.60%	94,182
해외(호주)	현지내수	-	동화타스코	8,267	17,875	28,455			해외(호주	현지내수	-	동화타스코	38,980	5.40%	34,490
기타						1,006			기타						
제품소계	-	-	-	117,291	241,183	369,612			제품소계	-			495,469	69.30%	456,318
	내수			1,256	2,215	3,745		상품기타	-	내수			4,985	0.70%	6,119
				3,949	7,673	11,623		임대/용역	-				15,377	2.10%	24,824
						0		기타		공동부문			10,798	1.50%	
소 계				122,496	251,071	384,980							526,629	73.60%	487,259
강화마루	내수	건축장식	화자연마	11,483	24,231	36,554	하우징사업	제품	강화마루	내수	건축장식	화자연마	46,033	6.40%	48,523
공사수입	내수	마루시공		2,424	5,547	8,781			공사수입	내수	마루시공		10,327	1.40%	5,722

그러나 가장 앞의 기준이 되는 표의 항목 제목은 반드시 입력해야 나중에 혼란을 방지할 수 있습니다. 기준표의 하우징 사업, 상품 항목에 '기타상품'을 입력합니다.

9		화학	내수	수지	-	6,622	14,602	21,644			화학	내
10		해외(베트남	현지내수	-	-	24,982	53,089	82,808			해외(베트	현
11		해외(호주)	현지내수	-	동화타스코	8,267	17,875	28,455			해외(호주	현
12		기타	-	-	-			1,006			기타	
13		제품소계	-	-	-	117,291	241,183	369,612			제품소계	
14	상품기타	-	내수	-	-	1,256	2,215	3,745		상품기타	-	내
15		임대/용역	-	-	-	3,949	7,673	11,623			임대/용역	-
16		기타	-	-	-			0			기타	공동부문
17		소 계	-	-	-	122,496	251,071	384,980			소 계	
18	하우징사업	제품	강화마루	내수	건축장식	화자연마	11,483	24,231	36,554	하우징사업	제품	강화마루	내
19			공사수입	내수	마루시공		2,424	5,547	8,781			공사수입	내
20			디자인월	내수	건축장식	화디자인월	2,401	4,899	8,066			디자인월	내
21		상품	강마루,	내수	건축장식	동화자연미	8,632	18,505	39,626		상품	강마루,	내
22			원목마루 등									원목마루 등	
23			기타상품									기타상품	
24		기타	-	-	-		3,209	7,430	-		임대/용역	-
25		소 계	-	-	-	28,149	60,611	93,027			기타	공동부문
26	미디어사업	신문발행 및 광고	내수	-	한국일보/	8,695	27,036	43,972			소 계	
27					코리아타임스				미디어사업	신문발행 및 광고	내

그리고 다시 남은 분기의 자료 정리를 이어갑니다. 중간에 아래 그림처럼 시기 입력 칸이 달라지는 경우도 있습니다. 이때는 기준이 되는 표의 시기 입력 칸과 맞춰주면 됩니다. 2016년 1분기를 한 셀에 입력하고, 밑의 자료들을 모두 드래그해서 한 행 위로 옮겨주면 됩니다.

표의 항목들과 입력된 칸의 수가 다른 부분들을 고쳐가면서 시기별로 나열하는 것을 마무리한 모습은 다음 그림과 같습니다. 2015년 1분기라고 쓰여 있는 부분을 1Q15로 바꾸고 글씨체도 익숙한 것으로 바꾸어 주었습니다.

모든 셀의 데이터가 '누적 값'으로 되어 있으니 이를 바탕으로 분기 값을 산출해보겠습니다. 방법은 사업 부문별 실적을 정리했을 때와 같습니다. 정리된 모든 셀을 선택한 후 우측의 빈칸에 이를 복사, 붙여넣습니다.

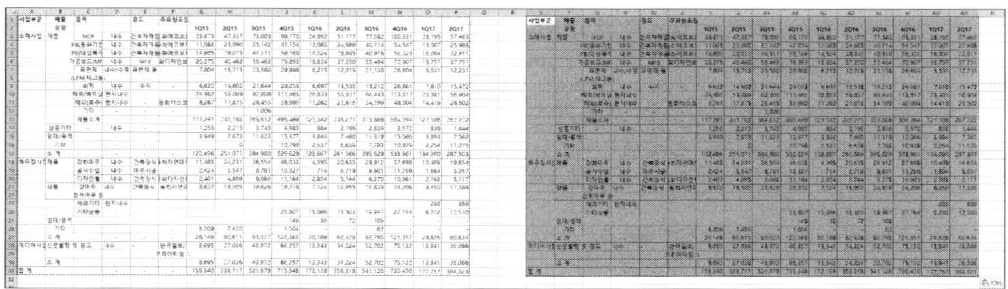

그리고 원본 데이터의 2Q15 MDF 셀에 수식 "=Z3-Y3"을 입력하고 엔터를 누릅니다.

값이 나오면 이를 선택한 후 아래로 쭉 드래그하고, 나머지 분기에도 적용해 모든 데이터를 분기 값으로 바꾸어 줍니다.

사업부문	매출유형	품목	용도		주요상표등	1Q15	2Q15	3Q15	4Q15	1Q16	2Q16	3Q16	4Q16	1Q17	2Q17
소재사업	제품	MDF	내수	건축자재등	화에코보	23,673	23,664	73,003	99,170	24,892	51,177	77,582	105,331	28,195	57,463
		PB(동화기업)	내수	건축자재등	화에코보	11,063	12,027	35,142	47,754	12,085	24,689	40,714	54,547	13,007	25,988
		PB(대성목재)	내수	건축자재등	화에코보	14,605	14,410	44,511	59,169	14,524	28,945	40,916	56,323	16,004	32,911
		가공보드(MF	내수	MFB		20,275	20,187	59,463	79,893	18,834	37,250	55,484	72,907	18,757	37,751
		표면재	내수/수출	표면재 등	-	7,804	7,909	23,580	29,986	6,215	12,019	21,138	26,604	5,531	12,231
		(LPM,테고등)						0							
		화학	내수	수지	-	6,622	7,980	21,644	29,053	6,697	13,538	19,212	26,861	7,810	15,472
		해외(베트남)	현지내수	-	-	24,982	28,107	82,808	111,465	26,833	55,837	84,443	113,817	23,381	56,904
		해외(호주)	현지내수	-	동화타스코	8,267	9,608	28,455	38,980	11,262	21,816	34,199	48,004	14,419	28,502
		기타	-	-	-			1,006							
		제품소계				117,291	123,892	369,612	495,469	121,342	245,271	373,688	504,394	127,106	267,222
	상품기타	-	내수			1,256	959	3,745	4,985	884	2,196	2,839	3,572	836	1,444
	임대/용역	-	-	-	-	3,949	3,724	11,623	15,377	3,844	7,460	11,319	15,066	3,894	7,562
	기타	-	-	-				0	10,798	2,537	6,639	7,783	10,929	2,254	11,075
	소 계					122,496	128,575	384,980	526,629	128,607	261,566	395,629	533,961	134,090	287,303
하우징사업	제품	강화마루	내수	건축장식	동화자연마	11,483	12,748	36,554	46,033	4,395	20,635	29,912	37,698	10,409	19,654
		공사수입	내수	마루시공	-	2,424	3,123	8,781	10,327	714	6,719	9,601	11,298	1,684	5,057
		디자인월	내수	건축장식	화디자인	2,401	2,498	8,066	11,164	2,854	5,744	8,275	10,961	2,763	5,117
	상품	감마루,	내수	건축장식	동화자연마	8,632	9,873	39,626	29,378	7,124	15,955	24,839	34,206	8,450	17,388
		원목마루 등													
		해외기타	현지내수	-				0						288	886
		기타상품	-					0		23,807	15,066	13,303	19,997	27,194	6,232	12,530
	임대/용역									149	36	72	109	-	-
	기타		-	-	-	3,209	4,221		1,504			62		-	-
	소 계					28,149	32,462	93,027	122,363	30,189	62,428	92,795	121,357	29,826	60,634
미디어사업	신문발행 및 광고		내수	-	한국일보/코리아타임스	8,695	18,341	43,972	66,357	13,343	34,224	52,702	75,132	13,841	36,086
	소 계					8,695	18,341	43,972	66,357	13,343	34,224	52,702	75,132	13,841	36,086
합 계			-	-	-	159,340	179,377	521,979	715,348	172,138	358,218	541,126	730,450	177,757	384,023

분기 값 산출이 완료되었으면, 그 뒤로 단위를 변환해줄 수도 있고 그냥 볼 수도 있습니다. 단위 변환은 p125를 참고해주세요.

단위도 억 원으로 바뀌고 표시 형식도 적자는 빨간색으로 표시되게 바꿨으며, 보기 좋게 표에 색깔도 입혀주니 다음 그림처럼 바뀌었습니다. 여기서 하나 더 주목할 점이 있습니다. 바로 앞서 기껏 정리했던 소재 사업의 제품 항목 중 '기타' 부문이 3Q15에 10억 원으로 집계된 후, 바로 다음 분기에 -10억 원으로 처리되었습니다. 3분기에 매출로 잡았다가 4분기에 어떠한 이유일진 모르겠으나 매출 삭감처리가 되었거나 다른 매출 항목으로 합쳐진 것으로 보입니다.

또한 그 밖에도 중간중간 매출이 마이너스로 집계되는 것이 보입니다. 이 역시 그 전 분기에는 매출로 인식하였으나, 그 뒤로 계약이 취소되었거나 매출채권에 문제가 생겼거나 등의 이유로 다음 분기 결산과정에서 제외된 것입니다. 금액이 미미할 경우에는 큰 문제가 되지 않으나, 금액이 클 경우에는 확인해 볼 필요가 있습니다.

사업부문	매출유형	품목	용도	주요상표등	1Q15	2Q15	3Q15	4Q15	1Q16	2Q16	3Q16	4Q16	1Q17	2Q17
소재사업	제품	MDF	내수	건축자재등	동화에코보드	237	237	257	262	249	263	264	277	282	293
		PB(동화기업)	내수	건축자재등	동화에코보드	111	120	121	126	121	126	160	138	130	130
		PB(대성목재)	내수	건축자재등	동화에코보드	146	144	155	147	145	144	120	154	160	169
		가공보드(MFB)	내수	MFB	동화디자인보드	203	202	190	204	188	184	182	174	188	190
		표면재(LPM,태고등)	내수/수출	표면재 등	-	78	79	79	64	62	58	91	55	55	67
		화학	내수	수지		0	0	0	0	0	0	0	0	0	0
		해외(베트남)	현지내수	-		66	80	70	74	67	68	57	76	78	77
		해외(호주)	현지내수	-	동화타스코	250	281	297	287	268	290	286	294	234	335
		기타				83	90	106	105	113	106	124	138	144	141
		제품소계				0	0	10	-10	0	0	0	0	0	0
						1,173	1,233	1,284	1,259	1,213	1,239	1,284	1,307	1,271	1,401
	상품기타	-	내수	-		13	10	15	12	9	13	6	7	8	6
	임대/용역	-	-	-		39	37	40	38	38	36	39	37	39	37
	기타	-	-	-		0	0	0	108	25	41	11	31	23	88
	소 계					1,225	1,286	1,339	1,416	1,286	1,330	1,341	1,383	1,341	1,532
하우징사업	제품	강화마루	내수	건축장식	동화자연마루	115	127	123	95	44	162	93	78	104	92
		공사수입	내수	마루시공		24	31	32	15	7	60	29	19	17	34
		디자인월	내수	건축장식	동화디자인월	24	25	32	31	29	29	25	27	28	24
	상품	강마루,원목마루 등	내수	건축장식	동화자연마루	86	99	211	-102	71	88	89	94	85	89
		해외기타	현지내수	-		0	0	0	0	0	0	0	0	0	0
		기타상품				0	0	0	238	151	-18	67	72	62	63
	임대/용역					0	0	0	1	0	0	0	-1	0	0
	기타	-	-	-		32	42	-74	15	0	0	1	-1	0	0
	소 계					281	325	324	293	302	322	304	286	298	308
미디어사업	신문발행 및 광고	-	내수	-	한국일보/코리아타임즈	87	183	169	224	133	209	185	224	138	222
	소 계					87	183	169	224	133	209	185	224	138	222
합 계						1,593	1,794	1,833	1,934	1,721	1,861	1,829	1,893	1,778	2,063

06.
한국무역협회 · 관세청 자료 활용하기

　기업의 실적을 추정하기 위해 DART 외에 한국무역협회와 관세청 등의 국가 정보 사이트를 활용할 수 있습니다. 2016년 대한민국의 명목 GDP는 약 1,591조 원이며 수출 의존도 35.1%, 수입의존도 28.8%로 전체 GDP에서 무역의존도가 63.9%였습니다. 2011년에는 무역의존도가 89.9%에 이르렀고 그 뒤로 다소 낮아지고는 있으나 여전히 무역의존도가 굉장히 높은 편입니다. 국내 증시 총액이 GDP와 유사하다는 점을 고려하면 국내 상장사들 대부분이 해외 거래를 하고 있다고 볼 수 있습니다. 따라서 국내 수출입 통계를 활용한다면 기업분석에도 많은 도움을 받을 수 있습니다. DART에는 기업의 실적에 대한 순수 과거 자료만 올라와 있지만, 무역협회나 관세청 사이트에는 매월 각종 수출입 실적이 집계되므로 기업의 실적 발표 이전 해당 분기의 P와 Q를 상당 부분 추론할 수 있습니다. 두 사이트에 공개되는 수출입 자료는 동일하므로 본인이 더 쉽게 이용할 수 있는 사이트를 선택해서 활용해도 됩니다.

▶ 한국의 무역 의존도

년도	명목GDP (백만불)	수출 금액 (백만불)	수출 의존도 (%)	수입 금액 (백만불)	수입 의존도 (%)	무역의존도 (%)
2016년	1,411,000.0	495,426.0	35.1	406,193.0	28.8	63.9
2015년	1,382,400.0	526,757.0	38.1	436,499.0	31.6	69.7
2014년	1,411,000.0	572,665.0	40.6	525,515.0	37.2	77.8
2013년	1,305,400.0	559,632.0	42.9	515,586.0	39.5	82.4
2012년	1,222,400.0	547,870.0	44.8	519,584.0	42.5	87.3
2011년	1,202,700.0	555,214.0	46.2	524,413.0	43.6	89.8
2010년	1,094,300.0	466,384.0	42.6	425,212.0	38.9	81.5
2009년	902,300.0	363,534.0	40.3	323,085.0	35.8	76.1
2008년	1,001,700.0	422,007.0	42.1	435,275.0	43.5	85.6
2007년	1,122,700.0	371,489.0	33.1	356,846.0	31.8	64.9
2006년	1,011,000.0	325,465.0	32.2	309,383.0	30.6	62.8
2005년	898,000.0	284,419.0	31.7	261,238.0	29.1	60.8
2004년	765,300.0	253,845.0	33.2	224,463.0	29.3	62.5
2003년	680,400.0	193,817.0	28.5	178,827.0	26.3	54.8
2002년	608,900.0	162,471.0	26.7	152,126.0	25	51.7
2001년	533,100.0	150,439.0	28.2	141,098.0	26.5	54.7
2000년	561,800.0	172,268.0	30.7	160,481.0	28.6	59.2

<자료. 산업통상자원부, 관세청 통계자료> <명목GDP: 한국은행>

　　수출입 자료를 통해 우리가 얻을 수 있는 것은 개별 제품 별 총수출 중량과 총수출 금액입니다. 모든 제품이나 상품이 국가 단위로 거래되려면 'HS코드'라는 번호를 부여받아야 하고, 수출입 실적은 매달 집계되어 관세청이나 무역협회 홈페이지를 통해 공개됩니다.

　　HS코드란 국제통일상품분류체계(harmonized commodity description and coding system)의 약칭으로 모든 상품에 고유번호를 부여하는 국제적 상품분류체계입니다. 나라마다 코드의 자릿수가 다른데, 6자리까지는 국제적으로 공통되며 7자리부터는 각 나라에서 세분하여 10자리까지 사용할 수 있습니다. 우리나라는 10자리까지 사용하며 이를 HSK(HS of Korea)라 합니다. 물론 모든 제품과 상품에 다른 HS코드가 부여되는 것은 아닙니다. 그 상품이 가진 물리적 특성이나 내재된 특성, 속해 있는 산업군을 고려하여 같은 코드로 묶이는 개념으로 이해하면 됩니다. 가령, 국내 라면의 수출입 실적의 경우 오뚜기 라면 따로 농심 라면 따로 분류되는 것이 아니라, 오뚜기든 농심이든 '라면'에 부여된 HS코드는 같으며 라면의 HS코드를 검색하면 전체 라면의 수출입 실적을 알 수 있습니다. 따라서 HS코드는 그 제품이 속한 산업의 큰 시황을 알 수 있게 해주면 만약 어떤 기업이 그 산업의 대표기업이라면 분기 실적이 나오기 전에 그 회사의 실적을 예측하는데 굉장히 많은 도움을 받을 수 있습니다.

책에서는 무역협회와 관세청에서 제품별 HS코드를 검색해서 자료를 다운받고 자료를 분석하여 시황을 파악하는 핵심 방법만 알려 드릴 예정입니다. 이를 통해 사이트 이용이 익숙해지면 사이트 내에서 이것저것 눌러보면서 좋은 자료들을 많이 얻어가셨으면 좋겠습니다.

우리는 책에서 동화기업을 분석하고 있는데 동화기업의 경우 해외 거래를 하는 제품이 원재료인 메탄올과 요소 등 밖에 없습니다. 목재 보드와 건장재 제품은 전부 내수 판매 중이며 베트남과 호주에서는 현지에서 생산하여 현지 내수 판매를 하고 있기 때문입니다. 원재료인 메탄올과 요소는 수입하고 있으며, 소재 부문의 원재료 매입액에서 약 30% 내외를 차지하고 있어 가격 상승이 원가 부담으로 이어질 수 있습니다. 무역협회와 관세청에서 메탄올의 수입 중량과 수입 가격을 찾아보면서 현재 어느 정도 가격에서 들여오고 있는지를 파악해 보겠습니다.

① 한국무역협회

포털사이트 검색창에 '한국무역협회'를 입력하거나, 주소창에 "www.kita.net"를 입력하여 검색하고 한국무역협회 사이트로 들어갑니다.

상단 중앙 검색바에서 '메탄올'을 입력하고 엔터를 누릅니다. 그러면 몇 가지 관련 내용이 검색되며, 마우스 휠을 내리다 보면 아래 그림처럼 '품목검색(hscode)'이 보입니다. 메탄올과 관련된 HS코드는 총 두 건이 검색되었습니다. 두 건 중 어떤 항목을 선택해야 할지 모를 때는 '세율, 수출입요령, 사례'를 클릭해서 더 상위 버전을 확인하거나 포털 사이트에서 두 항목이 어떻게 다른지 알아보는 것이 좋습니다. 두 번째 항목인 291211 메탄올(포름알데히드)의 '세율, 수출입요령, 사례'를 눌러보니 2015년 기준으로 삭제되거나 없는 품목 코드라고 나옵니다. 그렇다면 메탄올의 HS코드는 첫 번째 항목일 것입니다.

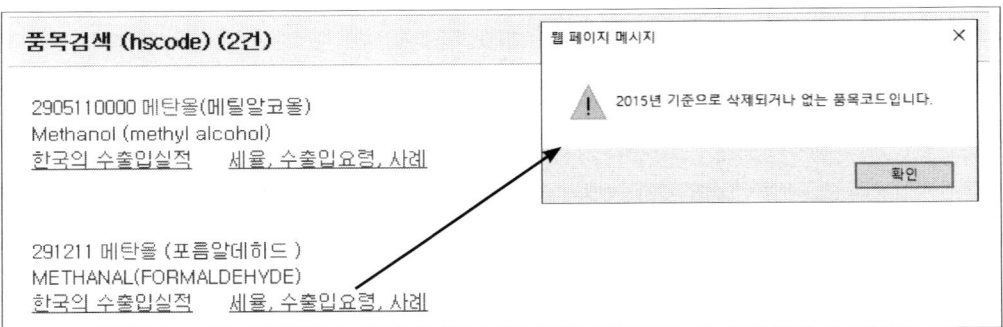

(포털 사이트 검색 결과, 메탄올이 산화되어 만들어지는 것이 폼알데하이드입니다)

    2905110000 메탄올(메틸알코올)의 '한국의 수출입실적'을 클릭해봅니다. 그러면 아래 그림과 같이 연도별 수출과 수입 중량 및 금액이 나열된 표가 새롭게 나타납니다.

각 연도의 가장 앞에 있는 더하기(+) 표시를 눌러보면 월별 자료도 펼쳐집니다. 월별 자료는 보통 다음 달 중순 이후 발표되며, 연간 자료는 50일 이후에 발표됩니다.

또한, 우측 상단에서 화살표 표시를 누르면 엑셀로 자료를 다운로드할 수 있습니다. 창에 표시된 그대로 다운로드됨으로 월별 자료를 내려받으려면 반드시 원하는 연도의 더하기(+) 표시를 전부 눌러 월별 자료가 나타나게 한 후, 다운받으셔야 합니다.

동화기업을 2015년도부터 분석하였으니, 메탄올 자료도 2015년부터 월별 자료를 다운로드 받습니다. 엑셀로 내려받은 모습은 다음 그림과 같습니다.

년월	수출						수입					
	금액	증감율	중량	증감율	수량	증감율	금액	증감율	중량	증감율	수량	증감율
2017년	1,514,853	9.4	3,296,788,707	-2.3	0	0.0	320,129,807	56.9	968,434,393,199	5.3	0	0.0
1월	69,704	-7.6	34,215,030	-1.8	0	0.0	52,124,271	94.3	144,767,072,262	21.5	0	0.0
2월	59,899	11.6	30,594,120	25.1	0	0.0	48,315,750	96.9	130,647,463,220	12.8	0	0.0
3월	97,344	27.1	52,139,360	0.2	0	0.0	60,450,163	96.5	155,023,678,192	7.3	0	0.0
4월	85,051	-45.4	41,950,921	-56.2	0	0.0	46,095,278	68.0	137,171,277,133	10.1	0	0.0
5월	85,821	-89.5	66,182,508	-97.9	0	0.0	40,940,514	29.4	137,995,888,677	-2.5	0	0.0
6월	1,014,987	621.7	3,011,674,030	5,401.8	0	0.0	35,997,638	11.6	131,702,809,726	-6.6	0	0.0
7월	102,047	58.5	60,432,738	83.2	0	0.0	36,206,193	18.4	131,126,203,989	-1.7	0	0.0
2016년	1,816,122	15.2	3,613,568,385	5.1	0	0.0	368,704,671	-24.1	1,570,487,778,549	-3.3	0	0.0
1월	75,477	2.0	34,847,200	9.1	0	0.0	26,821,641	-40.9	119,167,161,700	-17.3	0	0.0
2월	53,676	-7.9	24,258,200	-17.3	0	0.0	24,544,136	-32.7	115,776,236,200	-9.5	0	0.0
3월	76,568	31.7	52,012,800	75.8	0	0.0	30,759,815	-22.5	144,449,367,800	8.6	0	0.0
4월	155,808	130.6	94,824,000	189.3	0	0.0	27,429,572	-18.4	124,584,196,900	20.6	0	0.0
5월	817,643	582.8	3,080,296,950	5,117.1	0	0.0	31,627,083	-24.3	141,540,770,012	15.7	0	0.0
6월	140,633	83.0	54,740,130	26.6	0	0.0	32,259,242	-37.3	141,037,955,871	-7.8	0	0.0
7월	64,402	-18.1	32,983,455	-12.0	0	0.0	30,559,079	-36.9	133,383,775,101	-10.8	0	0.0
8월	99,532	90.5	57,272,650	146.4	0	0.0	29,640,531	-25.0	131,309,717,493	2.6	0	0.0
9월	68,157	12.0	35,666,950	23.5	0	0.0	27,272,053	-32.7	120,713,850,960	-18.4	0	0.0
10월	85,547	28.8	67,778,100	57.7	0	0.0	29,504,026	-19.1	125,197,776,547	-9.0	0	0.0
11월	113,841	37.2	47,486,970	11.1	0	0.0	30,968,398	-11.1	114,900,988,848	-12.8	0	0.0
12월	64,838	-91.7	31,401,380	-99.0	0	0.0	47,299,095	25.9	158,345,981,117	8.4	0	0.0
2015년	1,575,984	80.2	3,439,678,100	677.3	0	0.0	485,791,093	-24.0	1,624,694,899,000	6.8	0	0.0

동화기업은 메탄올을 수입하고 있으니 이 자료에서 우리가 살펴봐야 할 부분도 '수입' 부분입니다. 수입된 총 중량과 금액이 나와 있으니, 전체 금액을 중량으로 나눠 주면 단위당 가격이 산출됩니다. 현재 자료의 중량 단위는 g이기 때문에 우리는 이를 먼저 톤 단위로 변환해준 후, 톤당 가격을 산출해보도록 하겠습니다.(어떤 단위로 보든 추이는 같습니다. 다만, 숫자의 자릿수가 너무 길면 자료 해석과 분석이 헷갈릴 수 있기 때문입니다)

다음 그림처럼 그램(g)을 톤(t)으로 바꿔 주기 위해 엑셀의 빈 셀에다가 1,000,000을 입력합니다. 그리고 계산 값을 입력할 칸을 정한 후 그램(g)을 1,000,000으로 나눠 주는 수식을 입력합니다. 입력 후 1,000,000에는 꼭 F4를 눌러 주는 것을 잊지 마십시오. 모든 셀에 쓸 수식에서 1,000,000은 공통이므로 고정해야 하기 때문입니다. 엔터를 눌러 값이 나오면 이를 2015년 자료까지 아래로 드래그합니다.

모든 그램(g)을 톤(t)으로 바꿔 주었다면 이제 톤당 가격을 산출해보겠습니다. 가격을 산출할 셀을 정하고 새로운 셀에 수입 금액을 톤 기준 중량으로 나눠 주는 수식을 입력한 후 엔터를 누릅니다. 소수점이 뒤로 길게 나오므로 이 역시 원하는 자릿수로 조정해 줍니다.

	수입								
	금액	증감률	중량	증감률	수량	증감률		중량(톤)	톤당 가격($/T)
0.0	320,129,807	56.9	968,434,393,199	5.3	0	0.0		968,434	=H5/O5
0.0	52,124,271	94.3	144,767,072,262	21.5	0	0.0		144,767	
0.0	48,315,750	96.9	130,647,463,220	12.8	0	0.0		130,647	
0.0	60,450,163	96.5	155,023,678,192	7.3	0	0.0			

(계 : 당월 , 단위 : US$, g, %) 1000000

그리고 그 값을 그대로 아래로 드래그하여 다른 셀의 값도 계산합니다. 완료되면 다음 그림처럼 메탄올의 월별 가격 추이를 확인할 수 있습니다.

메탄올의 올해 가격 추이는 연초 다소 높게 형성되었다가 연말로 갈수록 하락하는 모습을 보입니다. 우리가 우려했던 메탄올 가격 상승으로 인한 원가 부담은 크지 않을 것으로 예상됩니다.

이 상태 그대로 값 추이를 확인해 보아도 되고, 여기서 그래프를 그려 보아도 되고 월별 자료와 연도별 자료를 분리해도 됩니다. 또한, 현재는 최근 자료부터 상단에 위치하는데 이를 거꾸로 최근 자료가 가장 하단에 위치하도록 바꾸어도 됩니다. 엑셀로 자료를 다루는 것에 익숙해지면 본인의 스타일대로 자료를 만들어가면 됩니다.

	중량(톤)	톤당 가격($/T)
2017년	968,434	330.56
…1월	144,767	360.06
…2월	130,647	369.82
…3월	155,024	389.94
…4월	137,171	336.04
…5월	137,996	296.68
…6월	131,703	273.32
…7월	131,126	276.12
2016년	1,570,488	234.77
…1월	119,167	225.08
…2월	115,776	212.00
…3월	144,449	212.95
…4월	124,584	220.17
…5월	141,541	223.45
…6월	141,038	228.73
…7월	133,384	229.26
…8월	131,390	225.59
…9월	120,714	225.92
…10월	125,198	235.66
…11월	114,901	269.52
…12월	158,346	298.71

만약 HS코드를 이미 알고 있다면 품목검색에서 바로 HS코드를 검색해도 됩니다. 한국무역협회 메인 창에서 무역통계 → 무역통계 홈으로 들어갑니다.

무역통계 홈에는 다양한 국내외 통계자료가 있고 일부 품목을 제외하면 누구나 열람할 수 있습니다. 항목의 이름 옆에 ⓜ표시가 있는 경우 무역협회 회원사 전용 메뉴이므로 열람이 불가합니다. 무역 통계 홈에서 "맞춤·분석" 탭으로 들어가 '품목수출입'을 클릭합니다.

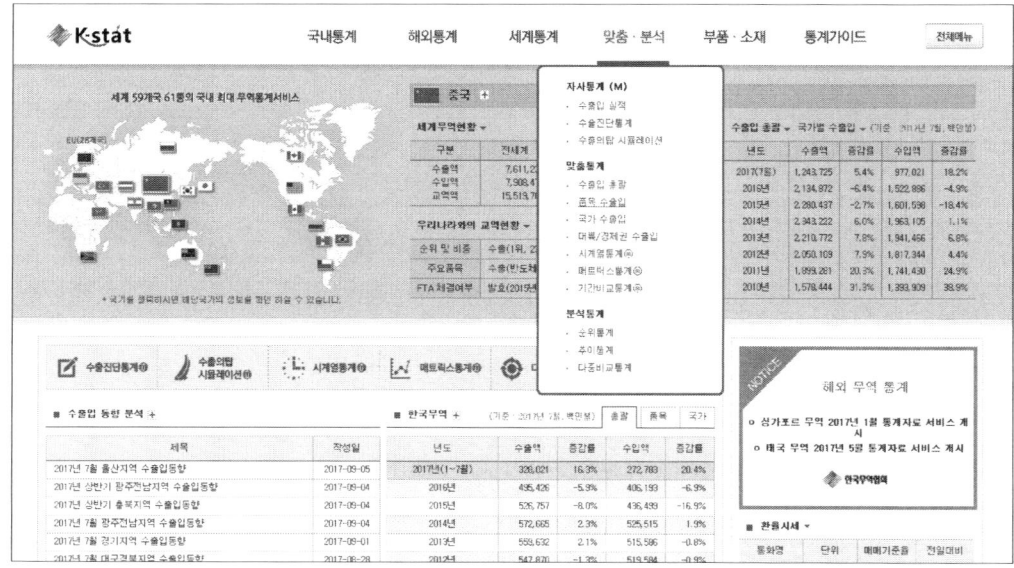

그러면 아래와 같은 창이 열리며 오른쪽 상단 검색바에 알고 있는 HS코드를 입력하면 관련 자료를 찾아볼 수 있습니다.

순번	코드	품목명	수출			수입액
			수출액	평균증감률	중량	
		총계	2,482,479,342	-	881,428,716,700	2,156,604,148
1	854232	메모리	141,521,722	2.6	14,090,465	32,502,824
2	271019	기타	132,296,098	-1.1	202,449,903,966	22,665,785
3	870323	실린더용량이 1,500시시를 초과하고 3,000…	112,350,512	-0.6	11,391,772,043	10,183,802
4	901380	그밖의기기	94,383,347	-1.1	1,077,136,650	11,318,562
5	854231	프로세서와 컨트롤러[메모리·변환기·논…	88,102,682	0.1	25,320,860	77,617,593
6	851770	부분품	60,255,256	-1.0	153,256,500	27,038,534
7	890120	탱커	58,383,364	-0.3	22,968,118,005	1,612,865
8	870899	기타	53,318,555	-0.8	6,141,669,319	4,064,394
9	851712	셀룰러통신망이나그밖의무선통신망용전…	47,953,760	-1.5	49,196,179	11,398,215
10	890190	그밖의화물선과화객선	47,849,273	-0.6	22,964,399,222	5,205,378

② 관세청

포털사이트에서 '관세청'을 검색하고 관세청 홈페이지로 들어갑니다. 그리고 오른쪽 상단에 "패밀리사이트"를 클릭한 다음 창이 열리면, 하단에 '수출입무역통계'를 클릭하여 통계 사이트로 이동합니다.

아래 그림과 같은 수출입통계사이트로 들어왔으면 메탄올의 HS코드를 찾기 위해 가장 우측 아래쪽에 있는 HSCODE 내비게이션을 클릭합니다.

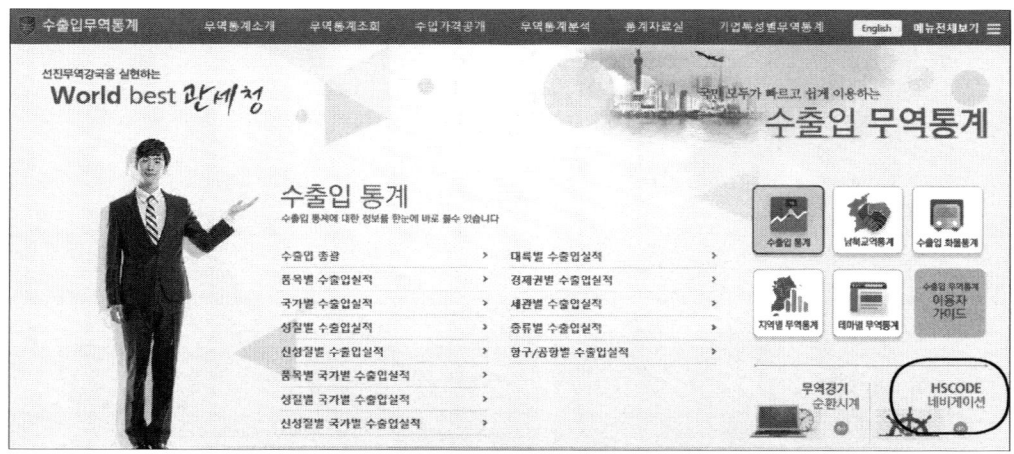

HS코드를 검색할 수 있는 새로운 창이 열립니다.

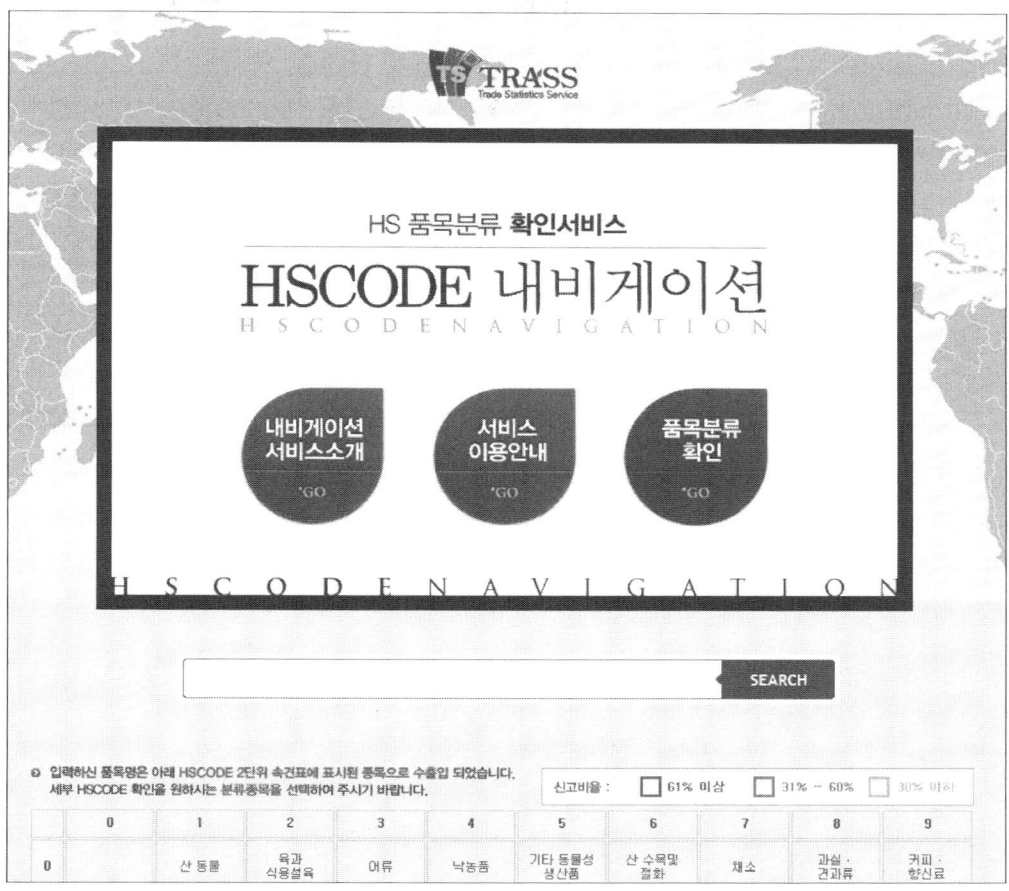

중앙 검색 바에서 원하는 품목을 검색하면 됩니다. 동화기업을 예로 들고 있으니 무역협회에서 검색했던 메탄올을 검색해 보겠습니다. 한글로 메탄올을 쓰고 엔터를 눌렀더니 영문으로 바뀌면서 관련된 항목이 여러 개 검색됩니다. 해당 영문 검색어를 포함하여 신고된 사례가 있는 종목 분류명 및 각각의 종목 분류명별 신고비율에 따라 색깔이 달리 표시됩니다. 가장 색이 진할수록 신고된 비율이 높으므로 현재 찾고자 하는 항목일 가능성이 높습니다. 물론 신고비율이 높은 HS코드라 하더라도 내가 검색하려는 제품의 HS코드라고 보장되는 것은 아닙니다.

메탄올의 경우 유기화학품 항목의 신고비율이 가장 높게 표시되어 있습니다. 이를 클릭해봅니다.

유기화합물을 클릭하면 다시 이를 HS코드 순으로 나열된 표가 나오며 이 역시 가장 신고 비율이 높은 것에 표시가 되어 있습니다. 메탄올의 경우 2905.11-0000의 신고비율이 가장 높으므로 이를 검색하여 수출입실적을 알아보면 됩니다.

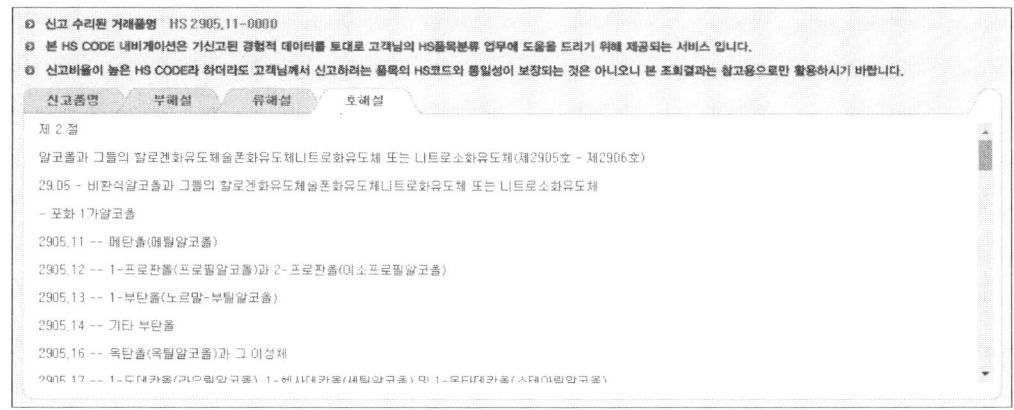

HS코드를 클릭하면 표 아래에 상세한 부, 류, 호 해설도 나옵니다. 항목이 헷갈릴 때는 이를 눌러 추가 설명을 읽어 보는 것도 좋습니다.

메탄올의 HS코드를 알았으면 HS코드 내비게이션을 종료하고 다시 수출입통계사이트 메인으로 돌아옵니다. 그리고 중앙 메뉴에서 '품목별 수출입실적'을 클릭합니다.

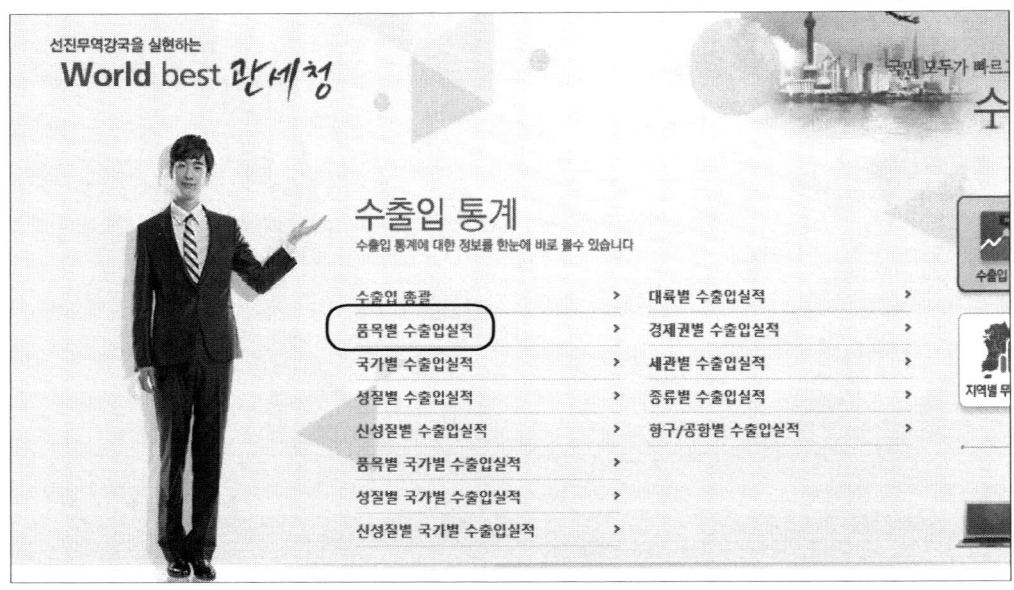

품목별 수출입실적을 검색할 수 있는 곳으로 이동하면 조회 기간을 원하는 대로 설정하고, 아까 찾았던 품목코드를 입력한 후 조회를 클릭합니다.

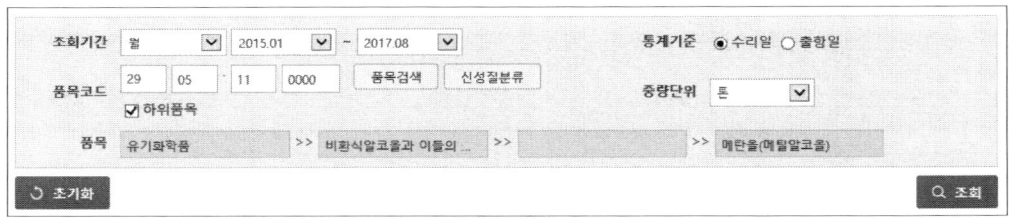

그러면 다음의 그림처럼 메탄올의 월별 수출입 중량과 금액이 나옵니다. 앞서 한국무역협회에서 검색했던 것과 동일한 자료이며 단위만 천 불(USD)과 톤(t)으로 다릅니다. 또한, 한국무역협회에는 2017년 7월까지의 자료만 검색되었으나, 관세청에는 8월 자료도 업데이트되어 있습니다. 관세청 자료를 무역협회가 활용하다 보니 이러한 시차가 발생하는 것으로 보입니다.

관세청 자료 역시 엑셀로 다운로드가 가능하므로 엑셀로 다운받아 무역협회 자료에서 했던 것처럼 데이터를 다뤄 보면 됩니다. 한 페이지에 볼 수 있는 자료의 개수를 조절하면 좀 더 많은 자료를 한 페이지에서 볼 수 있습니다. 왼쪽 상단에 다운로드를 클릭하여 엑셀로 내려받아도 되고, 표 자체를 드래그하여 엑셀에 복사/붙여넣기 해도 됩니다. 엑셀로 다운받아 정리하는 것은 무역협회 자료를 통해 해보았으니 생략하겠습니다.

기간	품목명	HS코드	수출중량	수출금액	수입중량	수입금액	무역수지
총계			10,415.0	5,018	4,299,575.9	1,212,489	-1,207,471
2015.01	메탄올(메틸알코올)	2905110000	31.9	74	144,179.6	45,404	-45,330
2015.02	메탄올(메틸알코올)	2905110000	29.4	58	127,883.6	36,479	-36,421
2015.03	메탄올(메틸알코올)	2905110000	29.6	58	133,001.4	39,670	-39,612
2015.04	메탄올(메틸알코올)	2905110000	32.8	68	103,285.0	33,626	-33,558
2015.05	메탄올(메틸알코올)	2905110000	59.0	120	122,372.7	41,754	-41,634
2015.06	메탄올(메틸알코올)	2905110000	43.2	77	152,919.0	51,468	-51,391
2015.07	메탄올(메틸알코올)	2905110000	37.5	79	149,526.5	48,456	-48,377
2015.08	메탄올(메틸알코올)	2905110000	23.2	52	128,078.8	39,517	-39,465
2015.09	메탄올(메틸알코올)	2905110000	28.9	61	147,963.2	40,549	-40,488

③ 관세법령정보포털 활용

관세청의 패밀리사이트 중 '관세법령정보포털'이 있습니다. 무역업을 영위하는 사람들에게 수입/수출 통관 절차 및 관련 법령을 알려 주는 사이트이며 투자자들은 이곳에서 일부 산업의 제품별 HS코드와 산업의 공정 및 특징에 대해 얻어갈 수 있습니다. 관세청 홈페이지의 패밀리사이트에서 아래쪽 '관세법령정보포털'을 클릭하여 접속하거나, 포털 사이트에서 직접 관세법령정보포털을 검색해서 접속할 수 있습니다.

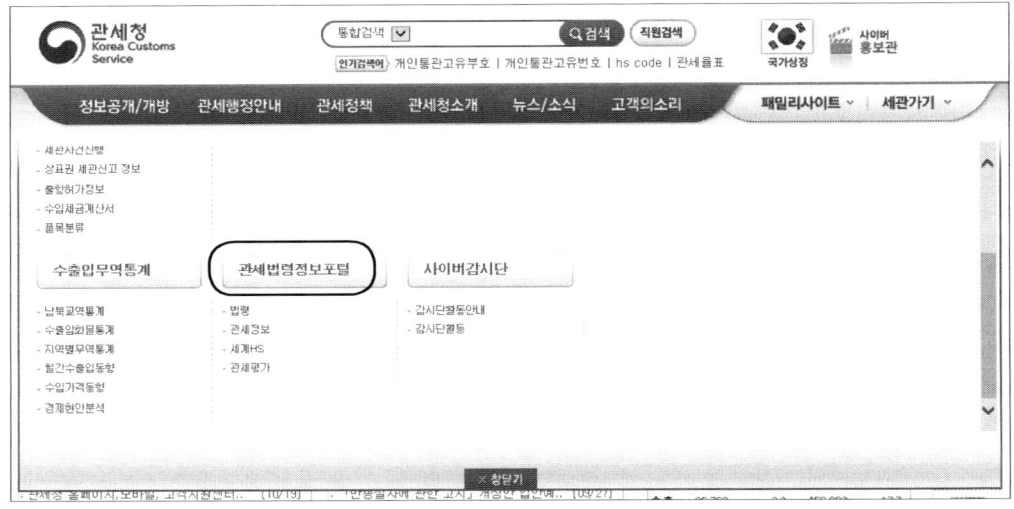

사이트의 첫 화면은 다음 그림과 같으며, 사이트 중앙의 "세계HS정보" 혹은 "분류사례"를 클릭하면 그 아래 우리나라의 주요 수출 산업인 자동차, 반도체, 평판디스플레이, 휴대전화부품이 나옵니다. 하나씩 개별 클릭해 보면, 각 산업에 속한 제품의 개요와 용어 및 공정 설명, 관련 부품의 개별 HS코드를 찾아볼 수 있습니다. 또한 해외직접구매에서는 일반 소비자들이 주로 구매하는 화장품, 커피, 유아용품, 건강기능식품 등의 HS코드를 찾아볼 수 있습니다.

　가령, '평판디스플레이'를 클릭하면 다음 그림과 같이 핵심수출품목에 대한 가이드북이 나옵니다. 디스플레이 개요에서 디스플레이의 종류별 설명과 공정과정을 공부할 수 있고, 용어집에서 모르는 용어에 대한 설명을 찾아볼 수 있습니다. 또한 품목분류사례에서는 디스플레이의 소재부터 각종 부품, 완성 패널까지의 개별 HS코드를 찾을 수 있습니다. 우리나라는 IT강국으로 국내 증시에서도 IT의 비중이 가장 높습니다. 그러나 IT산업은 변화가 빠르고 용어가 어려워 일반인이 산업과 공정을 이해하기에는 많은 어려움이 따릅니다. 일반 투자자가 IT산업에 대한 공정을 전부 이해하기는 어렵겠지만, 이러한 자료집을 찾아 공부한다면 산업의 흐름과 수치를 파악하는데 많은 도움이 될 것입니다.

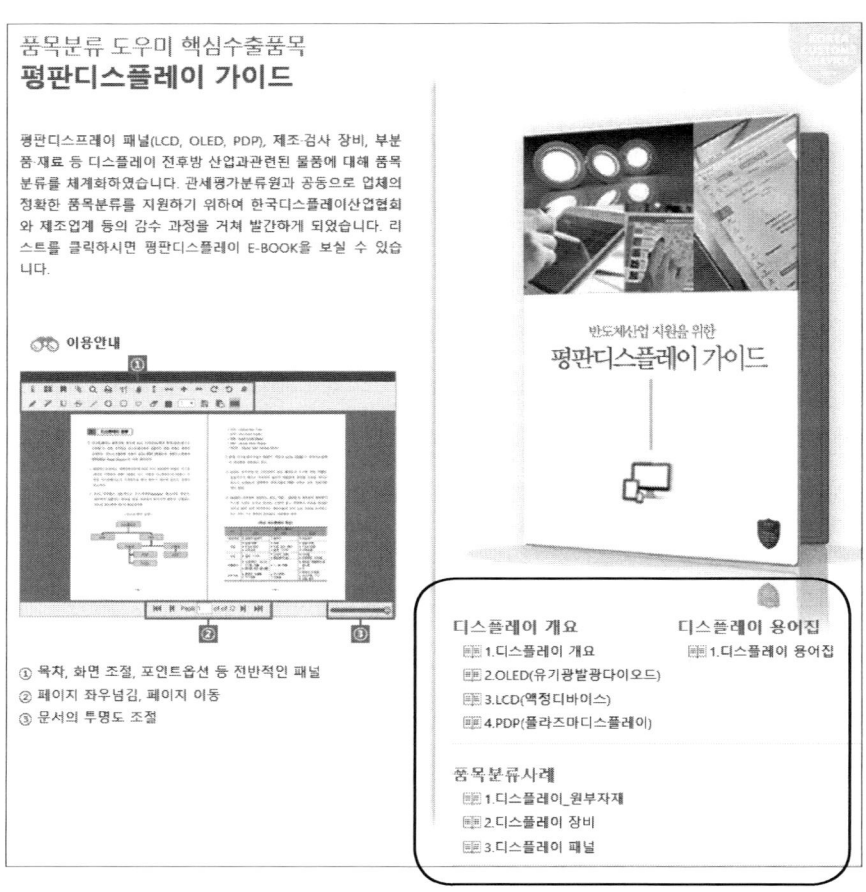

그렇다면 직접 종목을 선정하여 가이드북을 활용해 보겠습니다. 예시로 들 종목은 블루콤(033560)입니다. 블루콤은 블루투스 헤드셋 및 전동모터를 생산하는 기업으로 LG의 블루투스 헤드셋을 ODM 방식으로 생산하고 있습니다. 블루투스 헤드셋의 매출이 2015년 기준 전체 매출의 90% 이상 차지하고 있고, 블루투스 헤드셋의 매출 중 북미 지역의 매출이 80%에 이릅니다. 따라서 블루투스 헤드셋의 판매량에 따라 기업의 실적이 달라지며, 투자자들은 관세청 자료를 통해 블루투스 헤드셋의 수출 동향을 월별로 체크하여 기업의 실적 발표 이전에도 블루콤의 실적을 대략 파악할 수 있습니다.

블루콤 홈페이지 제품소개

관세법령정보포털에서 '세계HS코드→휴대전화부품'을 클릭합니다. 그러면 다음 그림처럼 휴대전화부품 가이드북이 나옵니다. 블루투스 헤드셋은 휴대전화 주변기기로 Wearable Device에 속하므로 Wearable Device을 클릭하여 다운받습니다. Web상에서 바로 보아도 되지만, 개인 PC에 내려 받아 놓으면 나중에 다시 찾아보기 편리합니다.

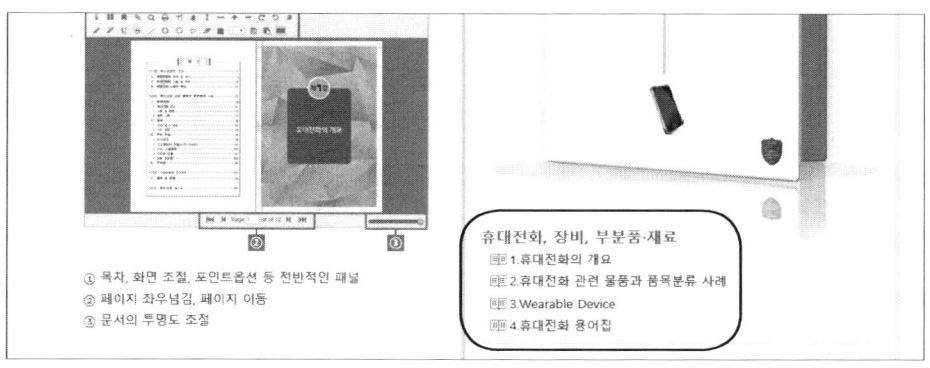

자료를 열어 보면 가장 먼저 웨어러블 디바이스의 정의와 종류, 제품별 설명이 나옵니다. 디스플레이나 반도체도 이와 마찬가지로 정의와 설명이 나오니 IT주에 투자할 때는 한 번쯤 다운받아 읽어 보시길 바랍니다.

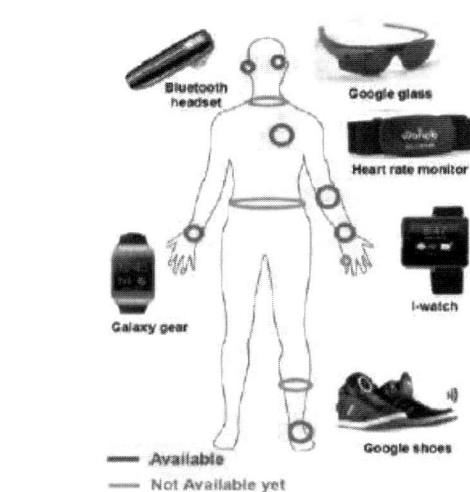

1 웨어러블 디바이스 정의와 종류

☐ 웨어러블 디바이스란 안경, 시계, 의복 등과 같이 착용 가능(Wearable)한 기기(Device)를 의미하며, 웨어러블 컴퓨터(영어: wearable computer)로 불리기도 한다. 액세서리나 직물, 신체 부착, 생체 이식 등의 다양한 기기를 포괄하는 표현이지만, 본 휴대폰 품목분류 가이드북에서는 휴대폰과 연동이 가능한 휴대폰과 연동되는 액세서리 제품류 만을 다루고자 한다.

☐ 글로벌 휴대폰 시장조사 기관인 SA(Strategic Analytics)社의 웨어러블 디바이스 시장 전망과 여타 인터넷 상의 정보를 참조하면, 현재까지의 휴대폰용 웨어러블 기기 시장은 주로 5가지 유형으로 분류 가능하다.

페이지 중간에는 익숙한 제품명도 나옵니다. 웨어러블 디바이스의 경우 아직은 종류와 브랜드가 많지 않아 특정 상품명까지 공개되기도 합니다.

5 분류 사례

품명	갤럭시 기어		
	GALAXY GEAR		
시행기관	관세평가분류원	분류근거	품목분류1과-2391
결정세번	8517.62-6090	시행일자	2013-09-13

1. 물품 설명

☐ 주요 사양 및 개요

○ 1.63 인치 직사각형 고해상도 OLED 디스플레이(320x320, 278ppi), 800MHz 싱글코어 애플리케이션 프로세서(AP), 512MB 메인메모리, 4GB저장장치, 190만화소 카메라, 315mAh 배터리, 블루투스 4.0, 2개의 마이크, 스피커, 가속도센서, 모션센서 등을 갖춘 다기능 기기로 특정 스마트폰과 연동*해 스마트폰의 활용도를 더욱 높여 주는 '스마트 컴패니언 제품'

* 기계(機械), 장치(裝置)따위가 한 곳이 움직이면 연결(連結)되어 있는 다른 부분(部分)도 잇따라 움직이는 일

☐ 주요기능 및 형태

○ 이미지

자료의 가장 마지막 장에 블루투스 헤드셋의 HS코드 및 관련 설명이 나옵니다. 블루투스 헤드셋의 경우 제품 종류와 브랜드가 많아 특정 브랜드의 이름이 기재되어 있진 않습니다. 블루콤 외에 다른 브랜드 제품도 같은 HS코드를 부여받습니다. 따라서 블루투스 헤드셋의 수출입 실적이 그대로 블루콤의 실적으로 연결되진 않겠지만, 전체 블루투스 헤드셋의 수출입 동향은 파악할 수 있습니다.

품명	블루투스 헤드셋		
	Bluetooth Headset;MM550 TRAVEL		
시행기관	관세평가분류원	분류근거	품목분류1과-1941
결정세번	8517.62-6090	시행일자	2011.12.08

1. 물품 설명

☐ 개요 설명

○ 귀마개 타입의 블루투스 헤드셋으로 무선 이어폰과 무선 마이크로폰이 내장되어 있고 블루투스방식의 무선통신 기능을 갖는 기기(노트북, 휴대폰 등)와 음악감상 또는 음성데이터를 송수신하는 기능을 함

☐ 사양

○ Wearing style : Circumaural
○ Ear cup style : Closed acoustics
○ Technology : Bluetooth 2.1+EDR
  supported profiles : A2DP+AVRCP+HSP+HFP
○ Range : 10m
○ 컨트롤버튼(볼륨조절, 정지/전원 온오프/통화)

가이드북에 나와 있는 블루투스 헤드셋의 HS코드를 관세청 수출입무역통계 사이트에서 검색해 보겠습니다. 관세청 수출입무역통계 사이트로 돌아와 품목별 수출입 실적을 클릭합니다. 품목코드에 8517.62-6060을 입력하고 조회기간을 월로 바꾸고 조회를 누릅니다.

검색된 결과를 엑셀로 다운받아 월별 수출금액을 3개월 단위로 더해 분기별 수출금액을 계산합니다. 그리고 블루콤의 분기 매출액과 비교하기 위해 한 차트에 그래프를 그려 보았습니다.

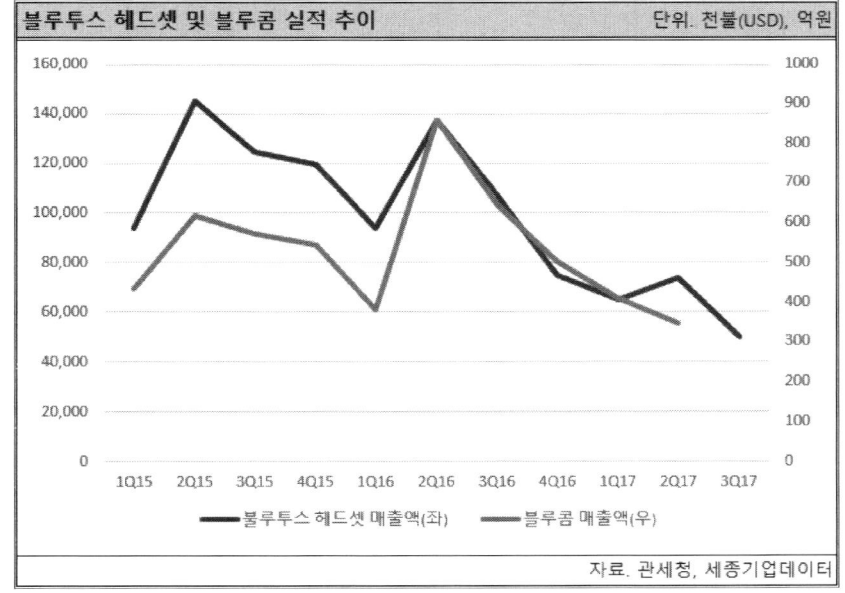

앞의 차트를 보면 블루투스 헤드셋 전체의 수출 실적과 블루콤의 매출액이 상당히 유사한 추이를 보임을 확인할 수 있습니다. 책을 쓸 당시 날짜는 10월 중후 순으로 아직 블루콤의 3분기 실적이 발표되기 전이나 이미 관세청에는 9월까지의 수출 실적이 집계되어 있어 전체 블루투스 스피커 시장의 3분기 시황을 알 수 있는 상태였습니다. 2016년 2분기 이후 블루투스 헤드셋 전반적으로 판매가 부진한 상황이며 2017년 3분기에는 최근 11개 분기 중 가장 낮은 수출 실적을 기록하였습니다. 그에 따라 블루콤의 3분기 실적도 전분기 및 전년동기 대비 하락할 것으로 예상됩니다.

이렇게 한국무역협회와 관세청 자료만 잘 활용해도 웬만한 기업의 제품 가격이나 판매량 추이를 파악할 수 있습니다. 또한, 제품과 원재료 가격을 모두 찾아 판가와 원가 스프레드를 계산하여 마진도 추정할 수 있습니다. 그러나 때론 이 자료와 개별 기업의 실제 실적 추이가 맞지 않는 경우도 있습니다. 예를 들면, 관세청 자료에 따르면 특정 제품의 가격이 하락하고 있어 해당 기업의 실적을 부정적으로 전망하였으나 실제로는 굉장히 호실적이 나올 수도 있습니다. 이는 관련 제품 전반적으로는 가격이 내렸지만, 특정 기업은 신제품을 개발하여 신제품 판매를 증가시켰고 이에 따라 회사의 전체 평균 판매 가격은 올라간 경우입니다. 이 때 비록 우리의 예측치는 틀렸더라도 기업에 실적 변동 이유를 물어볼 수 있는 배경이 됩니다. 아무것도 모르는 채 물어보는 것보다 내가 시황을 알고 물어볼 때 기업 담당자도 더 많은 이야기를 해주기 마련입니다. 그리고 좀 더 실력 있는 투자자로서 대우받을 수 있습니다.

07.
단일 판매 · 공급 계약 체결 공시를 통한 실적 추정

　수주 기반의 사업을 영위하는 회사의 실적은 수주 공시를 참고하여 추정할 수 있습니다. 전년도 매출액 대비 10% 이상의 공급 계약을 체결한 경우 의무적으로 DART에 관련 내용을 공시해야 하며, 10% 미만의 계약이더라도 기업에 따라 투자자들에게 정보를 제공하기 위해 공시하는 경우가 있습니다. 수주공시는 일반적으로 '단일판매·공급계약 체결'이라는 보고서 명으로 공시됩니다. '단일판매·공급계약 체결'이라는 명으로 올라온 보고서가 많은 기업의 경우 장사가 잘되고 있다는 것을 의미하며 계약금액과 계약기간을 단순 계산하여 다음 분기 실적의 방향을 판단할 수 있습니다. 계약금액은 제품을 납품한 그 시점에 일시에 매출로 인식되는 경우도 있지만 많은 기업이 '진행률' 방식으로 매출을 인식하고 있습니다. '진행률'의 기준은 기업마다 차이가 있어 외부 투자자들이 그 기준까지 정확히 알아내긴 어려우나 금액을 기간으로 나누어 이번 분기에 반영될 금액을 추정할 수는 있습니다. 수주 공시를 통해 실적이 좋아질 것이라고 암시한 대표적인 기업과 수주공시만 골라서 찾아보는 방법을 알아보겠습니다.

▶ 비아트론(141000)

비아트론은 디스플레이 공정 내에서 열처리 공정을 담당하는 장비를 개발·생산하는 기업입니다. 주요 고객사는 국내외 디스플레이 업체로 전방산업의 투자 확대에 따라 매출의 부침이 커지는 특징이 있습니다. 2013~2014년은 OLED 투자가 활발히 이루어지지 않아 다소 부진한 실적을 기록하였지만, 2015년 상반기부터는 전방 산업의 투자 확대에 따라 수주가 크게 증가하면서 실적도 큰 폭으로 회복되었습니다. 비아트론이 고객사로부터 어느 정도의 수주를 받았는지 공시를 통해 확인해 보겠습니다.

DART의 메인 검색창에 '비아트론' 또는 종목코드 '141000'을 입력하고 검색을 누릅니다. 기간은 아직 설정하지 않아도 됩니다.

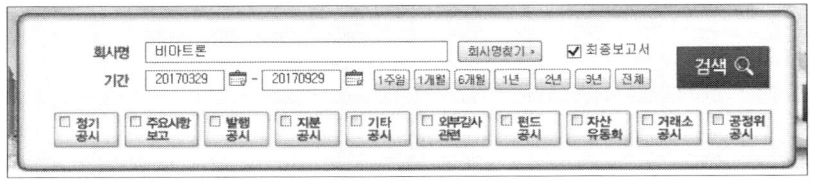

검색 후 조회된 보고서들의 좌측을 보면 '상세검색'이라는 탭이 보입니다. '상세검색'을 눌러보겠습니다. 상세검색은 특정 보고서를 검색할 때 유용합니다. 우리는 비아트론의 '단일판매·공급계약 체결'공시만 찾아볼 예정이므로 상단 회사명에 '비아트론'을 입력하고, 하단 보고서명에 '단일판매'라고 입력한 후, 기간은 전체로 두고 검색을 누릅니다.

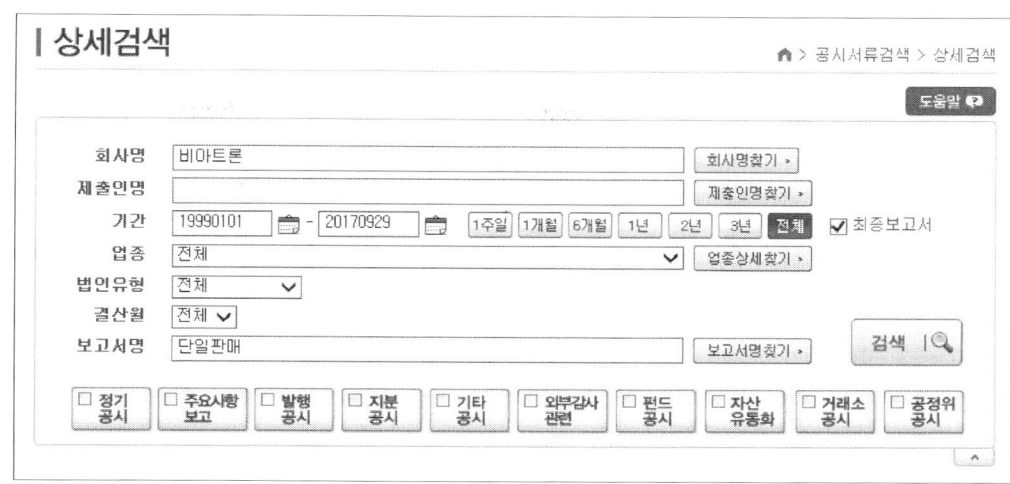

　그러면 다음 그림처럼 현재까지 비아트론이 공시한 모든 '단일판매·공급계약 체결'공시만 검색됩니다. 얼추 살펴보아도 2015년부터 2017년까지 꾸준히 수주 공시를 진행한 것으로 보입니다.

　[기재정정]의 경우 계약기간이나 계약금액에 변동이 있을 때, 이를 수정하여 재공시한 경우로 접수 일자가 최초 수주 계약을 체결한 시기가 아니고 수정이 있던 시기라는 것을 유의하십시오.

먼저 페이지 1의 가장 상단에 있는 2017.09.11에 공시된 보고서(책을 쓸 당시 기준)를 통해 단일판매 공급계약 공시에는 어떤 내용이 들어가 있는지 살펴보겠습니다.

일반적으로 판매/공급계약의 내용과 계약금액, 전년 매출액 대비 어느 정도인지, 계약 상대방 및 판매 지역, 수주 일자 등이 기재되어 있습니다. 간혹 계약금액이나 계약의 내용이 공란으로 기재된 일명 '백지공시'가 나오기도 합니다. 백지공시는 금액 자체는 매출액 대비 10% 이상이므로 의무 공시에 해당되나, 고객사의 요청이나 영업상의 이유로 금액과 상세 내용은 기재하지 않는 경우입니다. 백지공시는 금액이 큰 경우가 많아 보통 시장에서 이를 상당히 긍정적으로 받아들입니다. 추후 기재정정을 통해 구체적인 금액과 계약 내용이 밝혀지지만, 당장 어떤 내용인지 궁금하다면 기업의 IR 담당자에게 문의하거나, 공개 기업설명회가 있다면 그때 참석하여 대략적인 이야기를 들을 수 있습니다.

1. 판매 · 공급계약 내용		디스플레이용 제조장비	
2. 계약내역	계약금액(원)		5,630,000,000
	최근 매출액(원)		32,718,124,701
	매출액 대비(%)		17.20
3. 계약상대방		엘지디스플레이(주)	
-회사와의 관계		-	
4. 판매 · 공급지역		국내	
5. 계약기간	시작일	2015-03-27	
	종료일	2015-07-13	
6. 주요 계약조건		-	
7. 판매 · 공급방식	자체생산	해당	
	외주생산	미해당	
	기타	-	
8. 계약(수주)일자		2015-03-27	
9. 공시유보 관련내용	유보기한	-	
	유보사유	-	
10. 기타 투자판단에 참고할 사항			
-상기금액은 부가가치세 별도금액입니다.			
-최근 매출액은 2013년기준 매출액입니다.			
-상기 계약기간 종료일은 계약서상 장비 납기일로 양사간의 협의에 따라 변동될 수 있습니다.			
※ 관련공시		-	

(DART / 비아트론 / 본문: 2015.03.30 단일판매 · 공급계약체결 / 단일판매 · 공급계약체결)

비아트론이 2015년부터 공시한 단일판매 공급계약 체결 공시를 살펴보겠습니다. 먼저 2015.03.30일에는 LG디스플레이와 56.3억 원의 디스플레이용 제조 장비 공급계약을 체결하였습니다. 전년 매출액 대비 17.2%에 해당하며 납기도 2015년 7월까지로 모두 당해 매출로 인식될 것으로 보입니다. 바로 다음 달인 2015.04.16에는 중국 기업으로 무려 131억 원의 장비 공급 계약을 체결하였다고 공시하였습니다. 전년 매출액 대비 40%에 해당하는데 납기도 6개월로 이 역시 2015년 매출에 전부 인식되었을 것으로 예상됩니다. 이 두 건의 공시만으로도 이미 지난해 매출액의 60% 가까이는 확보해 놓았다고 볼 수 있습니다.

단일판매 · 공급계약체결			
1. 판매 · 공급계약 내용		디스플레이용 제조장비	
2. 계약내역	계약금액(원)		5,630,000,000
	최근 매출액(원)		32,718,124,701
	매출액 대비(%)		17.20
3. 계약상대방		엘지디스플레이(주)	
-회사와의 관계		-	
4. 판매 · 공급지역		국내	
5. 계약기간	시작일	2015-03-27	
	종료일	2015-07-13	
6. 주요 계약조건		-	
7. 판매 · 공급방식	자체생산	해당	
	외주생산	미해당	
	기타	-	
8. 계약(수주)일자		2015-03-27	

단일판매 · 공급계약체결			
1. 판매 · 공급계약 내용		디스플레이용 제조장비	
2. 계약내역	계약금액(원)		13,059,403,344
	최근 매출액(원)		32,803,707,370
	매출액 대비(%)		39.81
3. 계약상대방		Wuhan China Star Optoelectronics Technology Co., Ltd.	
-회사와의 관계		-	
4. 판매 · 공급지역		중국	
5. 계약기간	시작일	2015-04-16	
	종료일	2015-10-02	
6. 주요 계약조건		-	
7. 판매 · 공급방식	자체생산	해당	
	외주생산	미해당	
	기타	-	
8. 계약(수주)일자		2015-04-16	

이후에도 꾸준히 단일판매 공급계약 체결 공시가 나왔는데, 이를 엑셀로 정리해 보면 좀 더 명확하게 실적 추정이 가능합니다. 2015년부터 2017년 현재까지 나온 모든 공시를 엑셀로 정리해 보았습니다. 정리방법은 모든 공시를 선택해서 개별 항목을 복사/붙여넣기하거나 직접 입력하면 됩니다.

수주일자	판매·공급계약 내용	계약금액	계약상대방	판매공급지역	계약시작일	계약종료일
2015-03-27	디스플레이용 제조장비	56	엘지디스플레이(주)	국내	2015-03-27	2015-07-13
2015-04-07	디스플레이용 제조장비	17	Truly Smart Display(Hong Kong) Limited	중국	2015-04-07	2016-02-28
2015-04-16	디스플레이용 제조장비	131	Wuhan China Star Optoelectronics Technology	중국	2015-04-16	2015-10-02
2015-05-07	디스플레이용 제조장비	79	Xiamen Tianma Micro-electronics Co., Ltd.	중국	2015-05-07	2016-01-05
2015-05-26	디스플레이용 제조장비	46	Hon Hai Precision Co., LTD.	대만	2015-05-26	2015-09-15
2015-05-27	디스플레이용 제조장비	34	엘지디스플레이(주)	국내	2015-05-27	2015-08-15
2015-08-19	디스플레이용 제조장비	36	AU Optronics Corporation	중국	2015-08-19	2016-04-28
2015-09-01	디스플레이용 제조장비	43	Xiamen Tianma Micro-electronics Co., Ltd.	중국	2015-09-01	2016-06-25
2016-01-19	디스플레이용 제조장비	62	Ordos Yuansheng Optoelectronics Co., Ltd(BOE)	중국	2016-01-19	2016-07-04
2016-01-29	디스플레이용 제조장비	55	엘지디스플레이(주)	국내	2016-01-29	2016-06-15
2016-04-07	디스플레이용 제조장비	58	Ordos Yuansheng Optoelectronics Co., Ltd(BOE)	중국	2016-04-07	2016-06-20
2016-08-16	디스플레이용 제조장비	292	Chengdu BOE Optoelectronics Technology Co., LTD	중국	2016-08-16	2017-01-15
2016-10-04	디스플레이용 제조장비	46	엘지디스플레이(주)	국내	2016-10-04	2017-02-06
2016-10-21	디스플레이용 제조장비	111	MANTIX DISPLAY TECHNOLOGY CO., LTD.	중국	2016-10-21	2017-11-18
2017-01-19	디스플레이용 제조장비	66	Fuzhou BOE Optoelectronics Technology Co., Ltd	중국	2017-01-19	2017-06-15
2017-02-09	디스플레이용 제조장비	90	엘지디스플레이(주)	국내	2017-02-09	2017-04-10
2017-07-20	디스플레이용 제조장비	466	Chengdu BOE Optoelectronics Technology Co., LTD	중국	2017-07-20	2018-03-15
2017-09-08	디스플레이용 제조장비	112	Shenzhen Royole Display Technologies Co., Ltd.	중국	2017-09-08	2017-11-21

2015년에 공시한 모든 계약 금액을 합산하면 441억 원으로 2014년도 연간 매출액인 328억 원 대비 100억 원 이상 많습니다. 8월과 9월에 공시한 계약의 경우 계약기간이 2016년으로 넘어가지만, 숫자가 크지 않으므로 2015년 실적은 최소 2014년보다는 개선되었다고 확정할 수 있습니다(실제 2015년 매출액은 전년대비 38% 성장한 451억 원을 기록하였습니다).

그렇다면 2015년도 비아트론의 주가도 살펴보겠습니다. 3월부터 9월까지 연중 내내 수주 공시가 나왔음에도 실제 비아트론의 주가가 의미 있게 올라가기 시작한 것은 2015년도 3분기부터입니다. 특히 상반기에는 좋은 흐름을 보이다가 7~8월에는 잠시 하락하였는데, 비아트론의 수주 내역을 파악하고 실적을 긍정적으로 전망하였다면 7~8월이 좋은 매수 기회가 되었을 것 같습니다.

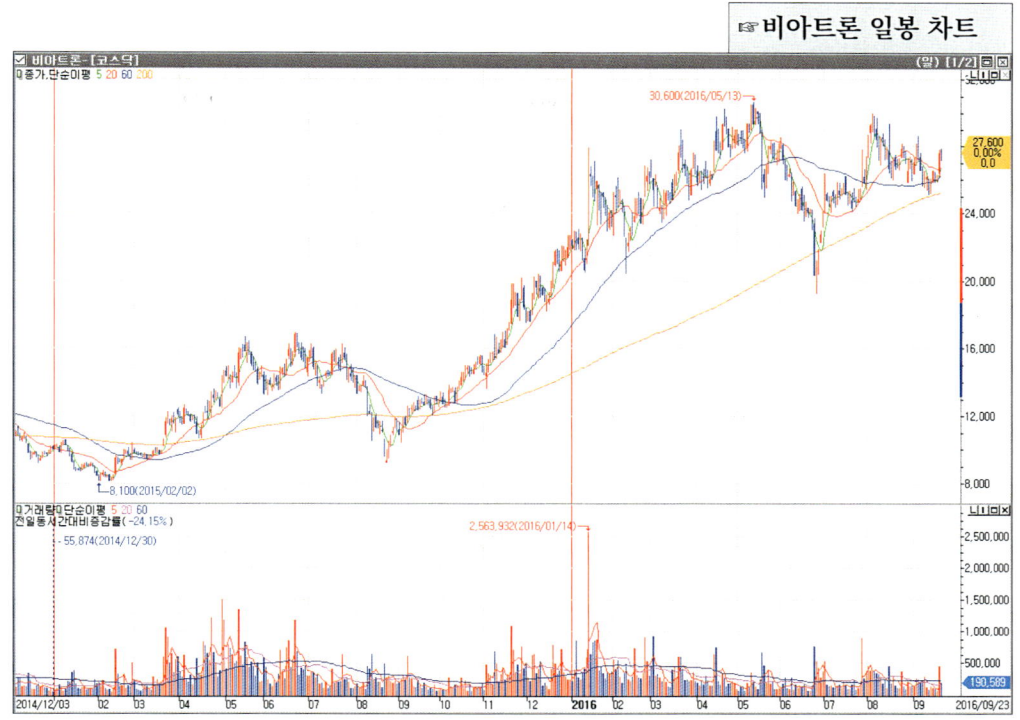

☞ 비아트론 일봉 차트

2016년에도 수주 공시가 계속 나왔고, 비아트론을 비롯한 다른 OLED 산업에 속한 기업들이 시장의 관심을 받으면서 주가는 2015년 연초 대비 1년 5개월 동안 무려 3배 이상 상승하였습니다. 2016년 연간 실적 역시 2015년 대비 69% 증가한 764억 원의 사상 최대 실적을 달성하였습니다.

물론 이 기간에 비아트론의 주식을 계속 보유하여 300% 이상의 수익을 볼 수 있는 사람은 많지 않을 것입니다. 하지만, 적어도 이러한 수주 공시의 의미를 알고 실적 개선을 전망하였더라면 주가 하락 시에도 믿고 기다리면서 결국에는 좋은 결과를 얻어갔을 것입니다.

▶ 제이스텍(090470)

또 다른 예로 제이스텍이라는 종목을 들어보겠습니다. 제이스텍은 반도체 및 디스플레이 장비를 제조하는 업체로 2010년에서 2013년까지 매출 감소가 지속되어 주가 역시 시장의 관심에서 멀어지고 있었습니다. 하지만 2015년 초부터 수주 공시가 계속 나오면서 주가는 약 2년간 10배 가까이 상승하였습니다. 관련 내용을 살펴보겠습니다.

먼저 DART의 상세 검색에서 제이스텍의 단일판매 공급계약 체결 공시만 찾아보겠습니다. 2015년부터 2017년 7월까지 단일판매 공급계약 체결 공시가 꾸준히 올라와 있는 것을 볼 수 있습니다. [기재정정]은 계약에 수정이 있는 경우로 최초 수주 일자를 확인하기 위해서는 모두 개별 클릭하여 내용을 확인해 보아야 합니다.

번호	공시대상회사	보고서명	제출인	접수일자	비고
1	코 제이스텍	[기재정정]단일판매 · 공급계약체결	제이스텍	2017.07.28	코
2	코 제이스텍	[기재정정]단일판매 · 공급계약체결	제이스텍	2017.06.30	코
3	코 제이스텍	[기재정정]단일판매 · 공급계약체결	제이스텍	2017.06.30	코
4	코 제이스텍	[기재정정]단일판매 · 공급계약체결	제이스텍	2017.06.30	코
5	코 제이스텍	단일판매 · 공급계약체결(자율공시)	제이스텍	2017.06.08	코
6	코 제이스텍	[기재정정]단일판매 · 공급계약체결	제이스텍	2017.04.28	코
7	코 제이스텍	[기재정정]단일판매 · 공급계약체결	제이스텍	2017.03.31	코
8	코 제이스텍	[기재정정]단일판매 · 공급계약체결	제이스텍	2017.03.31	코
9	코 제이스텍	[기재정정]단일판매 · 공급계약체결	제이스텍	2016.08.31	코
10	코 제이스텍	[기재정정]단일판매 · 공급계약체결	제이스텍	2016.05.24	코
11	코 제이스텍	단일판매 · 공급계약체결(자율공시)	제이스텍	2015.04.08	코
12	코 제이스텍	단일판매 · 공급계약체결	제이스텍	2015.03.16	코
13	코 제이스텍	[기재정정]단일판매 · 공급계약체결	제이스텍	2015.01.26	코
14	코 제이스텍	단일판매 · 공급계약체결	제이스텍	2015.01.09	코
15	코 제이스텍	[기재정정]단일판매 · 공급계약체결	제이스텍	2014.08.18	코

1 2 3 4   [1/4] [총 46건]

2015.01.09부터 3개의 보고서만 우선 열어 보면 모두 전년 매출액 대비 두 자릿수 비중 이상의 공급계약을 체결하였으며, 납기일이 상당히 짧다는 것을 알 수 있습니다.

단일판매 · 공급계약체결

1. 판매 · 공급계약 내용		OLED 제조장비 공급계약
2. 계약내역	계약금액(원)	3,100,850,194
	최근 매출액(원)	29,464,450,161
	매출액 대비(%)	10.5
3. 계약상대방		Samsung Display Bac Ninh Co., Ltd
-회사와의 관계		-
4. 판매 · 공급지역		베트남
5. 계약기간	시작일	2015-01-07
	종료일	2015-04-30

단일판매 · 공급계약체결

1. 판매 · 공급계약 내용		OLED 제조장비 공급계약
2. 계약내역	계약금액(원)	9,281,099,156
	최근 매출액(원)	29,464,450,161
	매출액 대비(%)	31.5
3. 계약상대방		Samsung Display Bac Ninh Co., Ltd
-회사와의 관계		-
4. 판매 · 공급지역		베트남
5. 계약기간	시작일	2014-10-28
	종료일	2015-04-07

단일판매 · 공급계약체결

1. 판매 · 공급계약 내용		OLED 제조장비 공급계약
2. 계약내역	계약금액(원)	7,978,601,281
	최근 매출액(원)	29,464,450,161
	매출액 대비(%)	27.08
3. 계약상대방		Samsung Display Bac Ninh Co., Ltd
-회사와의 관계		-
4. 판매 · 공급지역		베트남
5. 계약기간	시작일	2015-03-12
	종료일	2015-04-30

이 3개의 공시만 봐도 제이스텍은 2015년 상반기에 상당히 좋은 실적을 기록할 것으로 예상할 수 있습니다. 좀 더 정확히 수주 공시 사항을 살펴보기 위해 2015년부터 2017년까지 공시된 모든 내용을 엑셀로 정리해 보겠습니다.

수주일자	판매공급내용	계약금액	계약상대방	판매공급지역	계약시작일	계약종료일
2014-10-29	OLED 제조장비 공급계약	93	Samsung Display Bac Ninh Co., Ltd	베트남	2014-10-28	2015-04-07
2015-01-09	OLED 제조장비 공급계약	31	Samsung Display Bac Ninh Co., Ltd	베트남	2015-01-07	2015-04-30
2015-03-13	OLED 제조장비 공급계약	80	Samsung Display Bac Ninh Co., Ltd	베트남	2015-03-12	2015-04-30
2015-04-08	OLED 제조장비 공급계약	46	Samsung Display Bac Ninh Co., Ltd	베트남	2015-04-06	2015-05-30
2015-12-08	OLED 제조장비 공급계약	107	Samsung Display Dongguan	중국	2015-12-08	2016-03-01
2016-02-26	OLED 제조용 Laser Cutting 장비 공급계약	65	Samsung Display Vietnam	베트남	2016-02-26	2016-10-31
2016-10-31	제조장비 공급계약	708	Samsung Display Vietnam	베트남	2016-10-31	2017-03-31
2016-11-09	제조장비 공급계약	212	Samsung Display Vietnam	베트남	2016-11-09	2017-03-31
2016-12-02	제조장비 공급계약	844	Samsung Display Vietnam	베트남	2016-12-02	2017-04-30
2016-12-12	제조장비 공급계약	1,406	Samsung Display Vietnam	베트남	2016-12-12	2017-06-30
2017-03-10	제조장비 공급계약	1,422	Samsung Display Vietnam	베트남	2017-03-10	2017-07-30
2017-05-06	제조장비 공급계약	174	Samsung Display Vietnam	베트남	2017-05-06	2017-08-30
2017-06-07	제조장비 공급계약	110	SAMSUNG DISPLAY VIETNAM CO., LTD.	Vietnam	2017-06-07	2017-08-30
2017-06-08	제조장비 공급계약	465	Samsung Display Vietnam	베트남	2017-06-08	2017-06-30

제이스텍이 공시한 수주 금액은 2015년 264억 원, 2016년 3,235억 원, 2017년 9월까지 2,171억 원으로 최근 3년 동안 기하급수적으로 증가하는 모습을 보였습니다. 납기도 모두 6개월 이내로 짧아 당해 수주한 금액이 모두 그해 매출로 인식될 것으로 보입니다. 실제 제이스텍의 연 매출액은 2014년 508억 원, 2015년 700억 원, 2016년 1,507억 원, 2017년 반기 4,146억 원으로 폭발적으로 증가하였습니다.

제이스텍의 주가는 2015년 7~8월에 2~3천 원대에서 2017년 5월에는 2만 원대 후반까지 상승하였습니다. 물론 중간에 등락은 있었지만, 결론적으로 2년 동안 10배 가까이 상승한 셈입니다.

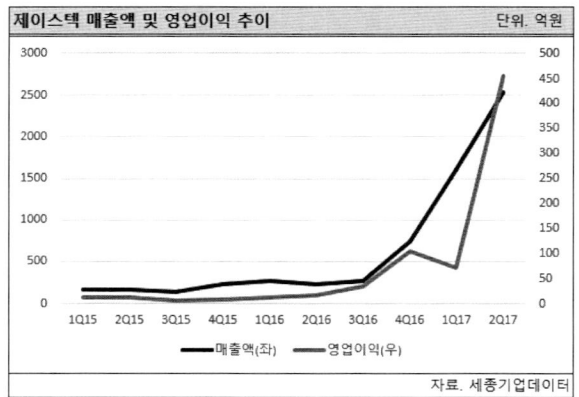

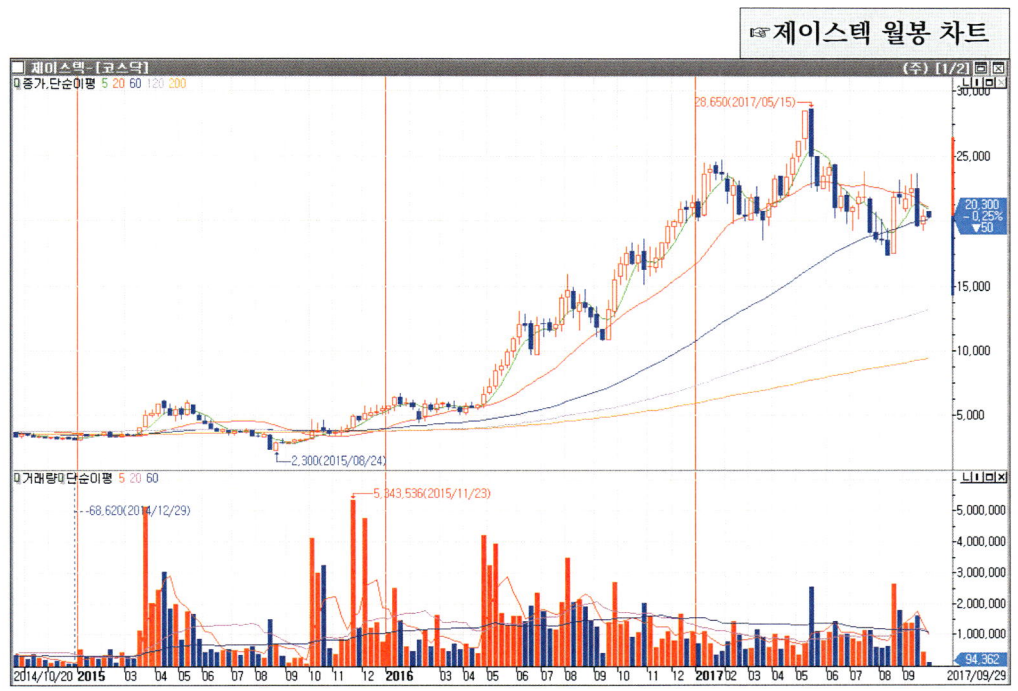

　2017년 상반기 고점을 형성하고 잠시 주춤하고 있는 주가는 앞으로의 수주 공시 여부에 따라 향방이 결정될 것 같습니다. 이미 반기까지 최대 실적을 경신하였으므로 현재 실적은 주가에 상당 부분 반영된 것으로 보입니다. 앞으로 나올 추가 공시가 있을지, 현재 남아 있는 수주 잔고는 얼마나 되는지는 기업분석을 통해 알아볼 수 있습니다.

　비아트론과 제이스텍 외에도 주가가 상승하기 전 의미 있는 수주 공시로 투자자들에게 기회를 준 종목은 많습니다. 또한 특정 섹터로 투자자들의 관심이 몰리기 전, 수주 공시가 먼저 나오고 있을 수 있습니다. 기업들의 수주 공시를 꾸준히 체크하면서 좋은 종목을 발굴하시기 바랍니다.

PART 4

나만의 목표 주가 선정하기

01.
Valuation을
보여 주는 지표들

　기업의 전반적인 실적과 재무상태를 파악했으면, 기업분석의 가장 마지막 단계이자 매수/매도의 기준이 되는 Valuation을 파악할 차례입니다. 회사가 아무리 좋다 해도 현재 주가가 너무 비싸면 매수가 부담스럽고, 주가가 너무 싸면 내가 모르는 다른 할인 요인이 있을 수 있습니다. 많은 전문가들이 회사의 적정 기업가치를 산출하는 모형을 만들려고 노력하였으나 현재까지 모든 기업을 적용할 수 있는 100%짜리 모형은 없습니다. 가장 기본이 되는 모형과 거기서 산출된 몇 가지 주요 지표들을 공부한 후, 이를 기반으로 본인만의 가치평가 기준을 만들어가는 것이 중요합니다.

　① **정률성장모형**(항상성장모형, 고든(Gordon)모형)

　회사는 순이익의 일부를 투자자들에게 돌려줄 수 있고(배당), 일부는 향후 회사의 재투자를 위해 회사 유보금으로 쌓아둘 수 있습니다. 회사의 순이익이 일정 비율로 성장하고 매년 일정 비율로 투자자들에게 배당한다 가정하면, 투자자들이 지급받는 배당금은 회사의 성장률에 맞춰 같은 비율로 증가할 것입니다. 따라서 배당금 증가율만큼 회사가 매년 성장한다고 가정하여 기업가치를 평가하는 모형이 있는데 이를 정률성장모형 혹은 항상성장모형, 고든(Gordon)모형이라고 합니다. 투자자들은 대개 배당금보다는 매매차익을 노리는 경우가 많지만, 기업의 주식을 계속 보유한다고 가정했을 때 얻을 수 있는 현금흐름을 현재가치로 할인해 주는 개념입니다. 전기 주당 배당금을 D0, 차기 배당금을 D1, 요구수익률을 k, 배당성장률을 g, 적정 주가를 P0라 했을 때, 산식은 다음과 같습니다.

$$P_0 = \frac{D_0(1+g)}{k-g} = \frac{D_1}{k-g}$$

 예를 들어, A 기업이 작년 말에 주당 1,000원을 배당하였고, A 기업의 배당금은 향후 매년 10%씩 영구적으로 증가할 것으로 예상되며, A 기업 주주의 요구수익률이 20%라고 했을 때 정률성장모형에 의한 A 기업의 올해 적정 주가는 11,000원입니다.

$$p_0 = \frac{1,000(1+0.1)}{0.2-01} = 11,000(원)$$

 이 정률성장모형에서는 성장에 필요한 자금은 내부자금만으로 조달하고, 요구수익률(k)이 항상 성장률(g)보다 크며, 재투자수익률, 사내유보율, 배당성향, 성장률, 요구수익률 등은 항상 일정하다고 가정합니다. 기대 배당이 클수록, 요구수익률이 낮을수록, 성장률이 높을수록 주가는 높아집니다.

 이때, 요구수익률(k)과 성장률(g)의 경우 기업분석을 통해 본인이 일정 숫자를 설정할 수 있지만, 이 역시 산출할 수 있는 공식은 있습니다. 먼저 성장률(g)의 경우 기업이 남은 유보금을 어떻게 사용하는지에 따라 달라진다고 보고 "사내유보율×자기자본이익률(ROE)"로 산출할 수 있습니다. 자기자본이익률(ROE)은 순이익을 자본으로 나눠준 비율(순이익/자본총계)로 기업이 가진 자기자본으로 어느 정도의 이익을 내는지를 보여 주는 수치입니다.

 요구수익률(k)의 경우 'CAPM(Capital Asset Pricing Model)'이라 불리는 자본자산가격결정모형에서 도출할 수 있습니다. CAPM은 모든 투자자가 위험증권에 투자할 경우 위험과 기대수익률에 대하여 최적의 포트폴리오에 투자한다는 가정하에(몇 가지 가정이 더 있으나 구체적인 내용은 생략했습니다) 형성된 모형입니다. CAPM 모형 중 증권시장선에 의하면 어떤 증권에 투자하였을 때, 기대할 수 있는 수익률은 무위험 수익률과 위험 수반에 대한 프리미엄의 합이며 계산식은 다음과 같습니다.

> 기대 수익률=무위험 수익률+위험 프리미엄
> =무위험 수익률+β(베타)×(시장수익률-무위험수익률)

이때, β(베타)는 시장수익률과 요구수익률의 공분산을 시장수익률의 분산으로 나눈 값으로 시장수익률의 변동 대비 개별 증권의 변동 탄력성을 나타내 줍니다. 예를 들어, 베타가 0.5라면 시장 포트폴리오의 수익률이 1% 증감할 때, 개별 증권의 수익률은 평균적으로 0.5% 증감한다는 것을 의미합니다. 베타 값이 1보다 크면 수익률 변동성이 시장 포트폴리오보다 크다는 의미로 경기에 민감하다는 뜻을 내포합니다. 베타를 직접 산출하기에는 계산식이 복잡하고 번거로우므로 포털사이트에 쓰여 있는 베타 값을 참고해도 좋습니다.

※ 참고: 다음 그림은 네이버 금융에서 베타 값을 찾는 방법입니다. 네이버 금융에서 개별 종목을 검색한 후, 메뉴에서 '종목분석'으로 들어가면 시세 및 주주 현황표에서 베타 값을 찾아볼 수 있습니다.

이렇게 이론적으로 형성된 공식에 수치를 대입하여 시장수익률과 성장률을 산출한 후, 이를 다시 정률성장모형에 넣어 적정 주가를 구할 수 있으나 모든 증권이 이 모형에 부합하는 것이 아닙니다. 또한 현실에서 기업이 매년 일정 비율로 성장하는 것도 아니고, 배당성향이 바뀔 수도 있으며 외부자금을 사용하기 때문에 가정에 맞지 않는 경우가 훨씬 많습니다. 그럼에도 가장 기본이 되는 모형 중 하나로 꼽히고 다른 지표들의 기초가 될 수 있으므로 알고 있는 편이 좋습니다.

② 상대가치평가법

1) PER(Price Earning Ratio, 주가수익비율)

$$PER = \frac{주가}{주당순이익(EPS)} = \frac{시가총액}{순이익} (배)$$

PER은 회사가 기록하는 순이익 대비 현재 주가가 비싼지 싼지를 판단하는 상대적인 척도입니다. 예를 들어 A 기업의 지난해 연간 순이익이 100억 원인데, 현재 시가총액이 1,000억 원이라면 A 기업의 PER은 10배가 됩니다. 만약 투자자들이 A기업에 현재 가격으로 투자한다면, 순이익 100억 원씩 10년은 걸려야 1,000억 원이 되므로 투자자들의 원금회수까지 10년이 걸린다는 의미이기도 합니다.

하지만, 만약 A 기업이 올해 순이익 200억 원을 기록할 것으로 예상되고 올해 예상 순이익을 기준으로 PER을 산출한다면 PER은 5배로 떨어지게 됩니다. 원금 회수 기간이 10년에서 5년으로 줄어든다는 것을 의미하므로 투자자 입장에서는 현재 주가에서 이 회사에 투자하는 것이 싸다고 느낄 수 있습니다. 따라서 PER이 낮을수록 회사의 주가가 저평가되어 있다고 말할 수 있습니다.

그러나 올해 순이익 200억 원을 기록할 것이라는 건 순전히 예상 수치이므로 불확실성이 존재합니다. 전망대로 200억 원을 기록할 수도 안 할 수도 있습니다. 시장에서 이 회사의 향후 실적을 어떻게 전망하는지에 따라 주가는 매일매일 바뀌게 됩니다. 만약 나는 이 회사가 올해 연간 순이익 200억 원을 기록할 것으로 전망하여 현재 주가가 저렴하다고 판단하였고 매수 결정을 내렸지만, 아직 시장에서는 200억 원을 기록할 것으로 믿지 않을 수도 있습니다. 그러나 200억 원을 기록할 것으로 전망하는 사람들이 많아지면서 주가는 올라가게 되고 실제로 200억 원을 기록하게 되면 향후 실적에 대한 기대감이 추가로 반영되어 주가가 더 올라가는 계기가 될 수 있습니다. 물론, 만약 200억 원을 기록하지 못했다면 다시 하락할 수도 있습니다. 이처럼 어떤 수치를 기준으로 두고 회사의 PER을 구하는지는 본인이 선택하는 것입니다. 이론적으로는 주가 자료는 회계연도 마지막 날의 종가나 이익발표 직전 일정 기간 동안의 주가 평균을 사용합니다. 주당순이익 자료도 평균 12개월의 주당이익을 이용합니다. 하지만 현실에서는 매수/매도를 판단하기 위해 현재 주가와 미래 예상 순이익 자료를 활용하는 경우가 더 많습니다.

그렇다면 과연 PER이 절대적으로 싸다고 느낄 수 있는 수준은 얼마이고, 적정 PER은 어떻게 산출할까요? 보통은 PER 10을 기준으로 10 이하이면 절대적으로 싸다고 말할 수 있는 수준은 됩니다. 하지만, 어떤 기업은 만년 10 이하인 경우도 있고, 어떤 기업은 항상 최소 20 이상인 경우도 있습니다. 기업과 기업이 속한 산업에 따라 평균적으로 부여받는 수치가 다르므로 회사의 산업 평균 PER 혹은 경쟁사의 PER을 비교하는 방법이 주로 활용됩니다.

물론, 이론적으로 적정 PER을 산출하는 공식도 있습니다. 앞서 공부한 정률성장모형의 공식에서 적정 PER을 산출하는 공식을 도출할 수 있습니다.

$$p_0 = \frac{D_1}{k-g}$$ (양변을 EPS로 나누면)

$$\frac{P_0}{EPS} = \frac{D_1}{k-g} * \frac{1}{EPS}$$ (이때 좌변은 PER이 됨)

$$PER = \frac{1}{k-g} * \frac{D_1}{EPS}$$

여기서 $\frac{D_1}{EPS} = \frac{\frac{배당금총액}{주식수}}{\frac{순이익}{주식수}} = \frac{배당금총액}{순이익} = 배당성향$

$$\therefore PER = \frac{배당성향}{k-g}$$

어떤 방법으로든 자신이 생각한 대로 이 기업에 적용할 PER을 산출하고, 그것을 현재 주가에 대입하여 목표주가를 산정할 수 있습니다. 만약 A 기업은 지난해 100억 원의 순이익을 기록하였고, 현재 시가총액은 1,000억 원이라면 PER은 10이 됩니다. 올해는 순이익 200억 원을 기록할 것으로 예상하고, PER 10 정도의 기업가치를 매기는 것은 결코 부담스럽지 않다고 판단한다면, 순이익 200억 원일 때 PER10을 적용한 시가총액은 2,000억 원이 됩니다. 내가 계산한 적정 시가총액이 2,000억 원이라면 현재 주가 대비 2배의 상승여력이 있기 때문에 나는 매수 결정을 내리게 됩니다. 시가총액을 유통주식 수로 나눠 현재 주가를 산출해야 하지만 설명의 편의상 시가총액으로 계산을 통일하였습니다.

PER은 주식 투자자들이 가장 많이 활용하는 지표 중 하나이지만, 일부 한계점은 있습니다. 회사가 적자가 난 경우 PER은 마이너스로 산출되므로 이익 가치를 판단할 수 없습니다. 또한 전환증권 등의 발행이 있을 경우 희석되는 주식수를 포함하는 것이 합리적이고, 경기순환에 취약한 기업이나 매우 적은 이익을 내는 기업의 PER은 변동성이 커 신뢰성이 떨어진다고 할 수 있습니다.

2) PBR(Price Book-Value Ratio, 주가순자산비율)

$$PBR = \frac{주가}{주당순자산(BPS)} = \frac{시가총액}{자본총액}(배)$$

PBR은 회사가 보유한 순자산 대비 현재 주가 수준을 판단하는 척도입니다. 주가가 순자산(자산-부채)에 비해 1주당 몇 배로 거래되고 있는지를 보여 줍니다. 보통 PBR 1을 기준으로 1보다 낮으면 저평가되었다고 여겨지는데, 이는 회사를 현재 장부가로 청산하더라도 1주당 가격이 장부가에도 못 미친다는 것을 의미하기 때문입니다. 그러나 현실에서는 PBR 1이 안되는 만년 저평가 종목도 수두룩하고, PBR이 3 이상인 고평가 기업도 정말 많습니다. PBR 1이라는 숫자가 절대적인 것은 아니므로 PER과 마찬가지로 해당 기업이 속해 있는 산업의 평균 PBR이나 경쟁사들의 PBR을 비교해서 적정 PBR을 산출하는 경우가 많습니다.

일반적으로 부동산을 많이 가진 회사는 PBR이 높은 경향이 있습니다. 장부상 기재된 부동산 가격은 과거 매입 당시 금액인 경우가 많아 현재 시점에서 부동산 자산의 재평가가 필요하기 때문입니다. 어떤 기업이 과거에 공장용지를 평당 100만 원에 매입하였고, 재무제표에도 매입금액을 기재하였으나 20년이 흐른 후 그 땅의 시가가 평당 1,000만 원에 거래되고 있다면 실제 그 회사가 보유한 순자산의 가치는 장부금액에 10배에 달할 수 있습니다. 물론 부동산은 팔아야 돈이 되지만, 큰 시세차익을 얻을 수 있다는 기대감도 주가에 반영되므로 PBR이 높아지게 되며, 만약 어떤 회사가 부동산을 많이 보유하고 있는데 PBR이 낮다면 주가 상승으로 이어질 가능성이 높습니다.

또한 회사가 알짜 회사를 자회사로 영입한 경우에도 PBR로 인해 주가가 상승할 수 있습니다. 만약 어떤 회사의 최근 수년 내 PBR이 0.9 이하로 떨어진 적이 없는데, 알짜 회사를 인수하면서 장부금액이 급히 커져서 PBR이 0.9 이하로 하락하게 됩니다. 그러면 시장에서는 이 회사의 적정 PBR은 최소 0.9라고 생각하여 자회사 인수 후 PBR 0.9가 될 때까지는 주가가 상승할 여력이 크다 할 수 있습니다.

PBR은 또한 ROE와의 연관성도 높습니다. PBR을 풀어 쓰면 아래 산식처럼 PER×ROE로 해석할 수 있습니다.

$$PBR = \frac{주가}{BPS} = \frac{주가}{EPS} * \frac{EPS}{BPS} = PER * ROE$$

또한, 정률성장모형에서 도출된 적정 PBR 산출 공식을 살펴보아도 ROE가 높을수록 PBR이 높아짐을 알 수 있습니다.

$$PBR = \frac{MV(MarketValue)}{BV(BookValue)}$$

$$MV = P_0 \times N$$

$$P_0 = \frac{D_0(1+g)}{k-g} \text{ (이때 } D_0 = EPS(1-\text{유보율})\text{)}$$

$$MV = \frac{EPS(1-\text{유보율})(1+g)}{k-g} \times N \text{ (여기서 양변을 BV로 나누면)}$$

$$\frac{MV}{BV} = \frac{EPS(1-\text{유보율})(1+g)}{(k-g) \times BV} \times N \text{ (여기서 } \frac{EPS \times N}{BV} = ROE\text{)}$$

$$\frac{MV}{BV} = \frac{ROE(1-\text{유보율})(1+g)}{k-g} \text{ (이때, } ROE(1+g)=ROE_1\text{(차년도 예상 ROE))}$$

$$\frac{MV}{BV} = \frac{ROE_1(1-\text{유보율})}{k-g}$$

$$\frac{MV}{BV} = \frac{ROE_1 - ROE_1 \times \text{유보율}}{k-g} \text{ (이때, } ROE_1 \times \text{유보율} = \text{성장률}(g)\text{)}$$

$$\therefore PBR = \frac{ROE_1 - g}{k-g}$$

이처럼 PBR은 ROE에 따라 변화되는 성질을 갖고 있으므로, ROE가 높은데 PBR이 낮으면 저평가라 할 수 있습니다. 두 지표를 같이 보는 것은 회사의 이익 가치와 장부가치를 함께 본다는 점에서 좀 더 정확하게 주가 분석에 활용할 수 있을 것입니다.

PBR도 경우에 따라 달라질 수 있다는 유연한 사고가 필요합니다. 역사상 고점과 저점이 어느 정도였는지, 당시 상황이 어떠했는지를 파악하는 것도 PBR을 매기는 데 도움이 됩니다. 내가 생각한 적정 PBR을 해당 기업의 순자산가치에 적용하여 적정 주가를 산출한 다음, 현재 주가와 비교해서 매수 혹은 매도의 의사결정을 내릴 수 있습니다.

3) 그 밖의 주가배수 평가모형

PER과 PBR 외에도 몇 가지 주가배수 평가모형이 더 있습니다. PER과 PBR은 시장에서 가장 많이 쓰는 지표라면, 그 밖의 모형들은 개인에 따라 활용하는 사람도 있고 아닌 사람도 있습니다. 개념을 이해하고 개별 기업의 상황에 맞춰 보조 지표로 활용하면 좋습니다.

▶ **PEGR**(Price Earning Growth Ratio, 주가이익성장비율)

$$PEGR = \frac{PER}{\text{연평균 EPS 증가율}} (\text{배})$$

　PER을 산출할 때 인플레이션이 높은 경우 회계적 이익이 과대 계상되어 PER이 낮아지는 경향이 있습니다. 이러한 한계점을 보완하기 위해 등장한 지표가 바로 PEGR입니다. 가령, PER 10의 경우 현재 수준의 순이익이 10년간 유지되었을 때 투자 원금을 회수할 수 있다는 것을 내포합니다. 이때 인플레이션으로 인해 통화가치가 하락한다면 실제로는 같은 순이익이 10년간 유지되어도 투자 원금과 동일한 가치가 되진 않습니다. 또한 중간에 다른 여러 변수도 있기 때문에 동일한 순이익이 10년간 유지될지도 미지수입니다. 따라서 매년 순이익이 성장하지 않는다면 10년 후 투자 원금회수는 불가능하다는 것을 뜻합니다. PER이 10일 때 연평균 EPS 증가율도 10%는 되어야 투자 원금이 회수될 수 있으며, 순이익 증가율이 높아져 PEGR이 1보다 하락하면 높은 성장률을 보이는 기업이라 할 수 있습니다. 이 지표 역시 1 미만이고 수치가 낮을수록 주가는 성장성에 비해 저평가되어 있다고 말할 수 있습니다.

▶ **PSR**(Price Sales Ratio, 주가매출액비율)

$$PSR = \frac{\text{주가}}{\text{주당매출액}} = \frac{\text{시가총액}}{\text{매출액}} (\text{배})$$

　매출액 규모 대비 현재 주가 수준을 파악하는 지표입니다. 초기에 이익을 내기 어려운 벤처기업이나, 바이오 회사 등을 평가할 때 유용합니다. 1990년대 후반, 2000년대 초반 국내 IT기업들의 폭발적인 주가 상승 시기에 이를 설명하기 위해 도입된 지표입니다. 당장 수익으로 연결되지는 않으나, 매출액이 손익분기점을 넘는 순간 이익도 큰 폭으로 증가할 것이라는 기대감을 반영한다고 볼 수 있습니다. 수익성보다는 성장잠재력에 무게를 실은 지표입니다.

▶ **PCR**(Price Cash Ratio 주가현금흐름비율)

$$PCR = \frac{주가}{주당현금흐름} = \frac{시가총액}{현금흐름}(배)$$

실제 회사로 유입되는 현금흐름 대비 주가 수준을 평가하는 지표입니다. 감가상각비가 많은 장치산업에 속한 기업을 평가할 때 유용하며, 실제 기업의 자금조달능력이나 순수 영업 성과에 비해 주가가 어떻게 형성되어 있는지를 판단할 수 있습니다. PCR 수치가 낮을수록 저평가되어 있다는 뜻입니다.

02.
고평가? 저평가?
나의 선택은?

Valuation에 대한 개념을 알았으니 실제 상장 기업들이 시장에서 어느 정도의 가치를 받고 있는지 살펴보겠습니다.

▶ NAVER(035420)

NAVER는 국내 시장 점유율이 80%에 이르는 대표 포털사이트인 '네이버'와 한국을 제외한 아시아권에서 높은 시장 점유율을 보유한 모바일 메신저 '라인'을 운영하고 있습니다. PC와 모바일의 탄탄한 플랫폼을 바탕으로 다양한 서비스를 론칭하면서 최근 10년간 매출액은 단 한 차례를 제외하고는 계속 두 자릿수 성장률을 보여왔습니다. 또한 영업이익률은 20% 중후반대를 유지하고 있는 우량한 기업입니다. 높은 실적 성장세가 꾸준히 유지되고 있고, 국내 1위 포털사이트라는 프리미엄도 반영되어 유가증권 시장에 상장된 회사 중 상당히 높은 Valuation을 받는 대표 종목이기도 합니다.

NAVER 연간 실적 (단위: 억원)

	2007.12	2008.12	2009.12	2010.12	2011.12	2012.12	2013.12	2014.12	2015.12	2016.12
	(GAAP 연결)	(GAAP 연결)	(GAAP 연결)	(GAAP 연결)	(IFRS 연결)	(IFRS 연결)	(IFRS 연결)	(IFRS 연결)	(IFRS 연결)	(IFRS 연결)
매출액	10,180	13,801	15,979	17,727	21,213	23,893	23,120	27,585	32,512	40,226
영업이익	4,013	5,086	5,790	6,247	6,204	7,022	5,241	7,582	7,622	11,020
순이익	2,771	3,694	4,226	4,947	4,521	5,444	18,953	4,518	5,170	7,591
연결순이익	2,759	3,685	4,210	4,942	4,500	5,461	18,975	4,545	5,187	7,493

자료. 세종기업데이터

2012년 12월부터 2017년 9월까지 약 5년간의 네이버 주가와 당시의 Valuation을 살펴보면 먼저 PER의 경우 2013년 하반기를 제외하고는 20배 이하로 떨어진 적이 없으며 2015년 이후에는 평균 34배 이상 유지되고 있습니다. 이론상으로는 네이버에 투자한다면 투자 원금 회수까지 30년은 최소 걸린다는 의미이기도 합니다.

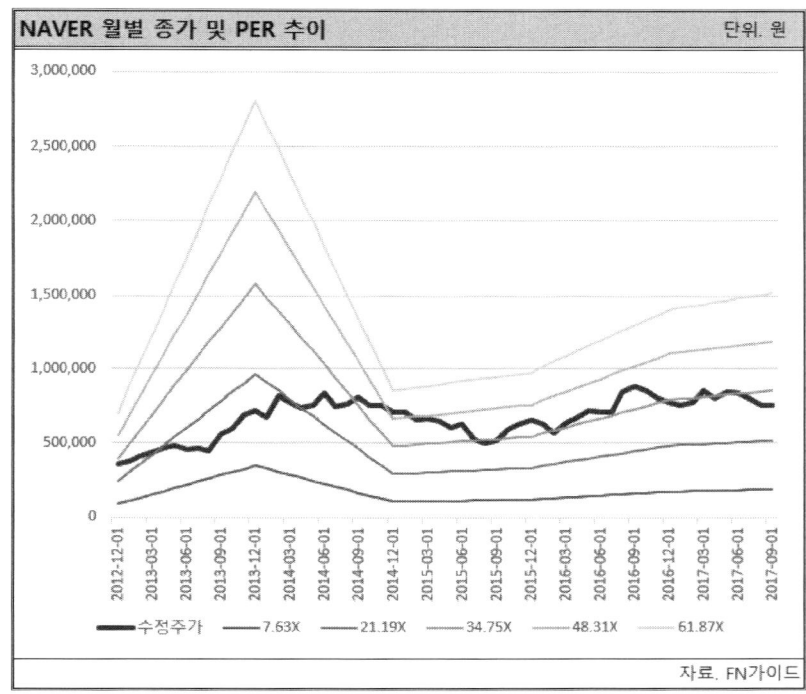

PBR의 경우 최근에는 4~5배 사이에서 움직이고 있으나 3~4년 전에는 무려 11배가 넘게 거래되기도 하였습니다. 네이버라는 회사를 사려면 장부가에 무려 10배 이상을 줬어야 했다는 것과 같은 의미입니다.

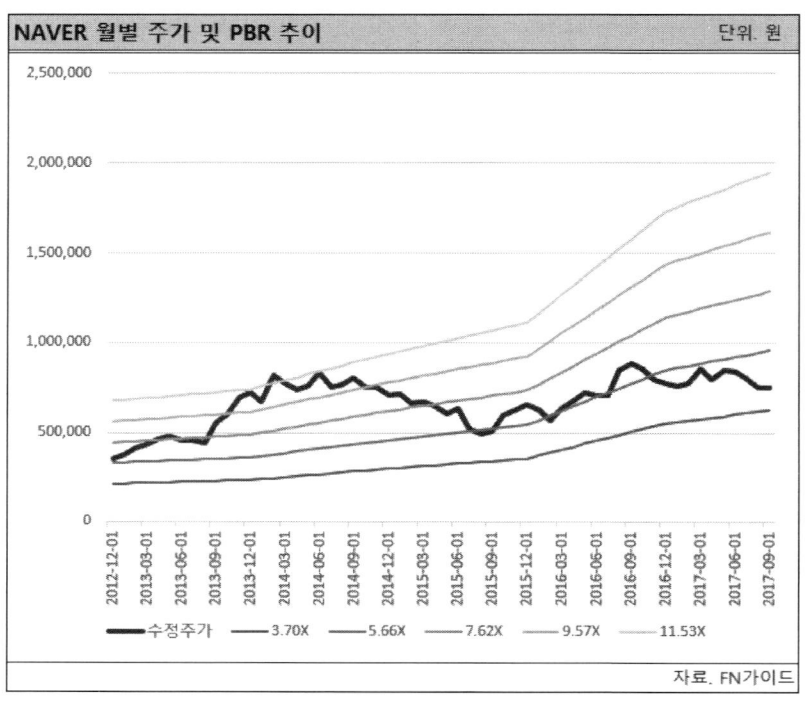

2017년 9월 네이버의 시가총액은 24조 5천억 원으로 네이버의 연간 매출액에 6배에 해당합니다. 대체 네이버는 왜 이렇게 비싼 걸까요? 투자자는 과연 어떤 이유로 네이버를 이토록 비싸게 거래하는 걸까요? 만약 네이버의 주식을 사고 싶은 투자자가 있다면 주가가 내려가길 기다리는 것이 맞을까요, 아니면 더 오르기 전 사두는 것이 맞을까요?

이미 네이버는 너무 비싸서 여기서 좀 더 싸고 비싸고를 논하기는 어려운 단계라고 생각합니다. 현존하는 그 어떤 적정 Valuation 공식으로도 네이버의 적정 주가를 산출하긴 어려울 것입니다. 하지만 그런데도 유가증권 시장의 대표 종목 중 하나로 활발히 거래되고 있습니다. 참고하자면 네이버가 속한 산업의 평균 PER은 약 12배입니다. 네이버는 이미 고평가받고 있습니다. 따라서 네이버가 저평가받길 기다리면(절대적 의미의 저평가 혹은 산업 평균) 절대 네이버 주식을 살 수 없습니다. 따라서 향후 실적이 어떠할지 전망하고 네이버의 역사상 Valuation 밴드 내에서 하단에 위치할 때가 온다면 그때 매수 타이밍을 잡는 전략이 유효하다 생각합니다.

▶ 서울반도체(046890)

서울반도체는 글로벌 Top 5안에 드는 LED조명 업체로 일반 조명부터 LCD디스플레이의 BLU(Back Light Unit), 자동차용 조명 등 광범위한 산업으로 LED를 공급하고 있습니다. 2009년과 2010년에는 LED업황 호조로 인해 매년 두 자릿수 후반의 높은 성장세를 보이며 코스닥 시장 내 시가총액 1위 업체로 올라서기도 했습니다. 그러나 이후 중국발 공급과잉으로 인해 LED 업황이 침체되면서 수익성이 급격히 저하되었고, 2012년에는 2010년 달성한 최대 영업이익의 15%에 불과한 165억 원을 기록하는데 그쳤습니다. 2013년에 의미 있게 회복되어 시장의 관심을 받다가 2014년에는 26억 원이라는 충격적인 영업이익을 기록하며 코스닥 내 시가총액 1위업체라는 타이틀에서도 멀어졌습니다.

서울반도체 연간 실적										단위: 억원
	2007.12 (GAAP 연결)	2008.12 (GAAP 연결)	2009.12 (GAAP 연결)	2010.12 (GAAP 연결)	2011.12 (IFRS 별도)	2012.12 (IFRS 별도)	2013.12 (IFRS 연결)	2014.12 (IFRS 연결)	2015.12 (IFRS 연결)	2016.12 (IFRS 연결)
매출액	2,641	2,887	4,609	8,915	7,395	8,553	10,321	9,393	10,112	9,538
영업이익	168	-280	373	1,137	305	165	965	26	456	575
순이익	122	-223	242	923	346	91	426	7	268	375
연결순이익	177	-125	283	941	0	0	361	-69	169	362

자료. 세종기업데이터

주가도 2010년 7월 역사상 고가를 형성한 후, 2년 동안 하락하다가 2013년부터 회복되어 2014년 3월에는 역사상 고가에 거의 근접한 수준까지 상승하였습니다. 그러나 2014년 3월 이후 1/4 수준까지 하락하여 다시 회복되는 모습을 보이기까지 3년에 가까운 시간이 걸렸습니다. 이렇게 서울반도체의 주가는 LED 업황과 실적에 따라 움직이는 모습을 보였습니다.

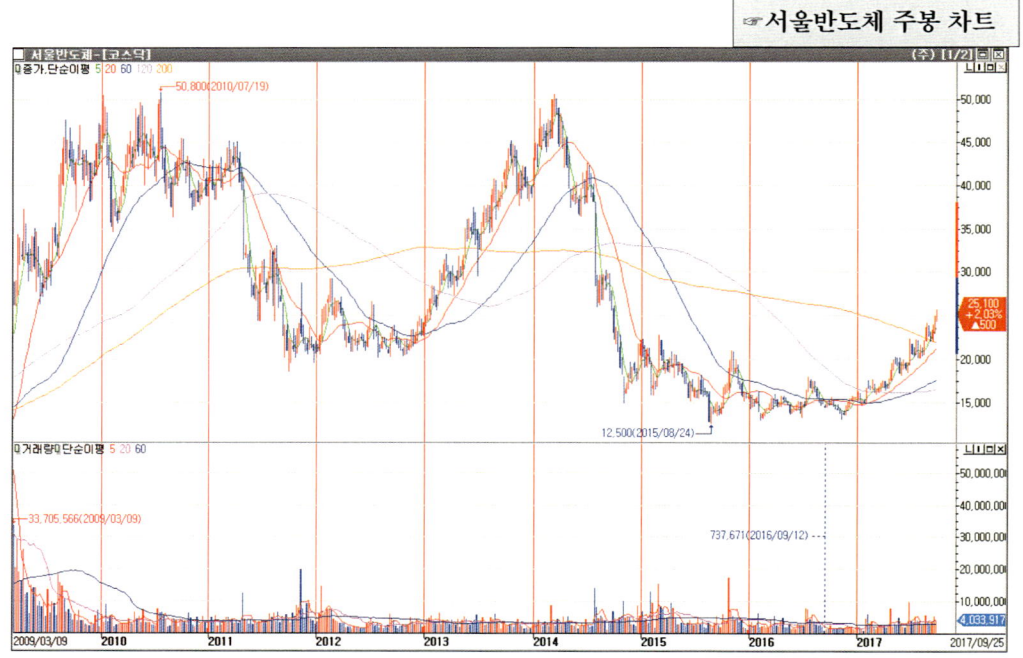

☞ 서울반도체 주봉 차트

서울반도체의 주가가 승승장구할 때 시장에서 받던 Valuation과 주가 폭락 이후의 Valuation을 살펴보겠습니다.

먼저 서울반도체의 월별 종가와 PER 추이입니다. 최근 5년간 PER 밴드의 하단은 20배, 상단은 76배가 넘습니다. 실적이 회복했던 2013년에는 76배 이상까지 PER을 받았으며, 주가 흐름이 부진했던 2015년과 2016년에도 하단인 20배 이하로는 떨어지지 않았습니다. 2017년 9월 종가인 25,100원과 지난해 달성한 순이익 375억 원을 기준으로 산출한 서울반도체의 현재 PER은 39배입니다. 제조업체임에도 불구하고 5년 평균으로는 네이버보다 비싼 Valuation을 받고 있습니다.

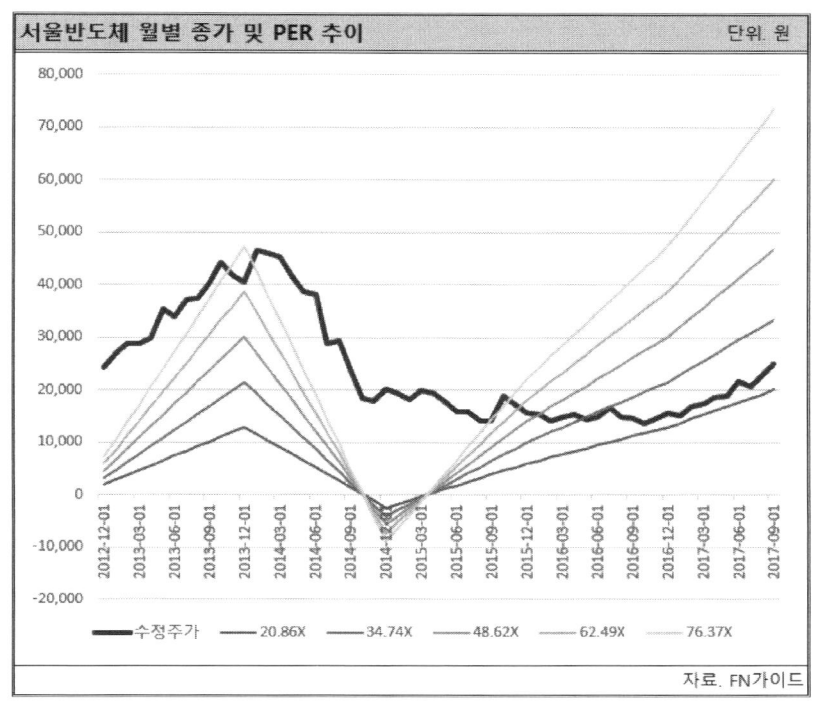

서울반도체의 PBR도 살펴보겠습니다. 지금부터 3~4년 전 시장의 관심을 많이 받았을 때에는 장치산업에 속하는 기업임에도 PBR이 5배 가까이 형성되었습니다. 주가가 많이 하락하였던 2015~2016년에는 1.3배에서 움직였으나, 최근 다시 실적이 회복하면서 주가도 함께 올라 2배 이상으로 상승하였습니다.

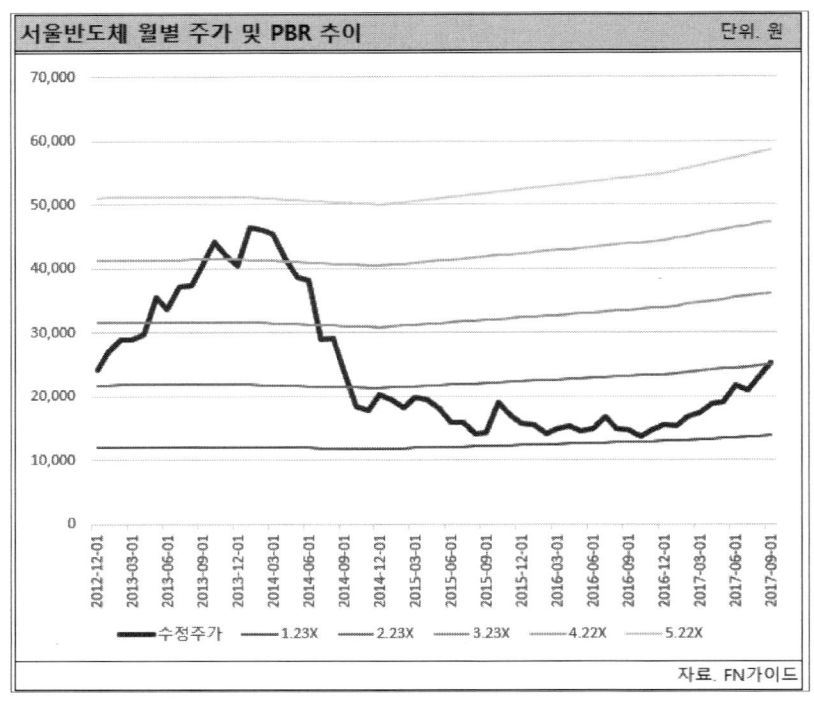

　서울반도체 역시 네이버처럼 절대적 의미의 저평가 수준을 기다린다면 아마 평생 매수하지 못할 것입니다. 서울반도체가 그동안 시장에서 받던 Valuation 수준을 파악한 후 접근하는 전략이 필요합니다.

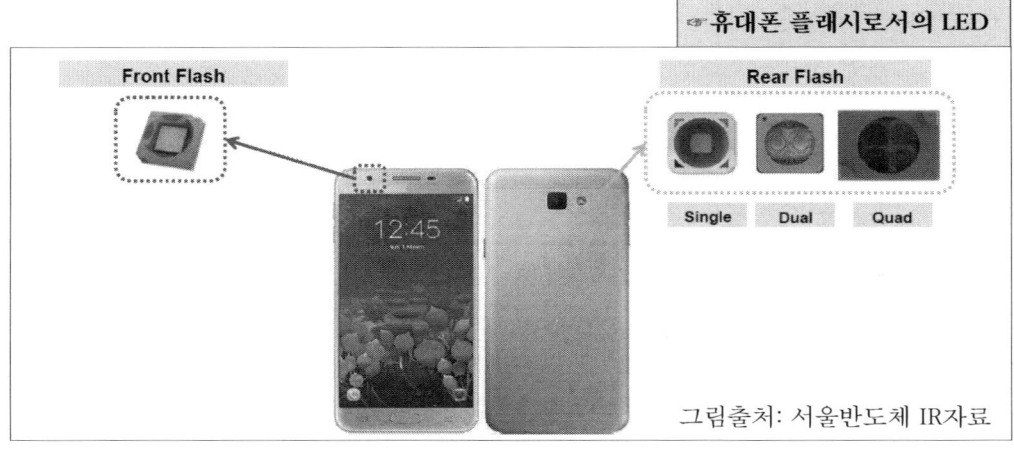

▶ 현대차(005380)

　네이버와 서울반도체처럼 항상 비싼 종목도 있지만, 만년 수치상 저평가 상태인 종목도 있습니다. 유가증권 시장의 대표 종목 중 하나이자 대한민국의 대표 자동차 회사인 현대자동차(이하 현대차)를 예로 들어보겠습니다. 현대차는 국내 시장 점유율 40% 이상, 미국 시장 점유율 4%를 차지한 글로벌 완성차 업체입니다. 그러나 현대차의 월별 종가와 PER 추이를 살펴보면 마치 네이버의 PBR 밴드를 보는 것 같은 착각이 듭니다. 최근 5년간 PER 상단이 약 9배였고, 2015년 여름에는 5.5배까지 하락하기도 했습니다. 최근에는 약 7~8배 사이에서 거래되고 있습니다. 이론상 PER 10을 기준으로 10 이하면 저평가라고 불리는데, 과연 현대차의 경우 저평가 매력이 있다 할 수 있을지 모르겠습니다. 현재 수준의 Valuation을 받는 그 자체가 바로 현대차의 주가니까요.

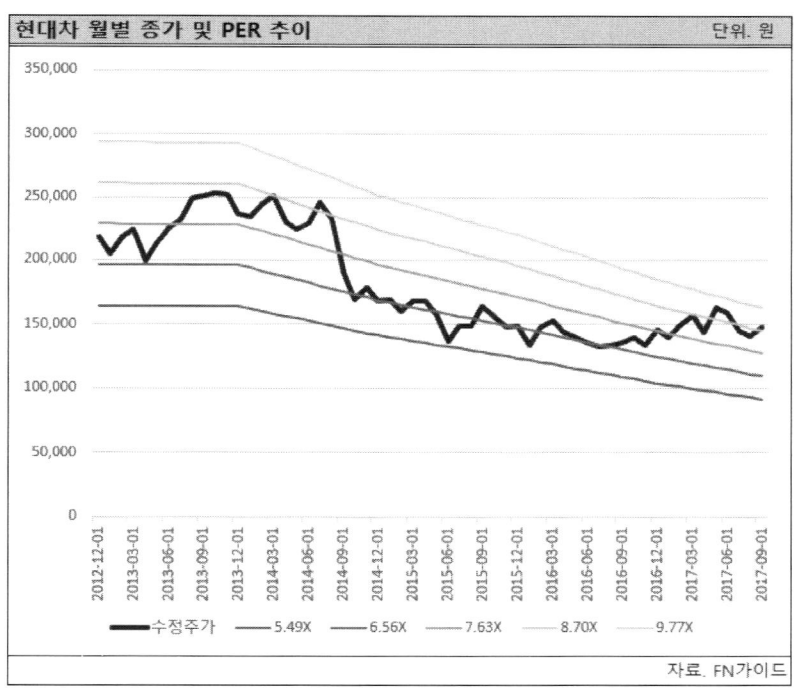

Part 4. 나만의 목표 주가 선정하기　255

PBR 추이도 마찬가지입니다. 2014년까지는 주가가 PBR 1배에서 움직였는데, 최근에는 0.5~0.6 사이에 형성되어 있습니다. 현대차의 2017년 9월 시가총액은 약 32조인데 몇 년 전 현대차가 삼성동에 위치한 한국전력의 부지를 10조 5,500억 원에 낙찰받았다는 것을 고려하면 현재 주가는 현대차가 가진 자산가치에 훨씬 못 미친다는 것을 알 수 있습니다.

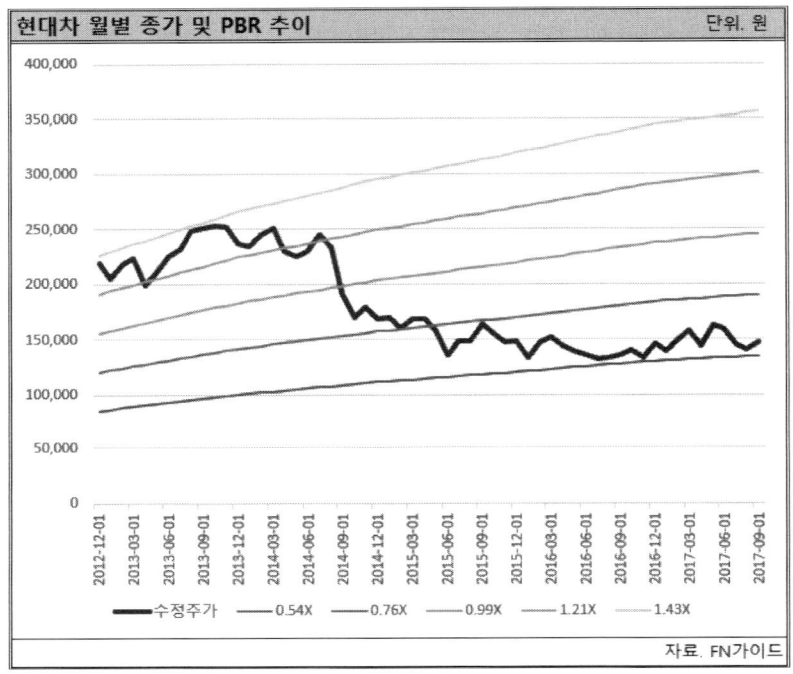

　　그렇다면 현대차는 왜 이렇게 저평가되어 있는 것일까요? 저평가의 이유에는 여러 가지 요인들이 포함됩니다. 최근 국가 안보와 관련하여 한국과 중국이 갈등을 빚으면서 현대차의 주요 수요처인 중국에서의 판매량이 부진한 이유도 있고, 영업이익률도 매년 조금씩 낮아지는 상황입니다.

　　하지만 그보다 더 분명한 이유는 바로 실적에 대한 '기대감'이 부족하기 때문이라 생각합니다. 네이버와 달리 현대차는 매달 자동차 판매 대수를 DART에 공시해줍니다. 투자자들은 분기 실적이 집계되기 전에도 현대차의 자동차 판매량을 통해 분기 실적을 추론할 수 있습니다. 대규모 장치 산업이므로 매출이 손익분기점을 넘으면 안정적으로 이익을 가져갈 수 있으나, CAPA 증설을 하지 않는 이상 큰 폭의 성장은 어렵습니다. 또한 자동차는 수요에 상당히 탄력적이므로 경기 변동의 영향을 많이 받게 됩니다.

반면 네이버와 같은 포털사이트 업체는 자체 인프라를 갖고 있으므로 그 안에서 새로운 콘텐츠를 잘 만들어 낸다면 이익을 크게 늘릴 가능성을 갖고 있습니다. 현대차 같은 장치산업이 아니므로 마진 구조도 굉장히 좋습니다. 자체 인력으로 콘텐츠를 만들고 광고를 삽입하여 이윤을 창출하며, 준비하고 있는 콘텐츠가 언제든지 대박을 터트릴 수 있다는 기대도 할 수 있습니다.

그렇다면 현대차는 현재 저평가되어 있으니 매수해도 괜찮을까는 의문이 듭니다. 이미 너무 싸서 부담은 없어 보이지만, 매매차익을 노리는 투자자에게 의미 있는 매매수익을 가져다기 위해서는 일단 자동차 판매량부터 회복되어야 할 것입니다. 현대차는 매달 국내외 자동차 판매량을 DART에 공시합니다. 매월 1일 전달의 판매량을 차종별로 공시해주므로 이를 체크하여 판매가 회복되는 모습을 보인다면 Valuation을 고려하여 매수의 의사결정을 내릴 수 있을 것 같습니다.

※ 참고: 매달 1일 '영업(잠정)실적'이라는 명으로 공시되는 보고서를 클릭한 다음, 첨부문서에서 '기타공시첨부서류'에 들어가면 차종별로 국내외 생산량과 판매량을 알 수 있습니다. 상장된 모든 완성차 업체들이 이처럼 매월 판매량을 공시해줍니다.

▶ 한신공영(004960)

한신공영은 국내 중견 건설사로 서울 잠원동 일대의 한신아파트를 건설한 것으로 유명하지만, 현대차처럼 굉장히 저평가된 기업 중 하나입니다. 2009년 처음으로 매출 1조 원 이상을 달성한 후 꾸준히 외형은 1조 원 내외를 유지하였고, 2016년에는 1조 7,723억 원의 창사 이래 최대 매출액을 달성하였습니다. 그러나 2009년부터 3년 동안 순이익은 적자를 기록하였고, 2014년에는 부실 자산을 모두 한 번에 정리하는 일명 '빅 배스'를 실시하여 큰 폭의 영업적자와 순손실을 기록하였습니다. 빅 배스 이후에는 국내 건설 경기 회복에 따라 연평균 27%의 높은 매출 성장률과 3%대 영업이익률, 꾸준한 순이익을 기록하고 있습니다.

한신공영 연간 실적										단위: 억원
	2007.12 (GAAP 개별)	2008.12 (GAAP 개별)	2009.12 (GAAP 개별)	2010.12 (GAAP 개별)	2011.12 (IFRS 별도)	2012.12 (IFRS 별도)	2013.12 (IFRS 연결)	2014.12 (IFRS 연결)	2015.12 (IFRS 연결)	2016.12 (IFRS 연결)
매출액	8,064	8,300	10,785	10,198	8,466	9,229	13,860	10,908	13,581	17,723
영업이익	474	203	78	220	290	374	516	-726	409	697
순이익	325	182	-58	-165	-11	27	-33	-1,170	222	267
연결순이익	0	0	0	0	0	0	-18	-1,151	206	265

자료. 세종기업데이터

그러나 주가는 실적과 반대로 흐르고 있습니다. 빅 배스 이후 매출과 이익이 안정적으로 나오고 있음에도 2015년 이후 주가는 줄곧 힘을 받지 못하고 있습니다. 그렇다면 과연 한신공영의 Valuation은 어느 정도이고 할인받는 이유는 무엇인지 알아보겠습니다.

먼저 2014년 빅 배스 이후의 PER 밴드 차트를 그려 보면 2015년 7월 3만 원대까지 올라간 주가는 현재 1만 원대 중반까지 하락한 반면, 수익성은 개선되고 있어 PER은 계속 낮아지는 상황입니다. 한신공영의 2017년 9월 종가 기준 주가는 16,150원으로 최근 결산연도 기준 PER은 6.4배, 최근 4개분기합 기준 PER은 3.4배에 불과합니다.

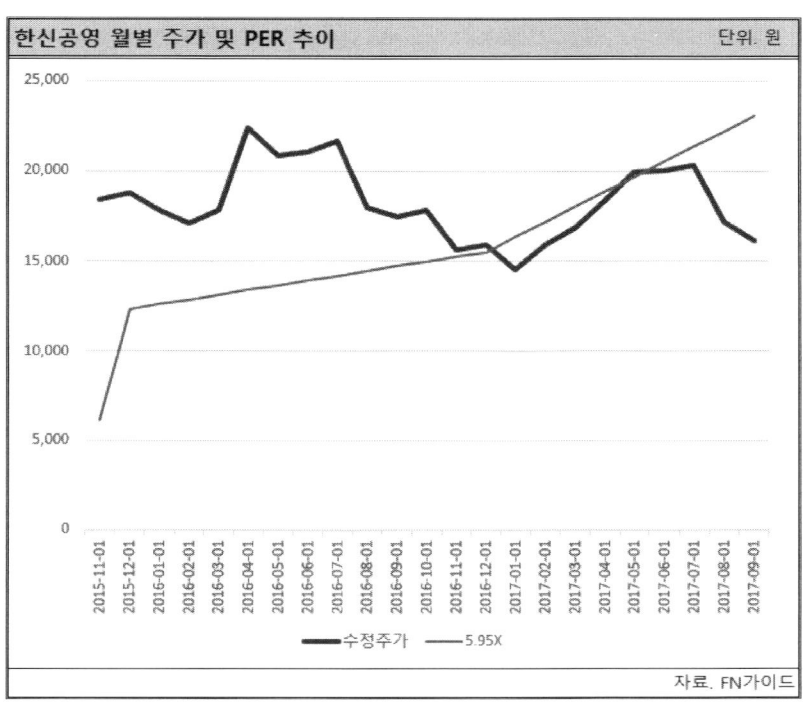

PBR의 경우 지난해 결산연도 기준 0.69배, 최근 4개 분기 평균 기준 0.62배로 한신공영의 장부가격에도 못 미칩니다. 2015년 7월 한때 PBR이 1 이상으로 상승하기도 하였으나 일반적으로는 0.5~0.7 사이에서 형성되어 있습니다. 특히 한신공영의 경우 잠원동에 있는 본사 부지가 재건축 구획으로 포함됨에 따라 재건축 조합원으로 참여하여 현금청산을 받을 것으로 알려져 있습니다. 수백억 원대 현금 확보가 가능한 부동산을 보유하고 있음에도 PBR은 장부가에도 못 미친다는 것은 상당히 저평가되어 있다 볼 수 있습니다.

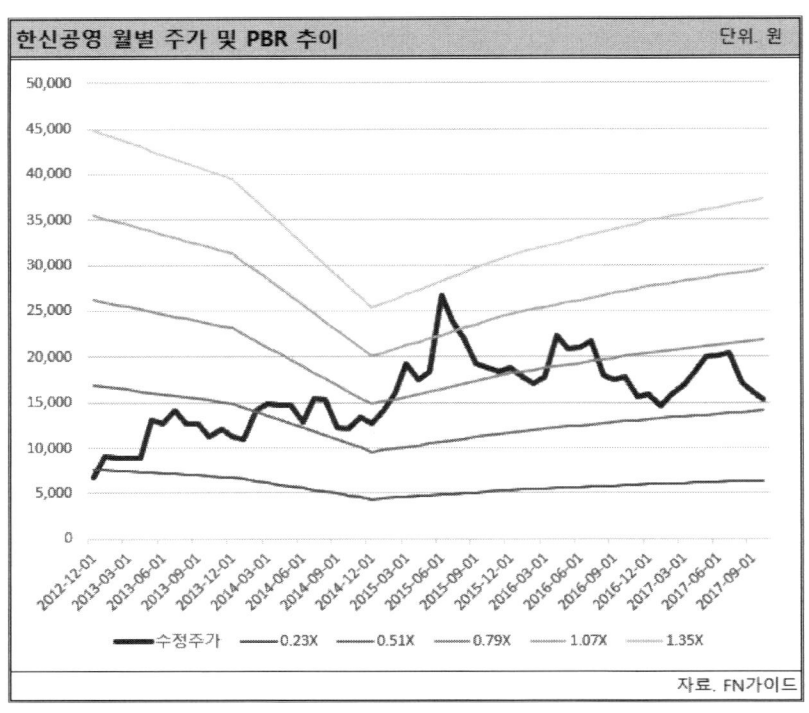

그렇다면 한신공영의 주가는 어떤 이유 때문에 이렇게 할인을 받는 것일까요? 2017년 매출액이 2조 원에 가까울 것으로 전망되고 있음에도 시가총액은 2,000억 원도 안되는 상황입니다. 과거에 빅 배스를 하였고, 최근 건설 업황이 정점을 찍고 하락세로 돌아섰다는 것을 고려하더라도 주가의 할인율은 과하다는 생각이 듭니다. 하지만 물론 그렇다고 저평가되어 매력적인 종목이라 단정지을 순 없습니다. 벌써 몇 년째 이렇게 할인을 계속 받는다는 건 분명 이유가 있을 것이기 때문입니다. 과거의 빅 배스 경험으로 인해 투자자들로부터 회계의 신뢰성을 잃었을 수 있고, 실제로 회계적으로 문제가 없는지도 확인해 볼 필요가 있습니다. 잠원동 본사 부지의 현금청산 금액이 확정된 것이 아니고, 건설 업황이 꺾여 올해 실적이 최대치일 것이라는 전망이 우세할 수도 있습니다.

경험적으로 이익률이 높고, 현금창출 능력이 뛰어나며, 바이오나 제약 회사처럼 어떤 큰 한방이 기다려지거나, 사이클 산업에 있는 기업들이 사이클 초반에 있을 때, 상대가치평가 지표들의 값이 높게 나타나는 경향이 있습니다. 또한 Valuation을 이해하고 적절히 활용하는 것은 성공적인 투자에 많은 도움이 되지만, 한편으로는 Valuation이라고 표현되는 수치들로 인해 좋은 종목을 놓치거나 저평가의 함정에 빠질 수 있습니다. 비싼 종목은 왜 비싼지, 현재 주가 수준이 역사상 어느 정도인지, 저평가되었다면 저평가된 이유가 무엇인지를 꼭 과거 데이터의 취합과 기업분석을 통해 파악하시길 바랍니다.

03.
동화기업의 Valuation

마지막으로 우리가 지금까지 공부한 동화기업의 Valuation도 알아보겠습니다.

① PER

동화기업의 2016년 결산 기준 순이익은 585억 원이며, 상장주식 수는 1,435.6만주, 책을 쓸 당시의 2017년 9월 종가는 33,850원, 시가총액은 4,860억 원입니다. 지난해 결산 실적과 현재 종가를 기준으로 PER을 산출해보면 약 8.3배가 나옵니다.

$$PER = \frac{33,850(원)}{\frac{585}{0.143}(원)} = 8.3 \ \ 또는 \ \ \frac{4,860(억원)}{585(억원)} = 8.3$$

동화기업의 2017년도 순이익 시장 컨센서스가 944억 원으로 올해 예상 순이익을 기준으로 PER을 산출하면 약 5배까지 하락합니다. 동화기업의 최근 5년간 PER 추이를 살펴보면 적자가 났을 때를 제외하면 현재가 가장 낮은 상황이라 보입니다.

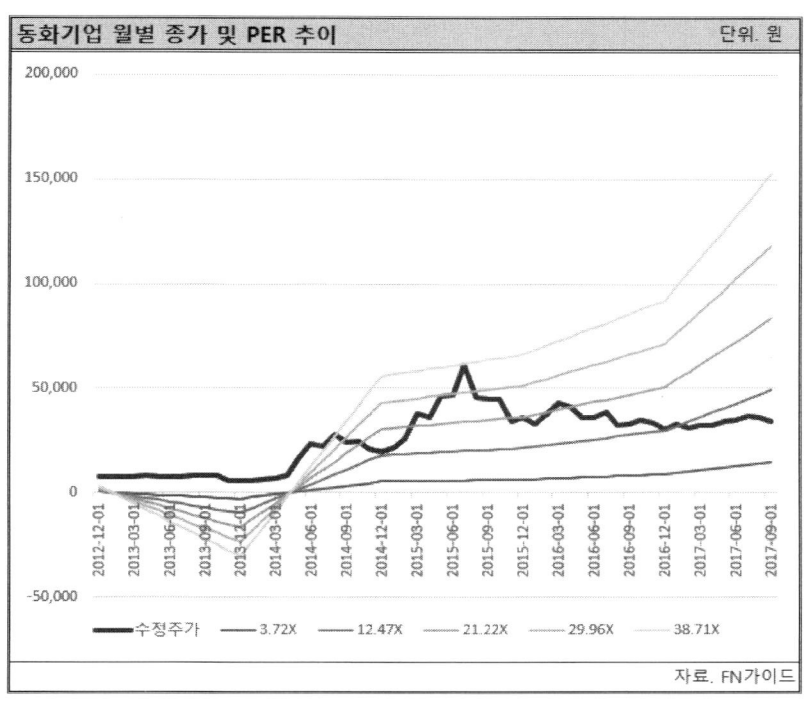

② PBR

동화기업의 2017년 반기 평균 자본총계는 6,431억 원이며, BPS는 44,797원으로 현재 주가를 기준으로 PBR을 산출해 보면 약 0.76배가 나옵니다. 0.76이라는 수치는 최근 5년간의 데이터를 봤을 때 중간값 정도로 보입니다.

$$PBR = \frac{33,850(원)}{44,797(원)} = 0.76 \text{ 또는 } \frac{4,860(억원)}{6,431(억원)} = 0.76$$

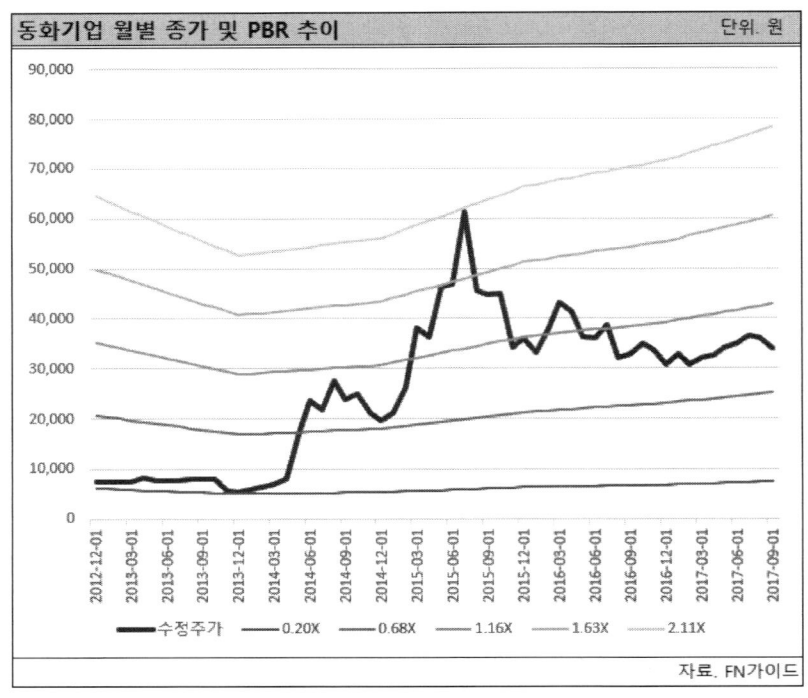

동화기업의 PER과 PBR은 절대적인 수치로 봐도 낮은 상황이지만 3년 연속 매출과 영업이익 모두 안정적으로 성장하고 있다는 것을 감안하면 한신공영과 마찬가지로 주가에 할인율이 다소 과하게 반영된 것 같습니다. 동화기업의 주가가 저평가된 이유를 알아보겠습니다. 먼저 유통주식수가 적으며, 섹터 자체가 관심을 받지 못하고 있고, 배당성향이 10%로 상당히 낮은 편입니다. 또한 2017년 2분기 때는 일회적인 이유로 순이익이 크게 증가하여(한국일보사가 서울경제신문에 제기한 소송(구상금 사건) 판결 승소에 따라 승소금 24,827,807천 원을 기타영업외수익으로 인식하였습니다) PER를 일시적으로 낮추는 효과가 있었습니다. 이 모든 것을 감안하고도 현재 주가가 저렴하다고 판단된다면 매수의 의사 결정을 내리게 될 것이고, 큰 매매차익을 얻기 어려우리라 판단한다면 다른 종목을 찾을 것 같습니다. 동화기업의 실적과 Valuation을 연관지어 나름의 의사 결정을 내려보시길 바랍니다.

③ 정률성장모형에 의한 이론상 적정 주가

마지막으로 앞서 배운 정률성장모형을 바탕으로 이론상 동화기업의 적정 주가도 구해보겠습니다. 정률성장모형은 다음과 같으며 각각의 값을 찾아 직접 대입해보겠습니다.

$$P_0 = \frac{D_0(1+g)}{k-g} = \frac{D_1}{k-g}$$

먼저, 동화기업은 지난해(2016년) 주당 300원의 현금배당을 실시하였으므로 D0=300(원)이 됩니다. 성장률 g의 경우 "유보율×ROE"로 산출되며 유보율은 "1-배당성향", ROE는 "순이익/자기자본이익률"입니다. 동화기업의 지난해 배당성향은 10.13%였으므로 유보율은 89.9%(소수점 둘째 자리 반올림)이며, 2017년 반기까지 최근 4개 분기합 순이익과 4개 분기 평균 자기자본을 기준으로 산출한 ROE는 12.3%입니다. 따라서 성장률 g는 0.899×0.123=0.111로 11.1%가 됩니다.

요구수익률 k는 "무위험 수익률+β(베타)×(시장수익률-무위험 수익률)"로 산출할 수 있습니다. 이때 무위험 수익률은 5년물 국고채 수익률인 2%, β(베타)는 네이버 금융을 참고하여 0.28, 시장수익률은 2017년 9월까지의 코스피 수익률인 22%로 설정하였습니다. 따라서 k=2+0.28(22-2)=7.6이 됩니다.

하지만, 이를 바탕으로 적정 주가를 산출해보려고 하면 k가 g보다 작아 아예 산출이 불가능합니다. k가 g보다 크려면 시장수익률이 34.5%는 넘어야 하는데, 현실적으로 시장수익률 34.5% 이상은 상상하기도 힘든 수치입니다. 따라서 동화기업의 이론상 적정주가는 "산출 불가"입니다.

많은 책이 삼성전자를 공식에 대입해 적정 주가를 산출하는 예를 들고 있지만, 현실에서 공식이 잘 맞는 종목은 사실 많지 않습니다. 공식에서 적정 주가가 산출된다면 그를 참고하면 좋겠지만 현실과 이론은 다르다는 점도 꼭 염두에 두시길 바랍니다.

PART 5

실전 복습

▶ SKC코오롱PI(178920)

우리는 지금까지 동화기업을 예시로 DART에서 사업보고서를 찾는 방법부터 사업보고서를 읽는 법, 엑셀을 통한 P, Q, C 분석과 실적추정, 한국무역협회 등 외부 사이트에서 판매량과 판매 가격을 찾는 법, 단일판매 공급계약 체결 공시를 통한 실적 추정, 마지막으로 Valuation까지 배웠습니다. 『내 꿈은 전업투자자』가 지향하는 바는 책에서 배운 내용을 실전에서 바로 활용하는 것입니다. 예시로 들었던 동화기업 외에도 대다수 종목을 책에서 배운 방법으로 분석할 수 있으며, 경험에서 쌓이는 노하우와 기업설명회 등을 다니며 접한 현장 이야기를 더한다면 분명 좋은 수익률을 달성할 수 있을 것입니다. 책에서 배운 모든 내용을 복습하고 우리가 배운 방식을 실전에 적용할 수 있다는 것을 다시 한번 보여 드리는 의미로 새로운 종목을 분석해 보겠습니다. 새롭게 분석할 종목은 SKC코오롱PI(178920)로 2017년 폭발적인 주가 상승이 있었던 기업 중 하나입니다.

SKC코오롱PI는 코오롱인더스트리와 SKC가 양사의 PI(Polyimide) 필름 사업부를 분할, 합병하여 설립한 회사로 양사가 각각 지분 27.03%씩을 보유하고 있습니다. PI는 슈퍼 엔지니어링 플라스틱의 일종이며 이를 필름 형태로 가공한 PI필름은 내한과 내열성이 뛰어나 전자기기의 부품으로 많이 사용되고 있습니다.

PI필름이 대상으로 하는 시장 중 가장 규모가 큰 시장은 FPCB(연성회로기판) 시장입니다. 스마트폰, 태블릿, 카메라 모듈 등 전자기기에 사용되는 절연판인 FPCB에서 PI필름은 절연체 역할을 해줍니다. 그 외에도 방열시트나 일반 산업용으로도 수요가 증가하고 있습니다. PI필름과 전방산업, 경쟁사 등에 대한 이야기는 사업보고서 내 사업의 내용에 아주 상세하게 기재되어 있습니다. 애널리스트 보고서를 읽기 전 사업보고서부터 읽어 보는 것이 회사를 이해하는 데 도움이 될 것입니다. 애널리스트 보고서는 사업의 내용보다는 실적에 대한 이야기를 주로 다루기 때문입니다. 또한 회사의 홈페이지에 그림과 함께 사업에 대한 설명이 쓰여 있으니 홈페이지를 활용해도 좋습니다.

가. 사업 개황

당사의 전신인 코오롱인더스트리㈜와 SKC㈜는 각각 2000년대 초반부터 PI(Polyimide) 필름의 개발에 착수했으며, 각 사는 2006년 경 본격적인 사업화를 시작했습니다. 이후 2008년 6월, PI(Polyimide) 필름 산업에서의 글로벌 경쟁력 강화를 위해 코오롱인더스트리㈜와 SKC㈜ 양사는 각각의 PI(Polyimide) 필름 사업부를 분할, 합병하여 SKC코오롱PI㈜를 설립했습니다.

모회사들이 40여년간 축적해온 화학과 필름 기반의 기술력을 이어 받아 설립된 국내 유일의 PI(Polyimide) 필름 제조사인 당사는 독자적인 기술과 전방 산업의 요구에 대한 적극적인 대응을 통해 경쟁력을 키워오며 일본, 미국의 선진 기업들과 경쟁함으로써 해외 업체에 종속되어 있던 PI(Polyimide) 필름 관련 산업이 자생력을 갖출 수 있도록 하였습니다. 당사는 2014년 기준 글로벌 PI(Polyimide) 필름 시장 점유율 1위의 지위를 확보했으며, 앞으로도 모바일, 디스플레이, 반도체, 차세대 에너지 등 국내외 전방 산업이 필요로 하는 소재를 지속적으로 개발, 공급함으로써 현 지위를 더욱 공고히 할 것입니다.

☞ **SKC코오롱PI 홈페이지**

열적 특성
절대온도에 가까운 극저온의 환경과 400℃ 수준에서의 고온에서도 사용이 가능한 플라스틱으로, 전방 산업의 가공 조건 고도화를 지원합니다.

치수 안정성
온도 변화나 물리적 자극과 같은 외부 환경의 영향에도 불구하고 본래의 치수와 특성을 최대한 유지함으로써 적용 제품의 내구성 및 신뢰성을 향상시켜줍니다.

전기적 특성
PI Film이 가진 높은 수준의 절연파괴전압은 협소한 공간의 작은 부피에서도 전류 손실을 방지함으로써 전기, 전자 기기의 안정성 확보가 가능하게 합니다.

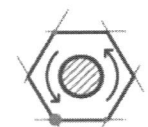
유연성
PI Film의 우수한 유연성은 높은 수준의 치수 안정성과 더불어 반복적으로 변형되는 용도에의 적용을 가능하게 하고, 좁은 공간의 활용도를 높여줍니다.

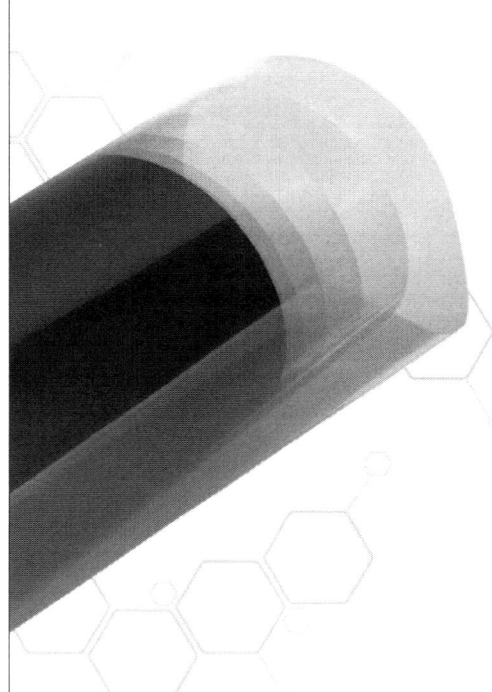

Polyimide Film 이란? (폴리이미드 필름, PI Film)

01 일반적인 플라스틱보다 높은 강도와 열적 안정성을 가짐으로써 금속을 대체하거나 전기·전자 분야와 같은 공업적 용도에 적용할 수 있는 플라스틱을 엔지니어링 플라스틱이라고 합니다.

02 폴리이미드는 엔지니어링 플라스틱 중에서도 그 특성이 보다 우수한 슈퍼 엔지니어링 플라스틱으로 분류되며, 폴리이미드를 필름 형태로 제조한 Polyimide Film(폴리이미드 필름, PI Film)은 상용화된 플라스틱 필름 중에서 가장 뛰어난 물성을 갖고 있습니다.

03 PI Film은 약 -269℃부터 400℃까지의 온도 구간에서 사용 가능하며, 다른 플라스틱 소재 대비 우수한 기계적, 전기적, 화학적 물성을 기반으로 한 내구성으로 인해 장기간 사용시에도 높은 수준의 신뢰성을 보여줍니다.

시대별 PI Film

과거 1960년대 개발된 PI Film은 수급상의 한계와 높은 가격으로 인해 우주, 항공 분야 및 산업용 등에 제한적으로 적용되어 왔으나, 2000년대 들어 IT 기기 발전과 시장 활성화에 따라 시장이 급성장되었습니다.

현재 이후 스마트폰을 비롯한 모바일 기기를 필두로 IT 산업 자체가 고부가 가치화 및 고도화 되어감에 따라 PI Film 산업은 정보통신산업과 함께 발전해오고 있으며, 방열 시트 용도 등과 같이 적용 분야도 확대되고 있습니다.

미래 향후에도 PI Film은 Flexible, Wearable Trend에 맞게 적용 분야가 확대될 것으로 기대되며, 산업용 시장에서도 중공업, 조선, 건설 분야뿐만 아니라 전기자동차, Battery, 고속철도 등 관련 산업의 성장에 따라 수요와 적용 분야가 함께 증가할 것으로 예상됩니다.

SKC코오롱PI가 어떤 회사이고 어떤 사업을 영위하는지 대략적으로 파악하였다면 이제 지금까지 배웠던 모든 내용을 활용해서 회사의 가격, 판매량, 비용과 향후 실적 그리고 Valuation까지 알아보겠습니다. 사업보고서의 내용을 Excel로 정리하는 것은 복습에서 제외하였고, Excel로 정리된 내용을 기반으로 회사를 분석하는 것에 집중하였습니다.

① 가격(P)

먼저 사업의 내용 중, 나. 주요 제품 등의 가격 추이를 엑셀로 정리한 모습입니다. 회사는 2016년 1분기까지는 내수가격과 수출가격도 밝혔으나, 이후에는 평균가격만 사업보고서에 기재하였습니다.

주요 제품 등의 가격 추이 (단위:원/kg)

구분	내역	1Q15	2Q15	3Q15	4Q15	1Q16	2Q16	3Q16	4Q16	1Q17	2Q17
단위당 PI(Polyimide) 필름	내수가격	86,620	85,114	86,621	87,708	98,339					
	수출가격	73,878	73,997	74,250	73,542	72,578					
	평균가격	79,633	78,974	79,647	79,571	82,379	81,017	77,967	76,387	76,391	74,244
	평균가격YoY						3.4	2.6	-2.1	-4.0	-7.3	-8.4

자료. 전자공시시스템

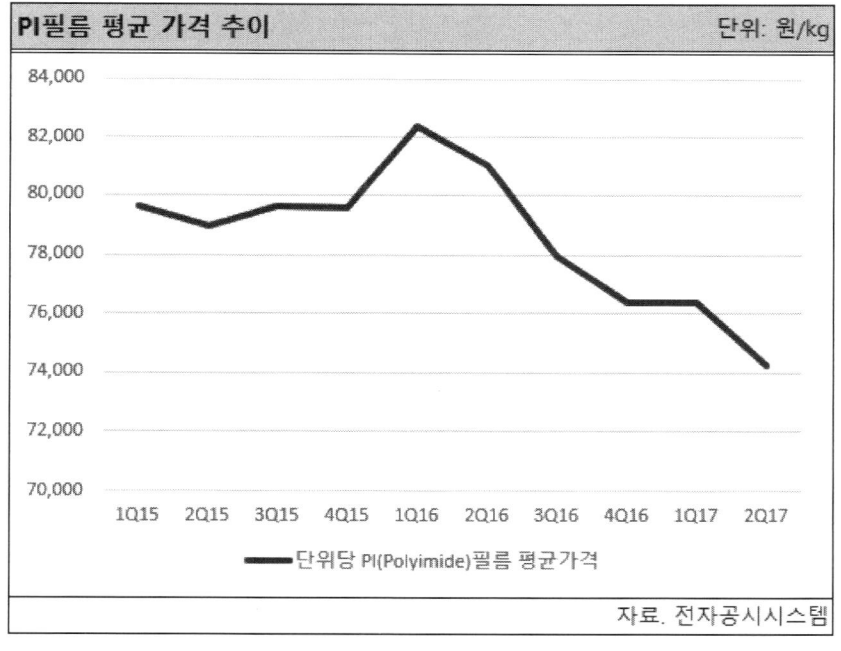

PI필름의 가격은 2016년 3분기부터 지속 하락하고 있습니다. 2017년에 들어서면서 하락 폭도 더 커졌습니다. 필름 시장 전반적으로 가격이 하락한 것인지, SKC코오롱PI의 제품 중 고가제품보다는 중저가 제품의 판매량이 증가하여 평균 가격이 하락한 것인지 체크할 필요가 있습니다. 일단 가격은 하락 추세에 있으니, 가격이 하락한 것 이상으로 판매량이 증가하였는지 혹은 원재료 가격이 하락하였는지도 알아보아야 합니다.

② 판매량(Q)

다음으로 생산능력과 생산실적을 엑셀로 정리한 후 가동률을 산출해보았습니다. SKC코오롱PI는 진천과 구미에 생산공장이 있으며 공장별로 수량과 금액 기준 생산능력과 생산실적을 공시해줍니다. 공장별로 분기 생산능력과 생산실적을 계산하여 가동률을 구했으며, 2016년 3분기의 경우 공장별 자료를 알려 주지 않아 분기 데이터를 산출하지 못했습니다. 2016년 4분기 자료 역시 바로 이전 분기 자료의 부재로 인해 분기 데이터를 산출하지 못해 누적 값 그대로 둘 수밖에 없었습니다(p273 그림 참고).

사업보고서 자료에 의하면 진천과 구미 공장의 가동률이 2017년 2분기에 이미 Full 가동까지 올라온 것으로 보입니다. 가동률이 100%가 넘어가면 회사는 생산능력 증설을 고려할 수 있는데, 생산능력 수치를 자세히 살펴보면 동사는 이미 얼마 전 한 차례 증설을 진행한 것으로 보입니다. 2015년 1분기와 2분기, 2016년 1분기와 2분기 구미 공장의 생산능력과 2017년 1분기와 2분기 생산능력을 비교해 보면, 확실히 2017년 1분기와 2분기 수치가 커졌음을 확인할 수 있습니다. 2016년 3분기에 공장별 생산능력과 생산실적을 구체적으로 밝히지 않은 것도 증설 이슈가 있었기 때문으로 추정됩니다. 증설 관련 이야기를 공시에서 찾아보겠습니다.

품목	사업장	1Q15 수량	2Q15 수량	3Q15 수량	4Q15 수량	1Q16 수량	2Q16 수량	3Q16 수량	4Q16 수량	1Q17 수량	2Q17 수량
생산능력	진천공장	336,519	340,258	343,997	343,998	340,258	340,258		1,364,772	300,143	300,143
	구미공장	238,756	234,831	242,680	238,756	238,756	234,831		1,183,589	375,003	375,002
	소계	575,275	575,089	586,677	582,754	579,014	575,089	834,381	559,877	675,145	675,145
생산실적	진천공장	292,218	200,836	246,867	235,593	256,634	295,442		1,160,822	366,758	341,143
	구미공장	210,444	154,323	192,308	157,843	151,130	170,173		840,909	249,146	291,956
	소계	502,662	355,159	439,175	393,436	407,764	465,615	541,358	586,994	615,904	633,099
가동률(%)	진천공장	86.8	59.0	71.8	68.5	75.4	86.8	(전체) 64.9	85.1	122.2	113.7
	구미공장	88.1	65.7	79.2	66.1	63.3	72.5		71.0	66.4	77.9

품목	사업장	1Q15 금액	2Q15 금액	3Q15 금액	4Q15 금액	1Q16 금액	2Q16 금액	3Q16 금액	4Q16 금액	1Q17 금액	2Q17 금액
생산능력	진천공장	18,211	20,515	18,747	19,076	18,387	16,632		65,944	14,285	18,687
	구미공장	12,997	14,140	12,554	15,396	15,515	15,431		68,461	20,707	13,524
	소계	31,208	34,655	31,301	34,472	33,902	32,063	44,116	24,324	34,992	32,211
생산실적	진천공장	15,814	12,399	13,447	13,056	13,868	14,541		56,090	15,587	18,707
	구미공장	11,522	9,380	10,873	9,463	9,821	11,174		48,640	13,946	14,637
	소계	27,336	21,779	24,320	22,519	23,689	25,715	27,034	28,292	29,533	33,344
가동률(%)	진천공장	86.8	60.4	71.7	68.4	75.4	87.4	(전체) 61.3	85.1	109.1	100.1
	구미공장	88.7	66.3	86.6	61.5	63.3	72.4		71.0	67.3	108.2

먼저, 2016년 연간 사업보고서의 V. 이사의 경영진단 및 분석의견에서 2. 개요를 살펴보면 증설에 관한 이야기가 언급되어 있습니다. 회사는 2016년 8분기 연간 600t 규모의 구미 3호기 증설을 완료하고 이후 가동에 들어간 것으로 보입니다.

> 제9기(2016년) 당사는 2016년 매출액 1,531억원, 영업이익 323억원, 순이익 210억 원을 달성했습니다. 매출액은 전년매출인 1,363억원 대비 12.3% 증가하였고, 영업이익은 전년실적 289억 대비 11.8% 증가하였으며, 순이익은 전년도 순이익 170억 대비 23.5% 증가하였습니다.
> 당사 실적 증가의 원인은 2016년 중국 스마트폰 업계의 호실적으로 인한 중국向 매출 증가와 방열시트用 PI Film의 높은 매출성장율, 구미3호기 신규라인의 가동에 따른 증설효과로 요약할 수 있습니다.
> 당사는 2016년 8월 600t/年 규모의 구미3호기 신규라인을 가동했으며, 증설 이후 생산라인의 효율적인 전용화 및 생산성 증대를 통한 제조원가 절감으로 향후 지속적인 손익개선 노력을 진행하고 있습니다. 또한, 신제품 판매 확대를 통한 product-mix 개선, 규모의 경제에 따른 원가경쟁력 제고 등 추가적인 이익개선 역시 가능할 것으로 전망하고 있습니다.

증설 관련 공시는 2015년 2월 24일에 나왔습니다. 최초 공시에는 투자 종료 기간이 3월로 기재되어 있는 것으로 보아 2016년 3월까지 공사는 마무리 짓고, 시범 가동 이후

2016년 8월부터 본격 가동에 들어간 것으로 보입니다.

		SKC코오롱PI 투자공시
\multicolumn{3}{c}{신규 시설투자 등}
1. 투자구분		(생산라인)시설증설
2. 투자내역	투자금액(원)	50,000,000,000
	자기자본(원)	212,119,636,977
	자기자본대비(%)	23.57
	대규모법인여부	미해당
3. 투자목적		PI Film 생산능력 증대를 위한 생산Line 증설 (600ton/年)
4. 투자기간	시작일	2015-02-04
	종료일	2016-03-31
5. 이사회결의일(결정일)		2015-02-04
-사외이사 참석여부	참석(명)	3
	불참(명)	0
6. 감사(감사위원) 참석여부		참석
7. 공시유보 관련내용	유보사유	-
	유보기한	-
8. 기타 투자판단에 참고할 사항		1. 상기 투자금액 및 투자기간은 향후 추진과정에서 변동될 수 있습니다. 2. 상기 투자내역 중 자기자본은 최근사업년도말(2013.12.31) K-IFRS에 따라 작성된 개별재무제표 기준입니다. 3. 이 내용은 2015년 1월 26일 수시공시의무관련사항(공정공시)에 대한 이사회결의에 따라 수시공시 하는 바입니다.

SKC코오롱PI는 구미 3호기 증설 이후에도 가동률이 100%를 넘어선 상황입니다. 따라서 이후 추가 증설을 고려할 수 있을 것으로 보입니다. 그리고 실제로 10월 30일 신규 시설 투자 공시를 통해 무려 1,200억 원을 투자하여 600t 규모의 생산라인 2개 호기를 건설한다 밝혔습니다. 투자 종료일이 2020년 9월 30일로 본격 가동은 2021년부터 이루어질 것으로 예상됩니다. 무려 현시점 기준 3년 반 이후에 가동됨에도 상당히 큰 투자를 결정한 것은 전방 시황을 긍정적으로 전망한다는 것을 의미합니다. 증설라인이 가동되는 2021년까지는 현재 수준의 판매량이 최소 유지될 것으로 예상할 수 있고, Full 가

동이 유지된다면 제품 가격 변동에 따라 실적이 움직이게 되어 당분간 판가 흐름을 예의 주시해야 할 것 같습니다.

☞ SKC코오롱PI 투자공시

신규 시설투자 등

1. 투자구분		(생산라인) 시설증설
2. 투자내역	투자금액(원)	120,000,000,000
	자기자본(원)	228,551,182,471
	자기자본대비(%)	52.50
	대규모법인여부	미해당
3. 투자목적		PI Film 생산능력 증대를 위한 생산라인 증설 (각 600톤/년 규모의 생산라인 2개 호기)
4. 투자기간	시작일	2017-11-01
	종료일	2020-09-30
5. 이사회결의일(결정일)		2017-10-30
-사외이사 참석여부	참석(명)	3
	불참(명)	0
6. 감사(감사위원) 참석여부		참석
7. 공시유보 관련내용	유보사유	-
	유보기한	-

8. 기타 투자판단에 참고할 사항		1. 상기 투자금액 및 투자기간은 향후 추진과정에서 변동될 수 있습니다.
		
		2. 상기 투자금액 및 투자기간은 각 600톤/년 규모의 생산라인 2개 호기 증설에 대한 총금액 및 총투자기간이며, 각 증설호기는 순차적으로 증설 될 예정입니다.
		
		3. 상기 투자기간 증설 세부 일정
		  1) 600톤/년, 2019.01.01 가동 예정
		  2) 600톤/년, 2020.10.01 가동 예정
		  ※ 현재 당사 보유 생산라인은 총 6개이며,
		    6개 라인의 총 생산능력은 2,700톤/년 입니다.
		
		4. 상기 투자내역 중 자기자본은 최근사업년도말 (2016.12.31) K-IFRS에 따라 작성된 개별재무제표

③ 비용(C)

사업보고서에 나와 있는 원재료에 관한 사항과 재무제표 주석에 나와 있는 비용의 성격별 분류를 정리해 보았습니다.

주요 원/부재료 가격 추이 (단위 : 원,USD/kg)

품목	구분	1Q15	2Q15	3Q15	4Q15	1Q16	2Q16	3Q16	4Q16	1Q17	2Q17
PMDA外	수입(원)	12,567	13,384	13,109	13,204	10,943	10,133	9,558	9,554	10,521	11,209
	USD	11.4	12.2	11.7	11.7	9.1	8.57	8.23	8.23	9.11	9.81
DMF外	수입(원)	1,247	1,138	1,216	1,199	1,133	1,072	1,093	1,074	1,068	1,189
	USD	1.1	1	1.1	1.1	0.93	0.91	0.94	0.93	0.93	1.04

주요 원/부재료 가격 YoY

품목	구분	1Q15	2Q15	3Q15	4Q15	1Q16	2Q16	3Q16	4Q16	1Q17	2Q17
PMDA外	수입(원)					-12.9	-24.3	-27.1	-27.6	-3.9	10.6
DMF外	수입(원)					-9.1	-5.8	-10.1	-10.4	-5.7	10.9

자료. 전자공시시스템

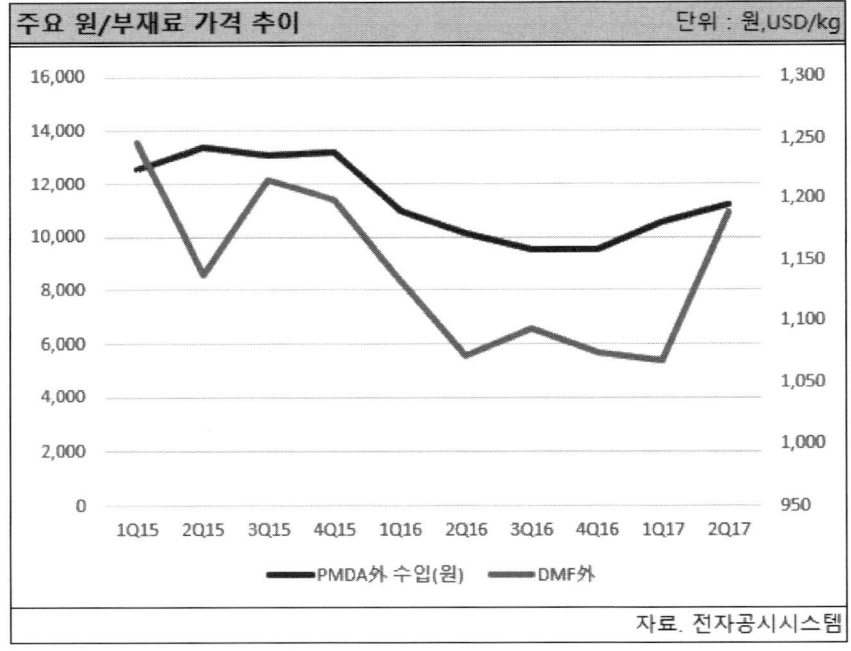

먼저 주요 원재료인 PMDA와 DMF의 경우 2017년 1분기까지 가격이 하락하다가 2017년 2분기 반등하여 다시 상승 추세로 돌아섰습니다. 그동안 많이 하락하여 최근에 조금 올랐다 하더라도 큰 부담이 될 것 같지 않으나, 가격은 아직 상승 추세로 돌아서지 않은 상황에서 원재료 가격이 올랐다는 것은 향후 이익률에 영향을 미칠 수 있습니다.

판매량 증가에 따라 원부자재 사용도 함께 증가하여, 비용의 성격별 분류 중 원부재료의 사용금액도 2017년 2분기 최대치를 기록하였습니다. 증설 완료 시점이 2020년 9월 30일이며 그 이전까지는 물량이 큰 폭으로 증가할 가능성이 없으므로 현재 원재료 가격 수준에서는 지금 정도의 비용 지출이 거의 최대치일 수 있습니다. 이 점을 염두에 두고 향후 회사의 비용 관리를 주시해야 합니다. 그 밖에 감가상각비가 증가한 것 외에는 특별히 눈에 띄는 항목은 없어 보입니다.

비용의 성격별 분류									단위. 억원	
구 분	1Q15	2Q15	3Q15	4Q15	1Q16	2Q16	3Q16	4Q16	1Q17	2Q17
제품과 반제품의 변동	-8	-41	45	-16	19	22	13	-15	26	-40
원부재료의 사용액	123	103	121	105	103	100	123	114	128	175
종업원급여	74	57	52	63	70	74	70	70	76	70
에너지비용	32	26	30	27	29	27	37	36	36	32
감가상각 및 무형자산상각	29	29	29	29	29	29	34	37	37	39
지급수수료 및 판매수수료	17	17	16	15	17	16	21	22	22	22
기타비용	25	27	24	25	25	23	30	33	29	27
합 계	292	218	316	247	292	291	327	296	355	324

자료. 전자공시시스템

④ 관세청 자료 검색

관세청에서 PI필름의 수출 동향도 살펴보겠습니다. SKC코오롱PI의 2017년 반기 기준 수출 비중은 58%로 수출 매출도 아주 중요합니다. PI필름의 수출 동향을 알아보기 위해 관세청 홈페이지로 들어가 패밀리 사이트에서 수출입 무역 통계로 들어갑니다. 그리고 HS코드 내비게이션을 클릭하고 Polyimide film을 검색합니다. 한글로 폴리이미드 필름이라고 써도 내비게이션이 자동으로 영어로 변환해줍니다. 검색결과로 플라스틱 항목이 가장 높은 신고비율로 나옵니다.

Polyimide film SEARCH

번역결과가 없거나 추가적인 번역을 하시려면 [이기]를 클릭 하세요.

입력하신 품목명은 아래 HSCODE 2단위 속견표에 표시된 품목으로 수출입 되었습니다.
세부 HSCODE 확인을 원하시는 분류품목을 선택하여 주시기 바랍니다.

신고비율 : 61% 이상 31% ~ 60% 30% 이하

	0	1	2	3	4	5	6	7	8	9
0		산 동물	육과 식용설육	어류	낙농품	기타 동물성 생산품	산 수목및 절화	채소	과실 · 견과류	커피 · 향신료
10	곡물	제분공업 생산품	채유용종자	식물성 수액과 엑스	기타 식물성 생산품	동 · 식물성 유지	육 · 어류 조제품	당류 설탕과자	코코아	곡물 · 곡분의 조제품
20	채소 · 과실의 조제품	각종의 조제 식료품	음료 · 알콜 식초	사료	담배	암석광물	금속광물	광물성 연료 에너지	무기화학품	유기화학품
30	의료용품	비료	유연 · 착색제	향료 · 화장품	비누 · 왁스	단백질계 물질	화약류 · 성냥	사진 · 영화 용재료	각종 화학 공업생산품	플라스틱
40	고무	원피	가죽제품	모피	목재 및 목탄	코르크	조물재료의 제품	펄프	지와 지제품	인쇄서적 · 신문 · 회화

이를 클릭해 보면 다음 그림처럼 관련 제품의 HS코드가 검색됩니다. 여기서 주의할 점은 최다 신고는 3920.99-9090(기타)로 나오지만, 바로 그 위에 항목이 '폴리이미드 필름(리드프레임의 기능을 하는 인쇄회로기판 제조용으로 한정한다)'입니다. 구체적인 용도 명이 쓰여 있으므로 SKC코오롱PI의 제품과 좀 더 일치하는 항목은 최다 신고된 항목이 아니라 인쇄회로기판용으로 한정한 제품일 것입니다.

순번	HSCODE	신고비율	HS 품목 해설	신성질별 분류 해설	기본 세율
1	3919.10-0000	0.41%	롤 모양인 것(폭이 20센티미터 이하로 한정한다)	기타 플라스틱제품	8%
2	3919.90-0000	0.95%	기타	기타 플라스틱제품	8%
3	3920.61-0000	0.02%	폴리카보네이트로 만든 것	기타 플라스틱제품	8%
4	3920.73-0000	0.04%	초산셀룰로오스로 만든 것	기타 플라스틱제품	8%
5	3920.92-0000	1.04%	폴리아미드로 만든 것	필름류	8%
6	3920.99-9010	8.89%	폴리이미드 필름(리드프레임의 기능을 하는 인쇄회로기판 제조용으로 한정한다)	기타 플라스틱제품	4%
최다 신고	3920.99-9090	86.85%	기타	기타 플라스틱제품	8%
8	3921.19-9020	0.5%	폴리아미드로 만든 것	필름류	8%

HS코드를 찾았으면 이를 품목별 수출입 실적에서 검색합니다. 조회기간을 2015년부터 현재까지 월별로 설정한 후 조회를 누릅니다.

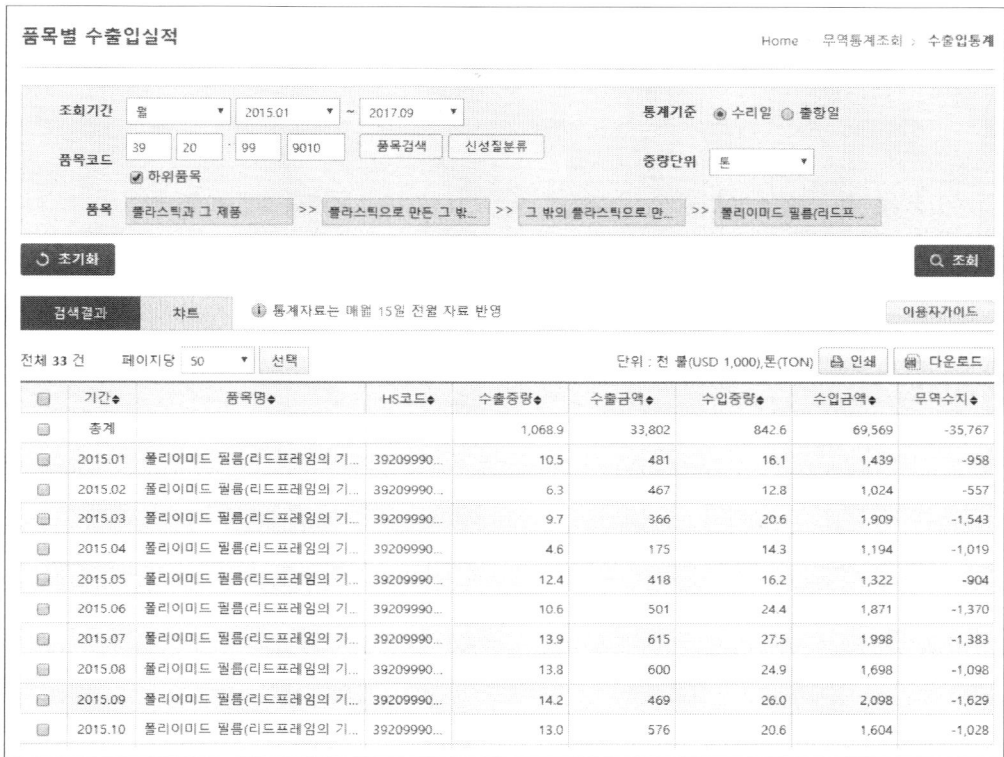

그리고 이를 엑셀로 내려받은 후, 3개월 단위로 더해 분기 실적을 산출하고 SKC코오롱PI의 실적과 비교해 봅니다.

폴리이미드필름 수출 금액 및 SKC코오롱PI 매출 추이											단위: 천불(1,000USD), 억원
구분	1Q15	2Q15	3Q15	4Q15	1Q16	2Q16	3Q16	4Q16	1Q17	2Q17	3Q17
폴리이미드필름	1314	1,094	1,684	1,878	1,097	1,654	5,290	4,215	3,764	3,573	8,240
SKC코오롱PI매출액	399	259	411	295	368	365	415	383	481	444	670

자료. 관세청, 세종기업데이터

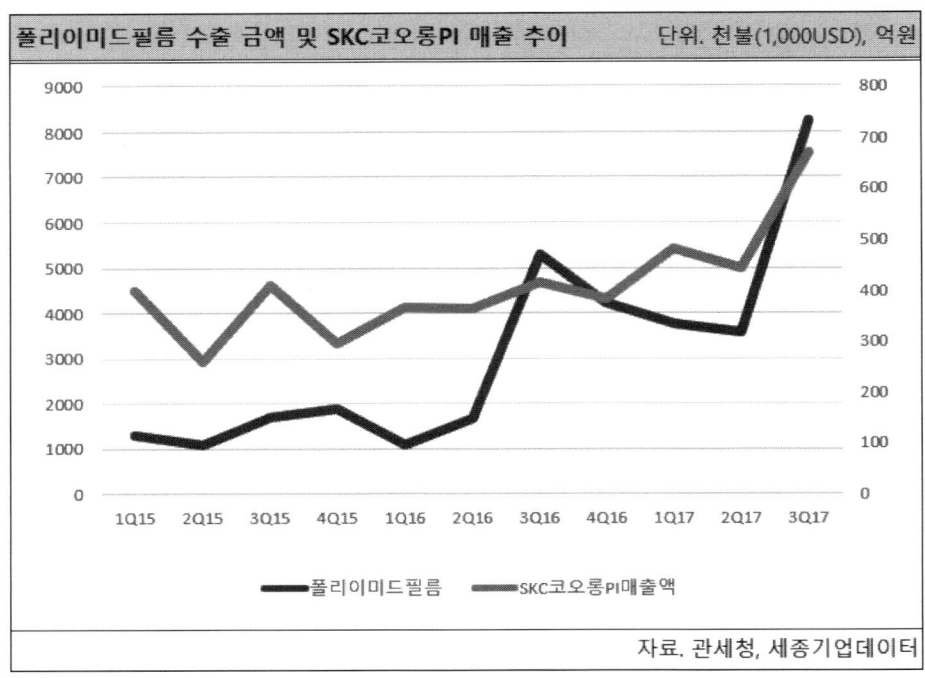

국내 폴리이미드 필름의 수출 실적과 SKC코오롱PI의 매출액은 어느 정도 유사한 추이를 나타내고 있습니다. 회사의 내수 매출이 40%가량 있으므로 전체 폴리이미드 필름 수출 금액과 완전히 똑같은 추이를 보이진 않지만, 수출 실적이 좋아졌을 때 회사의 실적도 좋아지는 모습을 확인할 수 있습니다. 2017년 3분기 수출 실적이 굉장히 좋았는데, 회사의 실적 역시 분기 기준 역대 최고 실적을 달성하였습니다. 향후 실적을 추정할 때도 관세청 자료를 활용하면 상당히 많은 도움을 받을 것으로 기대됩니다.

⑤ SKC코오롱PI 홈페이지에서 IR 자료 찾아보기

주권 상장 기업은 회사 홈페이지에 투자자들을 위한 투자 정보를 공개하는 경우가 많고, 그중 일부 회사는 분기별 IR자료나 실적발표 자료를 올려두기도 합니다. IR 자료는 특정 작성 기준이 있는 것이 아니므로 사업보고서에 기재되어 있지 않은 정보도 쓰여 있곤 합니다. SKC코오롱PI의 경우 사업보고서에는 PI필름의 용도별 매출을 구분하지 않았는데, IR자료에는 FPCB용, 방열시트용, 일반산업용으로 구분하였습니다. 이를 통해 현재 PI필름이 어떤 수요처로 많이 공급되고 있는지 알 수 있습니다.

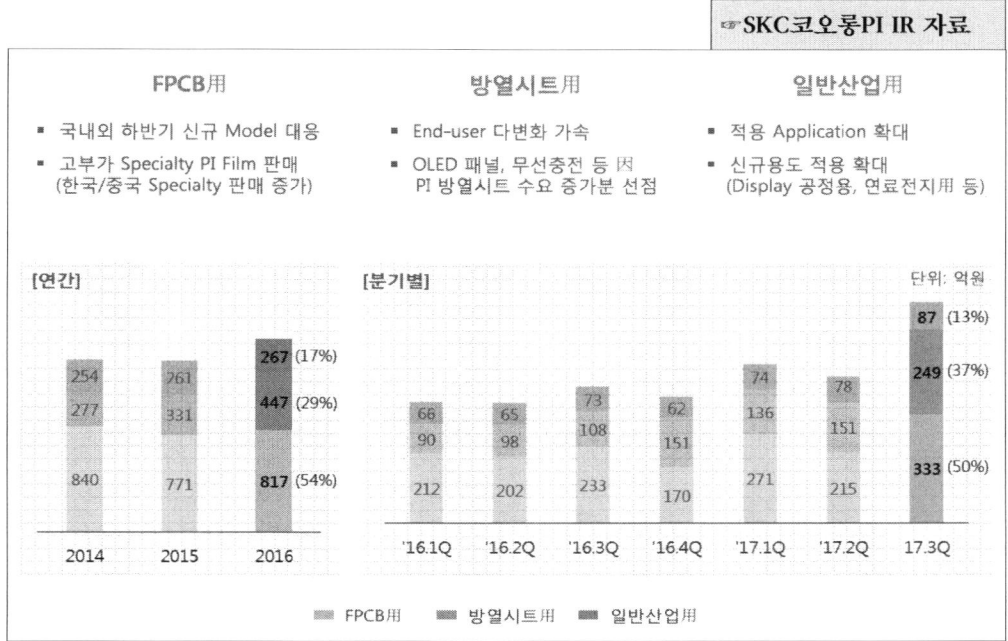

⑥ 실적 추정

   SKC코오롱PI의 경우 최근에 증설한 라인은 이미 Full 가동에 들어선 것으로 보입니다. 그리고 2017년 10월 30일 신규 증설하겠다고 공시한 라인은 2021년은 되어야 본격 가동에 들어갈 것으로 예상되어 그사이에는 의미 있는 물량 증가는 없을 것으로 전망됩니다. 그러나 회사는 분명 생산 효율성을 올려 그 안에서 최대한 생산량을 늘리려고 할 것이므로 앞으로 3년 반 동안은 소폭의 물량 증가는 가능할 것으로 예상됩니다.

   물량 증가 폭이 다소 제한된다는 점에 가격 상승이 실적 개선의 중요한 요인이 됩니다. 공시 기준 평균 판매 가격은 하락하고 있으나, 앞으로 가격이 상승할 여지는 충분히 있어 보입니다. 사업보고서 사업의 내용을 살펴보면, PI필름의 경우 전자제품의 소형화, 고도화 요구에 따라 얇은 박막 PI필름과 물성 및 특성이 향상된 PI필름에 대한 수요도 증가하고 있다고 쓰여 있습니다. 스마트폰이 점점 더 얇아지고 다기능화되어 가고 있어 그에 맞춰 부품들의 요구 스펙도 올라가고 있고, 새로운 부품은 비싼 가격에 팔 수 있게 됩니다. 회사 내에서 저가 PI필름과 고가 PI필름의 제품 Mix가 어떻게 이루어지느냐에 따라 평균 가격이 달라질 것입니다. 고가 PI필름의 비중이 올라갈수록 같은 양을 팔더라도 전체 매출과 이익은 훨씬 좋아질 수 있습니다.

☞ SKC코오롱PI 2017.06 반기보고서

마. 제품의 라이프 사이클

PI(Polyimide) 필름은 Chemical과 부품 사이를 잇는 원자재 특성상 소재 단계에서 급격한 변화를 거치지는 않으며, 장기적인 추세에 따라 점진적으로 변하는 것이 일반적입니다.

1960년대 美 Dupont社에 의해 개발된 가장 기본적인 구조의 PI(Polyimide) 필름이 여전히 다수의 Maker에서 생산되고 있으며, 이의 후속모델이자 당사 및 경쟁사들의 주력 제품인 FPCB用 PI(Polyimide) 필름은 2000년대 초반부터 지금까지 전체 PI(Polyimide) 필름 생산 물량 중 가장 큰 물량 비중을 차지하고 있습니다.

그러나, 전방산업인 전자제품 시장의 소형화, 고도화 요구에 의해 보다 얇은 박막 PI(Polyimide) 필름의 수요가 최근 수 년 사이에 대두되어 급격히 증가하고 있으며, 기존 PI(Polyimide) 필름으로 대응이 되지 않는 물성 및 특성이 향상된 PI(Polyimide) 필름에 대한 수요도 급격히 증가하고 있는 추세입니다.

이와 같이 전방 산업에서 PI(Polyimide) 필름이 보다 고도화될 수 있도록 분위기를 형성해 줌과 동시에 연구 개발 및 신제품 출시를 견인하고 있으나, 새로운 PI(Polyimide) 필름의 출현은 기존 PI(Polyimide) 필름의 수요를 잠식하는 것이 아닌 별도의 새로운 시장을 창출하고 있다는 점에서 상호 구분된 라이프사이클을 갖고 있다고 할 수 있습니다.

또한 기존 일반 PI(Polyimide) 필름 시장의 경우도 라이프사이클이 하락세를 타는 것이 아니라, '수요 다변화→시장 확대→PI(Polyimide) 필름 제조 원가 하락→수요 다변화'의 선순환을 통해 시장 저변이 점점 넓어지고 있습니다.

구분	내역	상세
기존 FCCL 內 제품 포트폴리오 다각화	Fine Pitch 대응용 高 치수안정성 PI Film 개발	포터블 기기의 소형화, 경량화 추세에 따라 핵심 부품인 FPCB에 대한 박막화 및 고집적화 요구 증가→ 미세회로패턴의 구현을 위해 기존 3층 FCCL용 PI Film보다 치수안정성이 우수한 PI Film을 필요로 하는 추세입니다.
	3층 FCCL / Coverlay用 박막 PI Film 개발	포터블 기기의 소형화, 경량화 추세로FPCB를 얇게 만들기 위해FCCL과 Coverlay의 박막화 요구가 증가되고 있으며, 이는 PI Film의 박막화 요구로 연결→기존의 3층 FCCL과 Coverlay용 PI Film 두께는 12.5㎛ 및 25㎛이 Main이었으나, 보다 얇은 두께를 필요로 하는 추세입니다. 당사는10㎛, 7.5㎛, 5㎛ 제품을 양산 공급하며 시장변화에 발 빠르게 대응하고 있습니다
신규 적용시장 확대	반도체 Package Tape用 PI Film	반도체Tape이 적용되는Application의 확대로 당사 PI Film 매출이 증가되고 있습니다.
	Flexible 태양전지 Substrate用	기존 태양전지의 경우 유리를 Substrate로 하여 Batch 방식으로 생산했으나, CIGS(Copper Indium Gallium Selenide: 구리 인듐 갈륨 셀레늄) 방식 태양전지의 경우 PI Film를 Substrate로 하여 Roll to Roll 생산 방식 구현이 가능합니다.
	高치수안정성 高탄성율 PI Film	정체된 디스플레이 시장의 돌파구로 Conventional한 평판 Display에서 차별화된 차세대 Display인 Flexible Display에 대한 기대감 증가→디스플레이 업체에서는 1세대 Flexible Display인 Curved Display가 적용된 스마트폰의 상업 생산 완료 이후 차세대 제품 개발을 진행중입니다.

실적의 계절성은 없는지도 점검해 보아야 합니다. SKC코오롱PI는 통상적으로 3분기 최대 성수기를 지나 4분기에 매출이 감소하는 추세를 보입니다. 따라서 2017년 4분기에도 3분기 대비 매출이 하락할 가능성이 높습니다. 그러나 2017년에는 증설라인이 본격 가동에 들어가 Full CAPA에 이미 도달하였으므로 전년 4분기와 비교했을 때는 훨씬 좋은 실적을 달성할 것으로 예상됩니다.

또한 2018년 연간으로도 2017년 대비 큰 폭의 실적 개선이 있을 것으로 기대됩니다. 2017년 상반기에는 증설 효과가 많이 반영되지 않았으나, 2018년에는 증설 물량의 실적이 온기로 반영되기 때문입니다. 2017년 3분기 실적을 기준으로 하여 플러스마이너스 수십억 원 내외로 분기 매출이 형성될 것으로 예상됩니다.

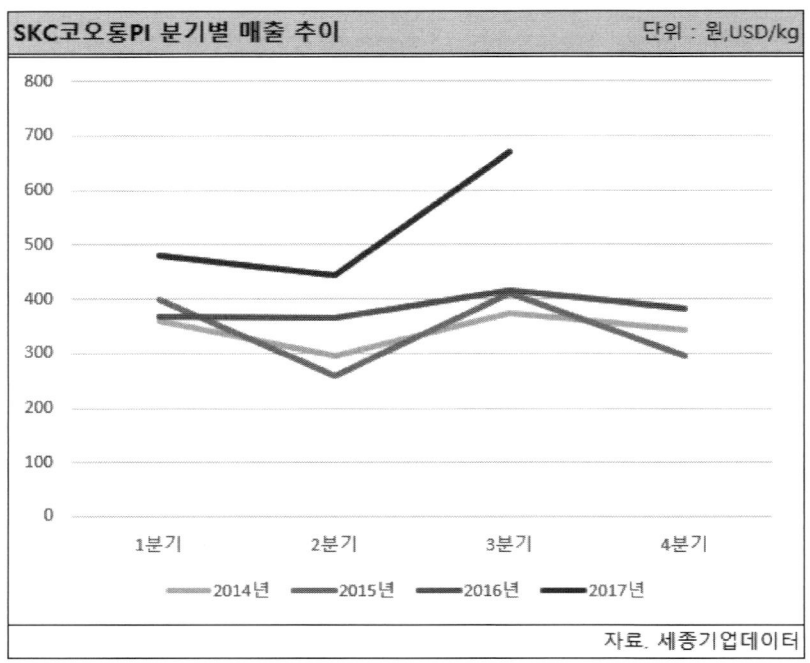

수익성의 경우 2017년 2분기에 달성한 영업이익률인 27% 이상 달성 가능할지는 의문입니다. 원재료 가격이 2017년 2분기부터 상승세로 돌아섰고 2분기 대비 3분기에 가동률이 높았음에도 이익률은 소폭 하락하였기 때문입니다. 증설로 인해 고정비가 높아진 상황이며, 현재 Full 가동까지 올라왔다는 점에서 27%가 최대 이익률일 가능성이 높습니다.

그러나 전체 볼륨이 커졌으므로 이익 규모 자체는 증가할 것으로 예상됩니다. 이익률의 상승도 의미 있지만, 전체 이익 규모가 증가한다는 것이 회사의 가치를 평가할 때 좀 더 주목할 점이라 생각합니다.

SKC코오롱 분기 실적 추이											단위: 억원, %
	2015.03 (IFRS 별도)	2015.06 (IFRS 별도)	2015.09 (IFRS 별도)	2015.12 (IFRS 별도)	2016.03 (IFRS 별도)	2016.06 (IFRS 별도)	2016.09 (IFRS 별도)	2016.12 (IFRS 별도)	2017.03 (IFRS 별도)	2017.06 (IFRS 별도)	2017.09 (IFRS 별도)
매출액	399	259	411	295	368	365	415	383	481	444	670
영업이익	107	41	94	47	75	74	87	87	126	120	180
순이익	76	31	71	-8	47	51	54	58	84	78	119
영업이익률	26.82	15.75	22.95	16.1	20.5	20.23	21.04	22.67	26.26	26.96	26.8
순이익률	19	11.9	17.39	-2.74	12.84	13.86	12.93	15.23	17.51	17.47	17.81

자료. 세종기업데이터

    종합하자면, 2017년 4분기 실적은 3분기 대비 하락할 것으로 보이나 증설 효과로 인해 2016년 4분기와 비교했을 때는 3분기 수준의 성장률이 나올 것으로 기대됩니다. 영업이익률은 27% 이하 25% 이상을 유지할 것으로 보입니다. 2018년에는 가격이 안정적으로 유지 혹은 상승할 것이라는 전제가 가능하며 소폭의 물량 성장과 증설 효과의 온기 반영으로 인해 상반기에 YoY 기준 큰 폭의 성장이 지속될 것으로 보입니다. 따라서 연간 실적으로는 2018년에 최대 매출을 달성할 것으로 전망됩니다. 또한 중간중간 관세청 자료를 통해 예상대로 실적을 기록하는지도 점검할 수 있습니다.

    ⑦ 주가 및 Valuation

    2017년 10월 31일 종가 기준 SKC코오롱PI의 주가는 35,150원, 시가총액은 1조 322억 원으로 2016년 결산연도 기준 PER은 49.21배, 최근 4개 분기합 기준 PER은 30.41배, 2017년 예상 순이익 컨센서스 기준 PER은 27.9배입니다. PBR의 경우 2016년 결산연도 기준 4.52배, 최근 4개 분기합 기준 4.46배이며, 같은 방식으로 PSR은 2016년 결산 기준 6.74배, 최근 4개 분기 기준 5.22배입니다.

    모든 상대가치평가지표에서 SKC코오롱PI의 Valuation은 굉장히 높게 형성되어 있습니다. 또한 상장 이래 Valuation 추이를 살펴보아도 역사상 고점에 있습니다.

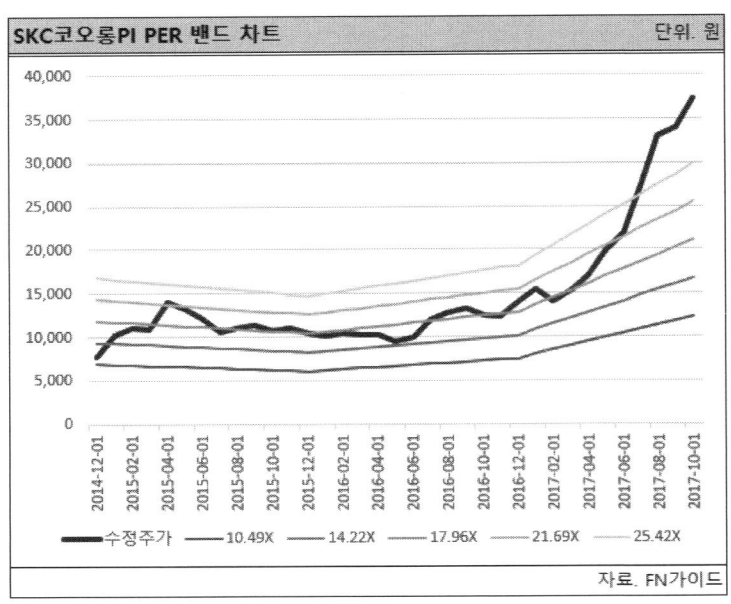

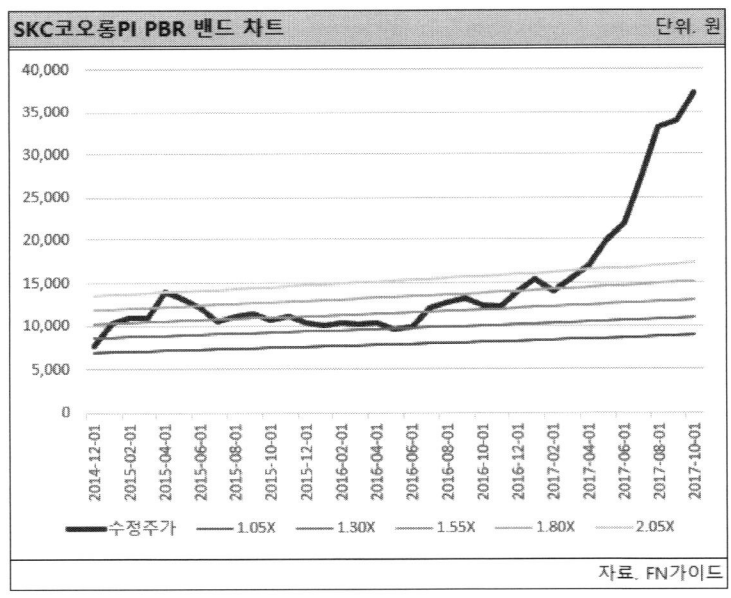

주가는 전방 시장의 호황과 실적 상승에 힘입어 2017년 초부터 10개월 동안 무려 154%나 상승하였습니다.

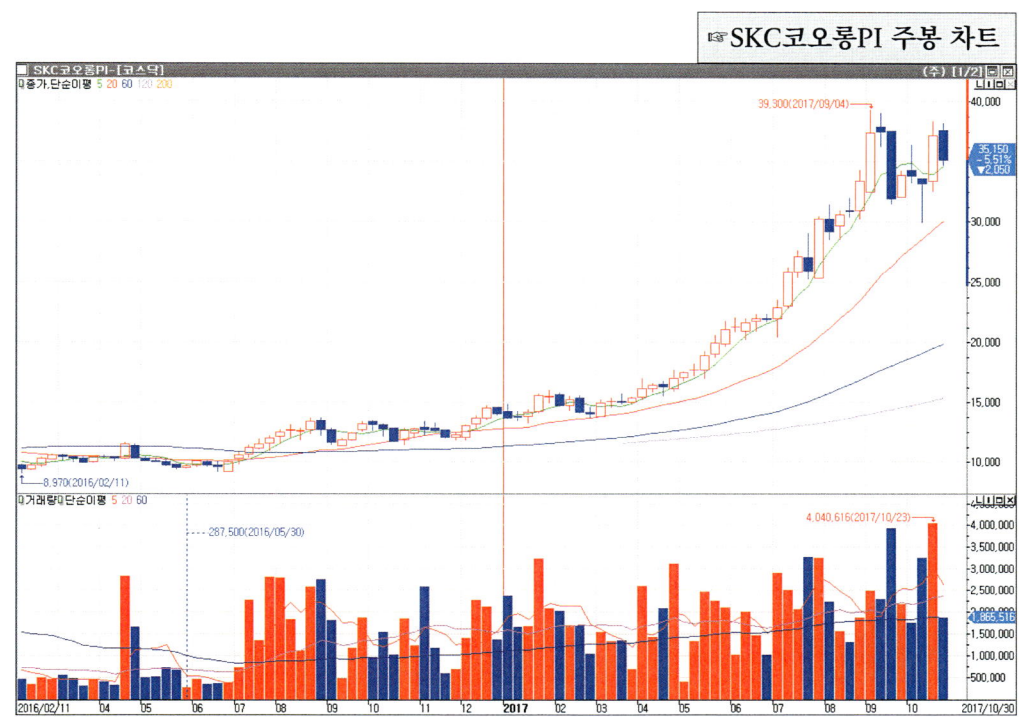

SKC코오롱PI의 내년 실적 전망이 긍정적이지만 이미 주가는 많이 올랐고 Valuation도 높아 과연 현재 주가에서 추가 상승이 가능할지 의문입니다. 하지만 전방 산업이 호황기에 있고, 시장 투자 심리도 IT 업종에 몰려 있어 쉽게 하락할 것 같지도 않습니다. 그러나 회사는 현재 일본 경쟁사인 Kaneka와 지적재산권 관련 소송을 진행 중으로, 패소 시 한화 약 150억 원을 Keneka에 지불할 위험도 안고 있습니다. 판사의 1심 최종판결은 2018년 상반기경에 나올 것으로 예상되고 있습니다(사업보고서의 그 밖에 투자자 보호를 위하여 필요한 사항 참고). 그 밖의 재무적 위험 요인은 크지 않습니다. 부채비율도 30% 후반대로 건전한 재무상황을 유지하고 있습니다. 소송이 잘 마무리 되면 기업가치에도 긍정적이며, 만약 패소 시 어쩌면 회사에 관심을 갖고 있던 투자자들에게 매수 기회를 줄지도 모르겠습니다. 아니면 현재 주가 수준에서 횡보하다가 다시 실적 성장에 대한 기대감과 함께 추가 상승을 이어갈 수도 있습니다.

독자 여러분은 어떻게 생각하시나요?

주식을 하다 보면 문득 미래를 보는 눈이 있었으면 좋겠다는 생각을 합니다. 내가 분석한 내용이 맞는지 확신이 서지 않거나, SKC코오롱PI처럼 많이 올랐음에도 여전히 회사의 내용이 좋아 추가 상승이 가능할지 판단하기 어려운 경우도 많기 때문입니다. 투자에 왕도는 없고 모로 가도 수익률만 잘 나오면 사실 그만이지만, 스스로 애널리스트도 되고 매니저도 되어야 하는 전업투자자들에게 이 정도의 고민과 생각은 당연합니다. 물론 너무 많은 생각과 고민을 하여 좋은 종목을 놓칠 때도 있고, 시장에 귀를 닫고 나만의 착각에 빠져 큰 손실을 입을 수도 있습니다. 그러나 제가 주식 시장에서의 짧은 경험으로 얻은 중요한 교훈은 P, Q, C, V의 4가지 측면에서 기업분석을 제대로 마쳤다면 그 후엔 자신을 믿는 것도 중요하다는 것이었습니다. 일희일비하지 말고, 나의 노력과 생각을 믿는 과감한 용기와 대범함도 함께 키워 나가시길 바랍니다.

저는 종종 주가가 상승할 것 같은 종목에 가진 돈을 모두 투자하여 큰 매매 차익을 얻는 행복한 상상을 합니다. 상상이 현실이 되길 바라며 오늘도 내일도 모레도 경제적 자유를 위해 달려가겠습니다.

마치며

『내 꿈은 전업투자자』를 읽고 기업분석에 한 발짝 다가가셨는지 모르겠습니다.
 짧지만 알찼던 시간 동안 배우고 느꼈던 바를 솔직하게 책에 담았고, 많은 도움을 되셨기를 바랍니다. 끝으로 본문에는 쓰지 못했지만 투자자분들이 종종 궁금해 하시는 내용을 Q&A 형식으로 정리하였습니다. Q&A도 꼼꼼히 읽으시면서 모두 독자분들의 지식으로 가져가시길 바랍니다. 책을 읽는 모든 분들의 성공적인 투자를 기원하겠습니다. 감사합니다.

Q1) 실적발표회나 기업설명회를 참석하고 싶은데 일정은 어디서 확인할 수 있나요?

A1) 한국IR협의회(kirs.or.kr)라는 사이트로 들어가 우측 하단에 있는 IR 스케줄을 클릭하십시오. 달력 형식으로 월별 IR 일정이 나와 있습니다. 기업명에 마우스 커서를 가져다 대면 IR 형태와 일정, 장소 등을 확인할 수 있습니다. 일반 투자자가 참석할 수 있는 IR도 있고, 아닌 경우도 있습니다. 보통 시간과 장소가 공개된 경우 일반투자자도 참석할 수 있고, 아닌 경우에는 기관투자자만 대상으로 하는 NDR 형태일 가능성이 높습니다. IR스케줄을 확인하고 전자공시시스템에 개별 기업을 검색하면, '기업설명회(IR)개최'라는 이름으로 공시가 나오는데 공시에 좀 더 자세한 IR 내용과 담당자 이름, 연락처가 나와 있습니다. 일반 투자자가 참석할 수 있는지 불분명하다면 IR 담당자에게 문의하여 참석 가능 여부를 확인하면 됩니다 (IR 공시 내용 중, 대상자에 기관투자자, 혹은 증권사 Analyst라고만 쓰여 있어도 일반 투자자들이 참석하는 경우도 정말 많습니다. 대상자에 일반투자자가 쓰여 있지 않다고 해서 참석할 수 없는 것은 아닙니다).

Q2) 네이버나 다음 등 포털사이트에서 제공하는 PER과 HTS에서 제공하는 PER이 다릅니다. 어떤 것을 보아야 하나요?

A2) Valuation은 절댓값이 아니므로 사이트마다 기준으로 하는 숫자가 다르면, 결과값도 다르게 나옵니다. 사이트에서 제공하는 지표 옆에는 도움말 형태로 어떤 수치를 기준으로 하여 계산했는지 설명되어 있으니 그를 참고하시길 바랍니다. 본인이 생각했을 때 선호하는 지표를 따라가시면 됩니다.

Q) 배당주 투자를 하고 싶습니다. 기업별 배당금이 일목요연하게 정리된 사이트가 있나요?

A) 개별 종목의 배당금은 기본적으로 DART에서 확인할 수 있지만, 투자자들은 일목요연하게 정리된 자료를 필요로 합니다. 네이버 증권에서 상장사들의 주당 현금 배당금, 배당수익률, 배당성향, 최근 3개년간 배당금 등의 정보를 제공하고 있습니다. 이를 확인하기 위해서는 "네이버 금융 → 국내증시 → 왼쪽 사이드바의 배당" 순으로 들어가면 확인이 가능합니다. 다만 Excel로 내려받을 수 없고, 검색기능이 제공되지 않는다는 아쉬움이 있습니다.

한국거래소 상장공시시스템에서는 최근 3년간의 주당 현금 배당금, 배당성향, 총배당금액, 시가배당률에 대한 정보를 제공 하고 있으며 쉽게 회사명 검색도 가능합니다. 또한 Excel로 내려받아 투자자들은 언제든지 자신이 원하는 형태로의 Data handling을 할 수 있습니다. 이는 한국거래소 상장공시시스템에 접속 → 상장법인 상세정보 → 배당정보에서 확인 가능합니다.

마지막으로 세종기업데이터의 <섹터별 실적> Excel 파일에서도 확인할 수 있습니다. 해당 자료는 최근 종가를 기준으로 배당수익률을 예상할 수 있도록 제작되었으며, 최근 3개년간의 배당금 추이도 제공하고 있습니다. 또한 최근 분기별 매출액과 영업이익을 바탕으로 배당금의 증액 혹은 감액 가능성을 예상할 수 있습니다. 자세한 자료 활용방법은 세종기업데이터 홈페이지를 통해 확인하시면 됩니다.

Q3) IR 자료를 PDF 파일로 다운받고 싶은데, 회사 홈페이지에 업로드되어 있지 않으면, 구할 수 없나요?

A3) 네이버증권은 회사별/시기별로 IR자료를 제공하고 있습니다. 다만 PC버전에서는 열람할 수 없으며, 오로지 모바일로 접속해야만 확인할 수 있습니다. 따라서 PC에서 접속하는 분들은 반드시 모바일 화면으로의 전환이 필요합니다.

〈PC에서 모바일 화면 접속방법〉
① 검색창에 m.naver.com을 입력한다.
② 네이버 금융 모바일 페이지로 이동한다.
③ 자료를 다운로드 받고자 하는 기업명을 검색한다.
④ 상단 메뉴에서 뉴스·공시 선택 → IR정보 → 해당 자료 다운로드

또한 IR큐더스에서 운영하는 "마이빅"이라는 홈페이지에서도 IR 자료를 열람할 수 있습니다.

Q) 공모주 투자를 하고 싶은데, 어떤 기업이 언제 상장되는지 모르겠습니다. 일정을 확인하려면 어떻게 해야 하나요?

A) 상장 예비심사를 신청한 기업들의 목록은 한국거래소 상장공시시스템에서 확인이 가능합니다. 회사명, 상장유형, 청구일, 결과확정일, 심사결과, 주관사 등이 자세하게 나와 있습니다. 한국거래소 상장공시시스템에 접속 후 IPO 현황을 선택하시면 됩니다.

또한 공모기업 현황도 제공하고 있습니다. 회사명, 신고서 제출일, 수요예측일정, 청약일정, 납입일, 확정공모가 등이 상세히 나와있으며, 이미 상장되어 있는 회사들의 공모가도 확인할 수 있습니다.

Q4) 투자주의/경고/위험종목 등 투자 유의사항은 어디에서 확인할 수 있나요?

A4) 한국거래소 상장공시시스템(http://kind.krx.co.kr)에서 확인할 수 있습니다. 사이트로 들어가 메인 화면 하단에 '투자 유의사항'을 클릭하십시오.

Q) 일반적으로 자사주의 취득은 주가에는 호재라고 하는데, 어떻게 확인할 수 있나요?

A) 자사주의 매입은 대표적인 주주환원정책으로 회사의 경영진이 자사의 기업가치가 지나치게 저평가되었다고 판단할 때 이루어집니다. 자사주의 취득을 확인할 방법은 크게 두 가지입니다. 우선, 금융감독원 전자공시시스템에서 확인할 수 있습니다.

〈확인방법〉

① dart.fss.or.kr에 접속.
② 상단 메뉴에 있는 공시서류검색 Click.
③ 검색조건에서 보고서명에 "주요사항보고서" 입력 후 검색

번호	공시대상회사	보고서명	제출인	접수일자	비고
1	유 삼성전자	주요사항보고서(자기주식취득결정)	삼성전자	2017.07.27	
2	유 삼성전자	주요사항보고서(자기주식취득결정)	삼성전자	2017.04.27	
3	유 삼성전자	[기재정정]주요사항보고서(자기주식취득결정)	삼성전자	2017.01.24	
4	유 삼성전자	주요사항보고서(회사분할결정)	삼성전자	2016.09.12	
5	유 삼성전자	주요사항보고서(자기주식취득결정)	삼성전자	2016.07.28	

또한 한국거래소 상장공시시스템을 이용하면 전체 상장사들의 자사주 취득 현황을 한눈에 살펴볼 수 있습니다. 종목별 신고일, 취득 혹은 처분 기간, 누적체결 수량, 누적체결금액 등이 상세히 나와 있고, Excel로 다운로드도 가능합니다.

〈확인방법〉

① kind.krx.co.kr 접속
② 상장법인 상세정보 Click
③ 우측 사이드바에 자사주 취득/처분 현황 선택

Q) 이미 상장된 기업들의 상장일과 상장유형을 알고 싶습니다.

A) 앞서 설명해드린 IPO 현황에서 확인할 수 있습니다. 우측 사이드바에 신규상장기업 메뉴를 선택하시면 됩니다. 각 회사명을 선택하면 상세 공모정보가 나옵니다.

회사개요	재무정보	공모정보		
○ 공모개요				
IR일정	2017-09-08 ~ 2017-09-13	수요예측일정	2017-09-14 ~ 2017-09-15	
공모청약일정	2017-09-21 ~ 2017-09-22	납입일	2017-09-25	
청약경쟁률	0.52 : 1			
상장일	2017-09-29			
액면가				500 원
공모가격				23,500 원
발행주식수	공모전 (주)		공모후 (주)	
	11,230,000		12,930,000	
공모금액	구분	주식수 (주)	공모금액 (백만원)	
	모집	1,700,000	39,950	
	매출	600,000	14,100	
	합계	2,300,000	54,050	
그룹별배정	구분	주식수 (주)	공모금액 (백만원)	비율 (%)
	우리사주조합	0	0	0
	기관투자자	1,840,000	43,200	80
	일반투자자	126,005	2,960	5

Q) 간혹 언론 보도를 보면, 국민연금의 투자수익률 혹은 종목이 언급됩니다. 일반투자자가 국민연금 등 전문기관투자자가 어떤 종목을 보유하고 있는지 확인할 방법은 없나요?

A) 한국거래소에서는 상장법인 지분정보센터라는 홈페이지를 운영하고 있습니다. 포털사이트에 "지분정보센터"를 검색하여도 되며, 한국거래소 홈페이지에서 상단메뉴의 시장감시 → 지분정보센터로도 접속이 가능합니다. 접속 이후 상단 메뉴바에서 지분 현황 → 보고자별 대량보유(5% 이상) 현황을 클릭하고, 해당 자료를 다운로드합니다.

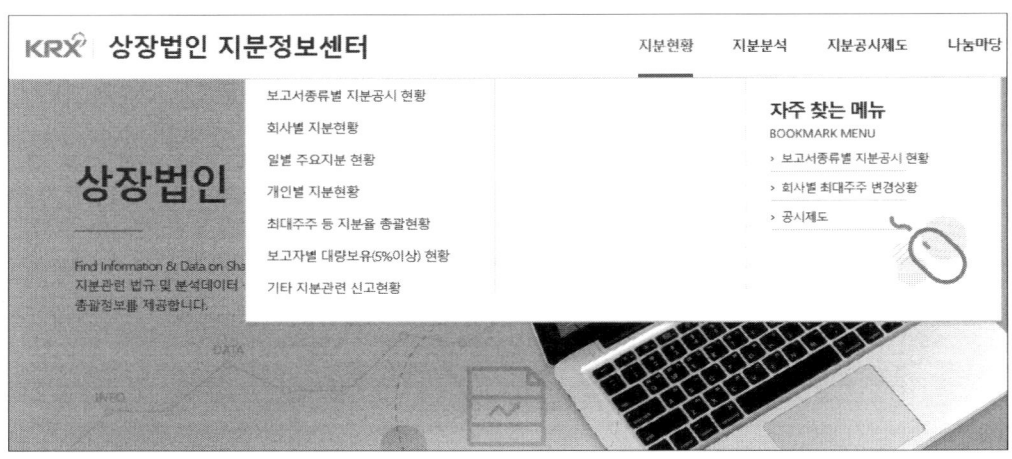

다운로드가 완료된 Excel 파일을 보기 쉽게 정리한 후 필터로 정렬하면 다음 그림과 같이 국민연금공단이 5% 이상 보유하고 있는 기업들의 이름, 보유목적, 보유주식수, 지분율, 최종 지분 변동일 등을 확인할 수 있습니다. 같은 방법으로 국민연금공단뿐만 아니라 자산운용사 등 주요 기관투자자들이 5% 이상 지분을 보유하고 있는 종목명도 알 수 있습니다.

시장구분	보고자명	회사명	보유목적	주식등의수	주식등의비율	주권수	주권비율	공시일
유가	국민연금공단	삼양홀딩스	단순투자	1,158,057	13.52	1,158,057	13.52	2016-07-05
유가	국민연금공단	하이트진로	단순투자	3,532,869	5.04	3,532,869	5.04	2017-01-10
유가	국민연금공단	유한양행	단순투자	1,385,804	11.88	1,385,804	11.88	2017-07-04
유가	국민연금공단	CJ대한통운	단순투자	1,369,969	6.01	1,369,969	6.01	2017-04-05
유가	국민연금공단	두산	단순투자	1,034,852	5.12	1,034,852	5.12	2017-07-04
유가	국민연금공단	대림산업	단순투자	4,725,165	13.58	4,725,165	13.58	2016-10-05
유가	국민연금공단	한국타이어월드	단순투자	6,607,269	7.10	6,607,269	7.10	2017-01-10
유가	국민연금공단	기아차	단순투자	28,704,874	7.08	28,704,874	7.08	2015-10-06

유가	국민연금공단	기아차	단순투자	28,704,874	7.08	28,704,874	7.08	2015-10-06
유가	국민연금공단	노루홀딩스	단순투자	799,944	6.06	799,944	6.06	2017-01-10
유가	국민연금공단	동아쏘시오홀딩	단순투자	781,715	12.74	781,715	12.74	2017-07-04
유가	국민연금공단	SK하이닉스	단순투자	73,630,700	10.11	73,630,700	10.11	2017-04-05
유가	국민연금공단	현대건설	단순투자	12,526,504	11.25	12,526,504	11.25	2017-01-10
유가	국민연금공단	삼성화재	단순투자	4,317,539	9.11	4,317,539	9.11	2016-10-05
유가	국민연금공단	화천기공	단순투자	206,120	9.37	206,120	9.37	2016-01-05
유가	국민연금공단	한화	단순투자	6,286,485	8.39	6,286,485	8.39	2016-10-05
유가	국민연금공단	동부하이텍	단순투자	3,259,584	7.32	3,259,584	7.32	2017-07-04
유가	국민연금공단	CJ	단순투자	2,470,905	8.49	2,470,905	8.49	2015-07-08
유가	국민연금공단	LG상사	단순투자	4,968,272	12.82	4,968,272	12.82	2015-04-08

[부록 5]
산업별 유용한 사이트

1. 공통

사이트명	요약
통계청 kosis.kr	각종 산업별, 제품별 내수 경기를 파악할 때 많은 도움을 받을 수 있습니다.
e-나라지표 www.index.go.kr	국가에서 국민에게 알려줄 수 있는 거의 모든 지표가 나와 있습니다. 부처별, 영역별로 구분되어 있으며 다른 정부기관 사이트의 통계자료도 e-나라지표로 연동된 경우가 많습니다.
관세청 www.customs.go.kr	산업별, 제품별 수입/수출 실적을 알기 용이합니다. 총수입/수출 중량과 금액이 공개되므로 이를 역산하여 개별 가격의 흐름을 추론할 수 있습니다.
한국무역협회 www.kita.net	
코트라 www.kotra.or.kr	코트라의 '무역투자정보'에 들어가면 해외시장에 대한 다양한 뉴스가 올라와 있습니다. 특정 섹터를 공부하기보다는 여러 산업의 현장을 간접적으로 느끼면서 투자아이디어를 얻어 간다는 생각으로 종종 접속해 보는 것을 추천합니다.
산업통상자원부 www.motie.go.kr	경제 관련 각종 뉴스부터 산업 및 경제 통계까지 국가 산업에 대한 다양한 양질의 정보를 열람할 수 있습니다.
국토교통부 www.molit.go.kr	정부의 주택, 인프라에 대한 전반적인 계획과 관련 뉴스, '통계누리'를 통한 각종 양질의 자료를 열람할 수 있습니다. 건설/건자재 섹터외에도 물류, 항공, 철도, 에너지 등 전방위적인 산업에 대한 다양한 소식과 정보를 얻을 수 있습니다.
IndexMundi - Country Facts www.indexmundi.com	국가별, 산업별 각종 통계와 지표들을 무료로 열람할 수 있습니다.
한국물가협회 www.kprc.or.kr (일부 무료)	다양한 제품의 실제 가격을 직접적으로 찾아볼 수 있습니다. 무료와 유료 자료가 섞여 있습니다.

2. 자동차

사이트명	요약
한국자동차산업협회 www.kama.or.kr	자동차 관련 주요 통계와 보고서를 무료로 찾아볼 수 있습니다.
현대차홈페이지 (기업정보→보고서 바로가기 →IR→IR 현황→주요 판매실적)	국내 완성차 업체의 판매량은 부품사들의 실적에도 큰 영향을 미칩니다. 완성차 판매량만 꾸준히 체크하여도 수많은 자동차 부품사들의 실적도 추정할 수 있습니다.
기아차홈페이지 IR→IR자료실→주요 판매실적	

3. IT

사이트명	요약
DRAMeXchange www.dramexchange.com (유료)	메모리반도체의 시장 가격을 실시간으로 볼 수 있는 좋은 사이트이나 유료입니다. 많은 반도체 관련 통계나 리포트에서 이 사이트의 자료를 활용하고 있습니다.
삼성반도체이야기 samsungsemiconstory.com	IT 주요 기업들의 공식 블로그는 IT 업종을 처음 접할 때 가장 쉽고 빠르게 공정 및 용어에 대해 공부할 수 있는 사이트입니다.
SK하이닉스 공식 기업블로그 blog.skhynix.com	
LG디스플레이 블로그 디스퀘어 blog.lgdisplay.com	
월간 전자과학 www.elec4.co.kr (일부 무료)	IT 관련 칼럼이나 전문 기사들을 열람할 수 있습니다. 이 밖에도 유사한 사이트는 여럿 있으니 인터넷을 서핑하면서 선호하는 사이트 몇 개만 알아두셔도 좋습니다.
국제반도체장비재료협회 (SEMI.ORG) www.semi.org/ko	

4. 건설·건자재

사이트명	요약
대한건설협회 www.cak.or.kr	주요 건설지표나 통계자료를 무료로 확인할 수 있습니다.
온나라부동산정보 통합포털 www.onnara.go.kr	전국의 토지, 주택 등 부동산가격(실거래가/공시지가/주택공시가격), 분양정보, 토지이용규제정보를 필지별로 제공하는 부동산정보 포털서비스로 투자자들뿐만 아니라 부동산에 관심 있는 분들에게도 유용한 사이트입니다.
부동산114 www.r114.com (일부 무료)	부동산 관련 사설 연구기관으로 일부 자료를 무료로 열람할 수 있습니다. 부동산 시황을 파악할 때 유용합니다.
임산물 생생도매 가격시스템 fps.kofpi.or.kr	실내 인테리어 제품의 가장 기본 재료 중 하나인 목재 가격을 알 수 있습니다.

5. 정유·화학

사이트명	요약
한국석유공사 페트로넷 www.petronet.co.kr	휘발유 등의 연료유, LPG 등의 가격정보와 유가 동향에 관한 리포트를 열람할 수 있습니다. 일부는 유료 서비스이지만, 무료 정보도 충분히 활용할 수 있습니다.
화학경제연구원 www.chemlocus.co.kr (유료)	모든 석유화학 제품의 가격 및 시황이 올라와 있어 증권사 정유/화학 담당 애널리스트가 이용하는 사이트나 유료입니다.
KB증권 석유화학담당 백영찬 애널리스트 블로그 petrochemical.tistory.com	정유/석유 제품의 가격의 엑셀 파일을 매일 블로그에 포스팅해주고 있습니다. 석유화학 제품의 가격 동향을 찾을 수 있는 좋은 사이트 중 하나입니다.

6. 조선·해운

사이트명	요약
한국해양수산개발원 www.kmi.re.kr	동향/통계 자료에서 국내 해운과 항만 시황을 찾아볼 수 있습니다.
해운거래정보센터 www.meic.kr	회원가입만 하면 무료로 국내외 선박별, 선사별 물동량, 가격, 폐선 스케줄, 신조 인도 스케줄 등을 상세하게 확인할 수 있습니다.
코리아쉬핑가제트 www.ksg.co.kr (일부 무료)	회원가입을 하지 않아도 BDI, SCFI 등 해운 주요 지수를 일자별로 확인할 수 있으며, 해운/조선 시황 기사들을 무료로 열람할 수 있습니다.
현대중공업/삼성중공업 월간 IR북	월별 IR 프레젠테이션 및 IR 뉴스를 통해 회사의 수주 상황과 실적 및 전망 등에 대해 상세하게 알려 줍니다. 국내 대표 조선사의 IR 소식을 통해 국내외 조선/해운 시황을 알 수 있습니다.

7. 여행·항공

사이트명	요약
인천항만공사 www.icpa.or.kr	항구나 항만 자료를 통해 여객 또는 화물의 물동량을 알 수 있습니다.
부산항만공사 www.busanpa.com	
한국공항공사 www.airport.co.kr	

8. 철강·비철금속

사이트명	요약
한국자원정보서비스 www.kores.net	주요 광물의 현재 시세와 향후 예측 가격을 보여 줍니다. 예측 가격이 항상 맞는 것은 아니지만, 참고할 순 있습니다.
스틸데일리 www.steeldaily.co.kr (유료)	철과 관련된 각종 데이터와 기사를 제공합니다. 회원가입 후 1주일은 무료로 사이트를 이용할 수 있으니 철강산업에 관심이 많은 분이라면 꼭 한 번쯤은 활용해 보시길 바랍니다.

9. 에너지·유틸리티

사이트명	요약
전력거래소 www.kpx.or.kr	민간업체들도 전기를 생산해서 이를 판매할 수 있습니다. 전기는 시장가격의 일종인 '계통한계가격(SMP)'에 따라 판매하게 되는데 이러한 시장가격의 현재 시세 및 그간의 추이, 전력 시장 관련 각종 자료를 열람할 수 있습니다.
에너지경제연구원 www.keei.re.kr 국가에너지통계 종합정보시스템 www.kesis.net/main/main.jsp	에너지경제연구원에서는 국내외 에너지산업에 대한 다양한 연구자료를 열람할 수 있으며, 에너지통계 시스템을 통해 석탄, 가스, 석유, 신재생 등 주요 에너지원의 산업 현황과 발전량, 보급 현황 등을 알 수 있습니다.

10. 소비재·음식료

사이트명	요약
한국섬유개발연구원 super.textopia.or.kr	무료 회원가입 후 산업에 대한 다양한 정보와 뉴스를 찾아볼 수 있습니다. 일부 유료 서비스도 있습니다.
eKAPEPIA 축산유통종합정보센터 www.ekapepia.com	소, 돼지, 닭, 달걀 등의 실시간 가격 및 축산 시장 뉴스를 찾아볼 수 있습니다.

11. 게임·엔터

사이트명	요약
한국콘텐츠진흥원 www.kocca.kr	게임, 엔터, 영화 등 콘텐츠도 국가의 중요한 산업군으로 부상하고 있습니다. 쉬운 듯 어려운 콘텐츠 시장에 대한 기본 개념과 관련 여러 뉴스 및 통계자료를 찾아볼 수 있습니다.

[부록 6]
엑셀 단축키

단축키	기능
F1	도움말
F2	셀에 값 입력
F4	마지막 작업 반복 실행/수식 입력시엔 특정 값 고정
F5	셀 위치 이동
F7	맞춤법 검사
F8	여러 셀 확장 선택
F9	셀 식안에 세부적인 계산식 모두 계산
F11	범위를 지정한 데이터 차트 만들기
F12	다른 이름으로 저장
Home	첫 행으로
Tab	오른쪽 셀로 이동
Shift+Tab	왼쪽 셀로 이동
Enter	입력&아래 셀로 이동
Shift + Enter	윗 셀로 이동
Delete	삭제
PageUp&Down	보이는 전체 화면 이동 가능
Shitf+F2	메모 입력
Shift+F3	함수 마법사
Shift+F8	Ctrl키를 누른 후 셀을 드래그하는 것과 같은 기능
Shift+F10	우클릭과 같은 기능
Shift+F11	새 시트 삽입
Shift+방향키	Data 블록 잡기
Shift+SpaceBar	행 전체 선택
Shift+F5	검색 및 찾기(Ctrl+F와 같은 기능)
Alt+F1	차트 삽입
Alt+F2	F12와 같은 기능

단축키	기능
Alt+F4	프로그램 종료
Ctrl+A	전체 선택
Ctrl+B	셀 입력 값 굵게(Bold)
Ctrl+C	복사
Ctrl+D	위 셀 복사 붙여넣기 한 번에
Ctrl+F	찾기 기능
Ctrl+H	찾기 기능 옆 탭에 있는 바꾸기
Ctrl+I	글자 기울이기
Ctrl+K	하이퍼링크 삽입
Ctrl+N	엑셀 새로운 문서 생성하기
Ctrl+O	파일 열기
Ctrl+P	인쇄하기
Ctrl+R	왼쪽 셀 복사 붙여넣기 한 번에
Ctrl+S	저장
Ctrl+U	셀 안에 글자 밑줄 긋기
Ctrl+V	붙여넣기
Ctrl+W	창 닫기(시트 종료)
Ctrl+X	잘라내기
Ctrl+Y	바로 앞의 작업 상태로 돌아가기
Ctrl+(-)	셀 삭제
Ctrl+(+)	셀 삽입
Ctrl+F2	미리보기
Ctrl+F9, F10	엑셀 시트창 크기 조절하기
Ctrl+F12	파일 열기(Ctrl+O와 같은 기능)
Ctrl+0	선택한 영역 숨기기
Ctrl+1	셀 서식
Ctrl+9	행 숨기기
Ctrl+Shift+$	소수점 두 자리까지 출력. 통화서식
Ctrl+Shift+:	현재 시간 입력
Ctrl+Shift+P(F)	글꼴 설정
Ctrl+←, →, ↑, ↓	빈 셀까지 움직이기